Hans-Jochen Vogel
Sandra Maischberger

Wie wollen wir leben?

HANS-JOCHEN VOGEL
SANDRA MAISCHBERGER

Wie wollen wir leben?

Was unser Land in Zukunft zusammenhält

Siedler

Die dem Text zugrundeliegenden Gepräche fanden zwischen März und Juni 2011 statt. Redaktionsschluss war Anfang Juli.

FSC
www.fsc.org
MIX
Papier aus verantwortungsvollen Quellen
FSC® C014496

Verlagsgruppe Random House FSC-DEU-0100
Das für dieses Buch verwendete FSC®-zertifizierte Papier *Munken Premium Cream* liefert Arctic Paper Munkedals AB, Schweden.

Erste Auflage

Umschlaggestaltung: Rothfos + Gabler, Hamburg
Lektorat: Regina Carstensen, München
Satz: Ditta Ahmadi, Berlin
Druck und Bindung: GGP Media GmbH, Pößneck
Printed in Germany 2011
ISBN 978-3-88680-991-2

www.siedler-verlag.de

Inhalt

Vorwort von Sandra Maischberger

Warum Hans-Jochen Vogel? Warum ein Gesprächsbuch mit einem Politiker, der heute nicht mehr regiert und der in seiner aktiven Zeit nie die höchsten Staatsämter bekleidete, nicht Bundeskanzler oder Bundespräsident war? Warum einen Fünfundachtzigjährigen, der vor fünf Jahren seinen Wohnsitz in ein Altenwohnheim verlegt hat, über die Probleme der gegenwärtigen Gesellschaft befragen?

Ich habe mir diese Frage gar nicht gestellt, als der Verlag mit dem entsprechenden Vorschlag an mich herantrat. Weil es gar nicht viele Persönlichkeiten gibt, die dafür in Frage kommen, in unübersichtlichen Zeiten verlässlich Orientierung zu geben.

Das ist zum einen dem großen Erfahrungsschatz geschuldet, den Hans-Jochen Vogel jahrzehntelang in seinen vielen politischen Ämtern gesammelt hat. Das ist vor allem aber seinem unverwechselbaren Wesen, seinem Charakter zu verdanken, seiner schon sprichwörtlichen Detailversessenheit, der rigiden Unbestechlichkeit und der beständigen Prinzipienfestigkeit, denen er sein Denken und Handeln immer unterworfen hat. Er lässt sich von Werten und Moralvorstellungen leiten, wo anderen die Maßstäbe des Handelns verrutscht oder ganz abhandengekommen sind. Deshalb war sein Ansehen über Parteigrenzen hinweg besonders hoch, hatte sein Wort immer Gewicht. Diese klare Sicht auf die Dinge hat auch die vielen Gesprächsstunden geprägt, die wir zwischen März und Juni 2011 miteinander im Augustinum oder in einem nahe gelegenen Konferenzraum verbracht haben.

Neben der Grundfrage, was eine Gesellschaft zusammenhält, beschäftigte uns die Atomkatastrophe von Fukushima und die Energiewende; die Wahl des ersten grünen Ministerpräsidenten und den Abgang des konservativen Hoffnungsträgers zu Guttenberg; die Nachwirkungen der Integrationsdebatte zwischen Sarrazin und Wulff; die Revolution in der arabischen Welt und vor allem und alles bestimmend: die Finanz- und Eurokrise, deren Ausgang auch an unserem letzten Gesprächstag nicht einmal im Ansatz abzusehen war.

Hans-Jochen Vogel hat das Gewirr unwichtiger und epochaler Nachrichten ruhig sortiert, kenntnisreich und mit Liebe zum Detail alle Fragen beantwortet. Seine Standpunkte hat er mit einer Leidenschaft verteidigt, die selbst auf Papier gedruckt noch spürbar bleibt. Der Gesprächsverlauf wurde im Buch weitgehend beibehalten und damit auch das nicht immer Gradlinige, das Wiederaufnehmen von Themen, das Eingehen auf das, was gerade persönlich interessiert.

Immer wieder zeigte sich übrigens auch, dass Hans-Jochen Vogel einer Generation angehört, in der Dinge noch gewusst und nicht im Internet nachgelesen wurden. Für mich war bald klar: statt googeln – Vogel fragen.

Berlin, im Juli 2011
Sandra Maischberger

Vorwort von Hans-Jochen Vogel

Dieses Buch bietet keine umfassende Analyse der Verhältnisse, unter denen wir gegenwärtig leben. Und erst recht keinen kompletten Zukunftsentwurf. Und es ist auch keine biografische Schilderung meines politischen Lebens. Vielmehr versuche ich in diesem Buch Fragen, die bedeutsam erscheinen, aus der Sicht eines älteren – nein!, eines alt gewordenen – Zeitzeugen zu beantworten. Eines Zeitzeugen, der sich jahrzehntelang in verschiedenen Funktionen für das Gemeinwesen engagiert und dabei einen beträchtlichen Vorrat an Erfahrungen gesammelt hat. Und der auch auf Eindrücke und Erlebnisse aus Zeiten zurückgreifen kann, die für die große Mehrheit der heute Lebenden unendlich weit zurückzuliegen scheinen.

Bei den Fragen, die Frau Maischberger sehr klug zusammengestellt, präzise formuliert und mitunter hartnäckig zugespitzt hat, geht es zunächst um die großen aktuellen Probleme. Um den Atomausstieg, um die Finanz- und die Eurokrise. Und um die arabische Revolution zum Beispiel. Auch um die zunehmende Beschleunigung aller Entwicklungen. Die könnte übrigens dazu führen, dass manche Feststellungen und Einschätzungen, die zum Zeitpunkt der Freigabe des Manuskripts – also Ende Juli 2011 – zutrafen, inzwischen auch schon wieder überholt sind.

Die Fragen betreffen ebenso die generellen Herausforderungen, mit denen wir es zu tun haben. Also beispielsweise die Globalisierung, die Ökonomisierung, die ökologischen Gefahren, die wachsende Kluft zwischen Arm und Reich und nicht zuletzt das Bild, das die Politik und ihre Akteure – dazu rechne ich auch die Mächtigen in der Wirtschaft und in den Medien – derzeit bieten.

Und schließlich geht es um die Werte, die uns Orientierung geben sollen, und um deren Begründung. Und damit auch darum, was unser Land zusammenhält oder, besser gesagt, zusammenhalten soll und wie wir leben wollen oder auch sollen. Dies nicht im Sinne einer Meinungserforschung, sondern eher im Sinne von verallgemeinerungsfähigen eigenen Vorstellungen. Damit werden dann die Antworten zum Teil auch sehr persönlich.

Das sind sie überhaupt. Sie wollen auch nicht apodiktisch sein. Vielmehr sollen sie zum Nachdenken und durchaus auch zum Widerspruch einladen. Und noch etwas wollen sie: nämlich Mut machen. Und mit Blick auch auf unsere Nachkriegsgeschichte das Gefühl verstärken, dass wir die neuen Herausforderungen bewältigen können.

Bleibt noch zu danken. Frau Maischberger vor allem. Denn es ist ihr Verdienst, dass dabei nicht ein Verhör, sondern ein Gespräch herauskam. Ich danke weiter dem Verlag und insbesondere Herrn Dr. Winstel und Frau Carstensen. Beide haben zur endgültigen Fassung des Textes und zu seiner vernünftigen Ordnung wesentlich beigetragen. Dank verdient schließlich auch meine Frau, weil sie in den Wochen, in denen ich mitunter schwer ansprechbar war, verständnisvoll mit mir umgegangen ist. Und Frau Marlies Hirt, weil sie alle meine handschriftlichen Korrekturen entziffert und die mehreren Hundert Seiten in Rekordzeit geschrieben hat.

München, im Juli 2011
Hans-Jochen Vogel

Über das Googeln, die Beschleunigung der Welt und Seehofer & Co.

Eigentlich hätten wir, Herr Dr. Vogel, in Zeiten moderner Kommunikation miteinander chatten sollen.

Dazu müssten wir miteinander fliegen. Aber wohin sollen wir denn zusammen fliegen?

Ich meine nicht jetten, sondern chatten – im Internet chatten, so wie man im Netz E-Mails verschickt und Begriffe googelt.

Ach so, schwätzen, quatschen … Nun ist mir alles klar.

Man kann auch simsen. Politik per SMS wird ja nicht nur von Angela Merkel gemacht, auch der amerikanische Präsident Barack Obama nutzt diesen Weg. Wir leben in einer beschleunigten Welt, in einer Welt hoher Geschwindigkeiten. In einem aktiven politischen Leben wäre man wohl ohne Handy und Internet vollkommen aufgeschmissen. Oder kann man sich dieser Entwicklung noch entziehen?

Wahrscheinlich nicht. Dennoch halte ich es auch in heutigen Zeiten für möglich, dass man nicht während einer wichtigen Kabinettssitzung ständig die Mobiltelefone bedient und eine SMS nach der anderen verschickt. Die Kanzlerin könnte als Vorsitzende sagen: »Herrschaften, während wir hier beraten, werden die Handys ausgestellt. Wir machen alle fünfzig Minuten zehn Minuten Pause, dann könnt ihr simsen oder was immer ihr wollt. Aber dann ist wieder Schluss.« Und es wäre nicht nur eine Sekundärtugend, würde man die Mobiltelefone ausschalten. Denn letztlich überfordert es das menschliche Denk- und Reaktionsvermögen, wenn man gleichzeitig zuhören, diskutieren und seine verschiedenen Geräte bedienen will. Und auch Herrn Obama gegenüber würde ich mir einen Ratschlag erlauben: »Hören Sie, Sie haben eine Weltverantwortung von höchstem Gewicht. Sie müssen doch um Gottes willen auch mal für eine Stunde diese Dinger ausschalten können, um nachzudenken und mit Ihren Vertrauten zu reden.« Ich halte diese technischen Errungenschaften nicht für eine Fehlentwicklung oder gar Katastrophe – zu diesen Menschen gehöre ich nicht –, aber man sollte sich nicht von ihnen beherrschen lassen. Besonders dann nicht, wenn man große Verantwortung trägt. Dass in einer Fraktionssitzung unter meinem Vorsitz gesimst worden wäre, kann ich mir jedenfalls nicht vorstellen. Das hätte ich nicht geduldet.

Sehen Sie das Internet als ein Instrument der heutigen Aufklärung, oder ist es auch ein moderner Pranger?

Da muss ich mich aus einem – wie ich glaube – einleuchtenden Grund sehr zurückhalten. Denn ich gehöre zu der schrumpfenden Minderheit, die nicht am Internet teilnimmt. Ich habe dafür auch einen ganz individuellen Grund. Ich fürchte nämlich, wenn ich erst einmal am Netz wäre, dann würde ich Stunden mit Googeln zubringen, um irgendetwas immer noch genauer herauszufinden. Es ist besser, wenn ich das nicht tue. Gelegentlich ist die Einführung des Internets mit der Erfindung der Buchdruckkunst verglichen worden. Diese Parallele kann ich einigermaßen nachvollziehen. Hinzu kommen aber andere Aspekte. So die jederzeitige Erreichbarkeit, die Möglichkeit der ständigen Einflussnahme, die Möglichkeit, dass man nicht nur zwei oder drei Leute mit einer brieflichen Nachricht erreichen kann, sondern über das Internet plötzlich Zehn-, ja Hunderttausende von Menschen, um auf deren Meinung Einfluss zu nehmen. Auch die Versuchung, sich selbst schutzlos der Öffentlichkeit preiszugeben. Das sind alles Faktoren, die man bedenken muss. Andererseits bestreite ich nicht: Für die Entwicklung in Ägypten beispielsweise, aber auch in anderen arabischen Ländern spielten und spielen die elektronischen Medien eine substanzielle Rolle. Es wäre gut, wenn wir den gesellschaftlichen Auswirkungen dieser Neuerung noch mehr Aufmerksamkeit widmen würden.

Ihre Suchtgefahr besteht also in einem Informationshunger?

Meine Suchtgefahr ist verbunden mit der von mir eingestandenen Pedanterie. Ich will es immer genau wissen, und ich will es so genau wissen, dass mich keiner widerlegen kann, was Fakten und Richtigkeit angeht. Jetzt macht sich das bemerkbar, indem ich im Papierbereich nachforsche. Aber wenn ich bei Google dranhängen würde, wäre das sicher noch viel schlimmer.

Haben Sie die Aufnahmen am Tag des Rücktritts von Verteidigungsminister Karl-Theodor zu Guttenberg gesehen? Sie zeigen Kanzlerin Angela Merkel auf der CeBIT in Hannover, in ihrer Hand ihr Handy. Angeblich empfing sie in diesem Moment die Nachricht über den Rücktritt und reichte das Handy dann weiter an die neben ihr stehende Bildungs- und Forschungsministerin Annette Schavan. Viele dachten beim Betrachten der Fotos: Die scheinen ja ganz zufrieden zu sein über das, was sie da gerade auf dem Handy gelesen hatten. So wurde gleich wieder eine neue Nachricht in die Welt gesetzt. Wie unmittelbar und global Informationsvermittlung heute passiert, zeigten die Ereignisse in Fukushima. Durch die fast zeitgleich per Satellit übertragenen Bilder des Atomwracks, in dem die Kernschmelze stattfand, hatten wir den Eindruck, unmittelbar dabei zu sein. Ganz anders noch bei dem Reaktorunfall 1986 in Tschernobyl, von dem wir erst Tage später erfuhren, und zwar erst auf Nachfrage. Ist diese Unmittelbarkeit ein Vor- oder ein Nachteil für politisches Handeln?

Sowohl als auch. Die Reaktion von Frau Merkel auf die Nachricht vom Rücktritt des Herrn zu Guttenberg ließ vermuten, dass sie darüber nicht sehr unglücklich war. In manchen Fällen können Bilder starke emotionale Eindrücke hervorrufen und so die rationale Auseinandersetzung mit dem konkreten Problem erschweren. Aber solche Aufnahmen können auch Informationen vermitteln, die sich mit dem Ohr allein so nicht wahrnehmen lassen. Nicht immer reicht das gesprochene oder das geschriebene Wort aus. Mit meiner Frau habe ich mehrere Spezialsendungen über die Katastrophe in Japan gesehen. Und ich muss sagen, dass diese Berichterstattung insgesamt eher hilfreich war. Auf jeden Fall hat die Unmittelbarkeit von Bildern dieser Art einen starken Einfluss auf die Wahrnehmung von Ereignissen und das Urteil, das sich der Betrachter dann bildet.

Man kann jedenfalls vermuten, dass die Bilder aus Japan einen Einfluss auf den Ausgang der Wahlen im März 2011 in Baden-Württemberg hat-

ten, obwohl wir weit entfernt von diesem Inselstaat leben. Welchen Herausforderungen sind in Zukunft Landespolitiker unterworfen, wenn damit zu rechnen ist, dass der sprichwörtlich gewordene umgefallene Sack Reis in China die eigenen politischen Konzepte völlig über den Haufen wirft?

Was Sie da ansprechen, zeigt, wie weit die Globalisierung der Welt fortgeschritten ist und wie sehr sie auch uns erfasst hat. Nicht die Entfernung, in der ein Ereignis stattfindet, sondern die Wirkungen, die von ihm ausgehen können, sind entscheidend. Das müssen auch Landespolitiker im Bewusstsein haben. Wir werden wohl unter dem Gesichtspunkt der Globalisierung darauf noch näher zu sprechen kommen.

Darf eigentlich ein einzelner Unglücksfall herangezogen werden, um eine ganze Technologie zu verdammen, die vielleicht Industrienationen bei ihrer Weiterentwicklung helfen würde?

Erste Bemerkung: Fukushima war nicht der erste atomare Unglücksfall. Davor gab es die Beinahe-Kernschmelze in Harrisburg, und es gab Tschernobyl. Trotzdem tut die schwarz-gelbe Koalition so, als wäre Fukushima etwas ganz Neues. Zweite Bemerkung: Die Anwendung einer Technik, die einen GAU mit schrecklichen Auswirkungen verursachen kann, ist nur zu verantworten, wenn die Verantwortlichen sagen: »Es wird auf diesem Gebiet nie ein menschliches Versagen und nie einen technischen Fehler oder einen Materialfehler und folglich auch keinen GAU geben.« Damit beanspruchen Menschen aber auf diesem Gebiet Allwissenheit und Allmacht. Und das ist in meinen Augen gotteslästerlich. Meine Zweifel, was die Kernenergie betrifft, waren schon vor Tschernobyl gewachsen. Erhard Eppler hat dabei eine wichtige Rolle gespielt. Hätten wir auf ihn gehört, hätte es vielleicht die Grünen nicht gegeben. Und als sich dann der GAU in Tschernobyl ereignete, habe ich am 14. Mai 1986 in einer Bundestagsrede ganz konkret den Ausstieg gefordert. Den hat meine Partei dann im August 1986 auf einem Parteitag in Nürnberg beschlossen. Schon damals hat sie dargetan, wie das vor sich gehen soll, ohne die wirtschaftliche Entwicklung unseres Landes zu gefährden.

Bundeskanzlerin Merkel hat ihren Richtungswechsel in der Atompolitik mit den Bildern aus Fukushima begründet. Ist es nicht lobenswert, die eigene Meinung zu ändern?

Diese Bilder waren in der Tat eindrucksvoll und haben die Menschen sehr bewegt. Aber wie gesagt: Was war denn an dem dortigen Atom-GAU wirklich neu? Und warum wurde erst jetzt eine Ethikkommission eingesetzt und nicht schon vor der Laufzeitverlängerung?

Einen interessanten Hinweis auf die Überlegungen, die angestellt wurden, verdanken wir übrigens Herrn Brüderle, damals noch Bundeswirtschaftsminister. Nach einem schriftlichen Protokoll des BDI soll er auf einer Zusammenkunft dieses Verbands der Deutschen Industrie gesagt haben, die sieben älteren Atommeiler habe man wegen der bevorstehenden Landtagswahlen abgeschaltet. Ausschließen kann man das nicht.

Genau das wurde bis zu diesem Zeitpunkt vehement bestritten, obwohl es offensichtlich war. Für wie dumm halten die Politiker die Bürger mittlerweile?

Ihre Frage generalisiert mir zu stark. In Bezug auf Herrn Brüderle hätte ich damals zunächst gesagt, er sei der erste Anwärter auf einen Wahrheitspreis, sollte je ein solcher verliehen werden. Aber diese Chance hat er durch merkwürdige Dementis wieder zunichtegemacht.

Aber die Konsequenz aus der Tatsache, dass ein Repräsentant des Volkes die Wahrheit sagte, ja beim Wahrheit-Sagen ertappt wurde, ist die, dass er als Wirtschaftsminister nicht mehr im Dienst ist.

Das mag eine Rolle gespielt haben. Aber der Fraktionsvorsitz, in den er wechselte, ist ja durchaus auch einflussreich. Hauptgrund für diesen Wechsel war wohl der Wunsch des neuen FDP-Vorsitzenden Rösler, der besseren Außenwirkung wegen das Bundesgesundheitsministerium mit dem Bundeswirtschaftsministerium zu vertauschen.

Welchen Schaden hat Rainer Brüderle dem politischen System durch sein Handeln zugefügt?

Er hat denen Auftrieb gegeben, die ohnehin politikskeptisch sind und deshalb Erklärungen, wie sie Brüderle zugerechnet werden, eigentlich schon für mehr oder weniger selbstverständlich halten. Und die deshalb sagen: »Ach, die Politik richtet sich sowieso nicht nach zuverlässigen Kriterien. Die entscheidet nicht anhand abgewogener Argumente, sondern sie blickt nur auf Umfrageergebnisse und die nächsten Wahlen.« Das, so meinen sie, sei in der Politik ähnlich wie bei Zeitungsverlagen, die nach ihren Auflagen schauen, und bei Fernsehanstalten, die stets die Einschaltquoten im Visier haben.

Warum unterlaufen drei Parteien, die schon in unterschiedlichsten Konstellationen lange an der Macht waren und überhaupt nicht als unerfahren gelten dürfen, so viele Fehler in so kurzer Zeit? Sind wir in eine Phase getreten, in der sich die Schlagzahl der Geschehnisse für bedachtes und überlegtes politisches Handeln zu sehr erhöht hat? Man braucht sich nur die Weltereignisse anzuschauen – die Erdbeben und die schon erwähnten havarierten Atomkraftwerke in Japan, die Revolutionen im arabischen Raum, die neu die Frage nach Krieg und Frieden stellen, die Finanzkrise, die mittlerweile ganze Staaten bedroht –, all das geschieht in einer hohen Geschwindigkeit, mit einer ungeheuren Vehemenz. Sind Sie froh, nicht mehr in der Verantwortung zu stehen und jeden Tag eine Antwort finden zu müssen?

Zum Teil schon. Doch würde ich deshalb nicht aus der Politik davonlaufen, wenn ich noch jünger wäre. Übrigens: Auch in der Vergangenheit gab es Zeitabschnitte mit hohen Schlagzahlen. Da muss ich nur an den 11. September 2001 denken, an die Wochen vor dem Irakkrieg, an die RAF-Anschläge im Herbst 1977. Und wir dürfen auch nicht verdrängen, dass das Verhältnis zwischen Ost und West bis 1989 keineswegs spannungsfrei war. Die Sorge, dass das auch in einem atomaren Konflikt münden könnte, war durchaus gegenwärtig. Ich gebe aber zu, dass die Akzeleration großer Ereignisse und Probleme zugenommen hat.

Doch sie taugt nicht als Entschuldigung für Fehler?

Nein, keineswegs. Meines Erachtens ist eine gewisse Kurzatmigkeit insbesondere bei den Regierungsparteien eingetreten. Sie handeln und entscheiden oft von heute auf morgen. Und zwar auch in Fällen, in denen die Umstände nicht dazu zwingen. Dabei geht es doch um Herausforderungen, für deren Bewältigung man zuverlässige und belastbare Fakten und Kriterien braucht. Auch sind Diskussionen nötig, die sich nicht im Austausch von Vorwürfen oder kleinen Bosheiten erschöpfen, sondern wirklich versuchen, Argumente zu erfassen, um zu einer möglichst breiten Einigung zu kommen. Ich will ein Beispiel nennen: Die Ostpolitik Willy Brandts war ursprünglich außerordentlich umstritten. Aber mehr und mehr ist diese Ostpolitik doch zu einer gemeinsamen Politik geworden. Hans-Dietrich Genscher rechne ich hoch an, dass er die Linie der Ostpolitik auch nach dem Koalitionswechsel im Jahre 1982 durchgehalten hat. Und das hat nicht nur uns geholfen, sondern auch dem Frieden in Europa.

Wenn eine politische Führung unter dem Eindruck einer größeren Zahl von Nachrichten durch die Globalisierung steht, es mit einer Beschleunigung durch das Internet und einer verstärkten Emotionalität durch die Macht der Bilder zu tun hat, benötigt sie dann nicht ein tragfähiges Gerüst, um Entscheidungen treffen zu können? Braucht sie nicht einen inneren Kompass oder Kriterien, die auch dann standhalten, wenn es mal unübersichtlich wird?

Ja, das braucht die Politik in jedem Fall. Und sie muss ihre Kriterien den Menschen auch mitteilen und sie dann durchhalten. Generelle Urteile über das politische Handeln – meist negativer Art – sind in diesem Zusammenhang unangemessen. Es gibt auch genug positive Beispiele. Ich könnte auch Namen von Politikern nennen, die solche Beispiele gegeben haben, verzichte aber darauf, weil ich keinen der nicht Genannten verletzen will. In jedem Fall hat von den noch Lebenden Helmut Schmidt so gehandelt.

Na gut, aber der regiert schon lange nicht mehr.

Das stimmt. Aber er äußert sich immer wieder zu den zentralen politischen Problemen und gibt auf seine Weise Orientierung. Und das ebenso pointiert wie klar. Man muss ihm nicht immer zustimmen, aber man muss sich mit seinen Positionen und seinen

Argumenten beschäftigen. Übrigens: Es ehrt unser Volk, dass ein Mann wie Helmut Schmidt das höchste Ansehen überhaupt genießt.

Ich möchte aber ganz bewusst über die jetzige Politikergeneration reden. Wer aus dem aktuellen politischen Personal, ich beharre darauf, flößt Ihnen persönlich Vertrauen ein? Bei wem haben Sie das Gefühl, das ist jemand, der auch über den Augenblick hinaus denkt?

Also gut, dann nenne ich doch auf der Bundesebene ein paar Namen. Allerdings betone ich, dass es sich nur um eine Auswahl handeln kann. So nenne ich Frank-Walter Steinmeier, Sigmar Gabriel, Peer Steinbrück oder Wolfgang Thierse. Dann Wolfgang Schäuble, mit dem ich zu meiner Zeit manch harten Strauß ausgefochten habe. Oder Thomas de Maizière. Auch der Bundestagspräsident, Herr Lammert, gehört dazu. Und Herrn Trittin würde ich allmählich auch nennen.

Und was halten Sie von Ursula von der Leyen?

Das ist eine gewandte Politikerin, die sich selbst wirksam zu präsentieren weiß. Und zudem als siebenfache Mutter in der Politik eine Ausnahmeerscheinung. Auch ihr billige ich eine bestimmte Grundorientierung zu. Imponiert hat mir übrigens Annette Schavan durch eine ehrliche Äußerung während der Guttenberg-Wochen. Da antwortete sie auf die Frage, ob sie sich heimlich für ihren Kabinettskollegen schäme: »Als jemand, der selbst vor einunddreißig Jahren promoviert hat und in seinem Berufsleben viele Doktoranden begleiten durfte, schäme ich mich nicht nur heimlich.«

Wie stehen Sie zu dem CSU-Vorsitzenden Horst Seehofer?

Nun bringen Sie mich fast dazu, Noten zu verteilen. Ich empfand Achtung für ihn, als er 2004 als Sozialpolitiker die von der CDU und CSU präsentierten Gesundheitskompromisse heftig kritisierte und von seiner Funktion als Vizefraktionsvorsitzender zurücktrat. Das hat mir gefallen. Dann hatte er aber als bayerischer Ministerpräsident eine Phase, in der es schwer vorauszusagen war, was er wohl zu ein und derselben Sache am Nachmittag des gleichen Tages oder am nächsten Morgen sagen würde. In der Frage des Atomausstiegs hat er sich allerdings wohl endgültig festgelegt. Leider ohne wenigstens einmal klipp und klar zu sagen, dass er sich in dieser Sache über Jahrzehnte hin geirrt hat.

Kommen wir noch einmal auf die Kriterien zurück. Welche hätten Ihnen geholfen, um sich zum Beispiel eine Meinung zu den Unruhen in Libyen zu bilden, um zu wissen, ob man den Rebellen in diesem Land Unterstützung zusichern sollte oder nicht? Wäre Ihnen Bündnistreue wichtiger oder das Prinzip der Nichteinmischung in innere Belange eines souveränen Staats?

Unter dem Gesichtspunkt des Schutzes von Menschenrechten verdienen die Rebellen Unterstützung gegen einen Diktator, der auch vor massenhaften Tötungen von Zivilpersonen nicht zurückschreckt. Diese Unterstützung hat ihnen der UN-Sicherheitsrat durch einen Beschluss über die Durchsetzung einer Flugverbotszone gewährt und damit zugleich das Völkerrecht in dieser Richtung weiterentwickelt. Dass sich die Bundesrepublik bei diesem Beschluss der Stimme enthalten und damit ihre westlichen Verbündeten brüskiert hat, ist mir unverständlich. Zu einer Mitwirkung an militärischen Maßnahmen hätte uns dieses Stimmverhalten nämlich keineswegs verpflichtet. Wir hätten vielmehr darauf verweisen können, dass unsere militärischen Möglichkeiten durch Afghanistan und weitere laufende Einsätze schon voll in Anspruch genommen sind und die Bundeswehr sich außerdem in einer Strukturreform befindet. Vielleicht hat die Enthaltung ja auch auf die damals bevorstehenden Landtagswahlen in Baden-Württemberg und in Rheinland-Pfalz gezielt. Außerdem: Dass man militärische Hilfe für die Aufständischen in Libyen ablehnt, kurz darauf aber Panzer an die Machthabenden in Saudi-Arabien liefert, lässt sich wohl kaum unter einen Hut bringen.

Als Christ kann man sich wiederum die Frage stellen, ob man Leid verhindern kann, indem man neues Leid hinzufügt. Denn Bomben aus der Luft sind sicherlich ein zugefügtes Leid.

Dazu hat sich der Vorsitzende der Katholischen Bischofskonferenz Robert Zollitsch 2010 in einem Gastbeitrag der *Frankfurter Rundschau* sehr abgewogen geäußert: »Für die katholische Kirche gilt dabei, dass sie das Konzept des ›gerechten Friedens‹ in den Mittelpunkt der Friedensethik stellt. Nicht die immer auch notwendige Klärung der Legitimität von vielleicht noch hinnehmbarer Anwendung militärischer Mittel ist deren Zentrum. Vielmehr versucht sie, jene Handlungsweisen zu bestimmen, die eine Überwindung von Gewalt ermöglichen und den Frieden unterstützen. In diesem Zusammenhang kann militärischem Handeln unter gewissen Voraussetzungen eine Gewalt eindämmende und damit für eine gewisse Zeit notwendige Rolle zufallen.« Dem stimme ich zu.

Ich wäre gespannt zu erfahren, nach welchen Kriterien Sie eine Entscheidung in einer schweren Finanzkrise treffen? Durch verschuldete Länder wie Griechenland, Portugal oder Italien rückt sie immer wieder ins Zentrum. Nun hat etwa ein Land wie Griechenland seine »Hausaufgaben« im Sinne einer finanzpolitischen Stabilität nicht ordentlich gemacht, und in diesem Fall stehen zwei Aspekte zur Disposition. Einerseits die Solidarität im europäischen Raum, die Ihnen wichtig ist, andererseits ist die Verantwortung gegenüber nachfolgenden Generationen in Deutschland nicht zu vernachlässigen, will man ihnen doch keine Schulden in einer Höhe aufhalsen, die nicht mehr bezifferbar wäre. Wie würden Sie entscheiden?

Das ist in der Tat eine schwierige Abwägung. Im Gegensatz zum Ausstieg aus der Atomenergie gibt es hier für mich kein absolutes Argument. Zuerst muss aber einmal Klarheit darüber geschaffen werden, was die Summen, die häufig genannt werden, eigentlich bedeuten. Zunächst geht es nämlich im Wesentlichen »nur« um Kredite und Bürgschaften. Inwieweit sie in Anspruch genommen werden, kann heute niemand mit Sicherheit voraussagen. Dennoch: Wenn auch die mögliche Belastung sehr hoch sein könnte, ist die Übernahme dieses Risikos in meinen Augen geboten. Denn ein Auseinanderbrechen der Eurozone würde gerade uns als Exportnation besonders hart treffen. Das schon deswegen, weil eine nationale deutsche Währung, zu der wir dann ja wohl zurückkehren müssten, sogleich intensiv aufgewertet und unser Export entsprechend verteuert würde. Auch für die Europäische Union wäre eine solche Entwicklung ein fundamentaler Rückschlag. Aber »Schirme« allein genügen nicht. Notwendig ist eine europäische Wirtschafts- und Finanzpolitik. Diese Erkenntnis beginnt sich ja inzwischen durchzusetzen. Jean-Claude Trichet, der Präsident der Europäischen Zentralbank, hat ja sogar einen europäischen Finanzminister gefordert.

Über die Zukunftsangst der Menschen, eine gesetzliche Begrenzung der Gehälter und Luxus

Ich erlebe Sie als einen Menschen, der sich mit tagespolitischen Fragen auseinandersetzt, Detailkenntnisse hat, sodass ich mich wiederum frage, wie Sie das herstellen? Telefonieren Sie viel? Führen Sie Gespräche, um sich ein Bild zu machen? Wie bilden Sie sich Ihre Meinung heute?

In erster Linie, indem ich seit sechzig Jahren eine Zeitung lese, die ich für zuverlässig halte, und das ist die *Süddeutsche Zeitung*. Wenn man die sorgfältig liest, wenigstens den politischen und den Wirtschaftsteil, dann ist man schon einigermaßen im Bilde. Seit einiger Zeit lese ich auch wieder den *Spiegel*, und ein guter Bekannter schickt mir ziemlich regelmäßig per Fax Kopien anderer aktueller Zeitungsausschnitte. In Abständen korrespondiere oder telefoniere ich über grundsätzliche Themen mit Erhard Eppler oder mit Jürgen Schmude, der 1982 mein Nachfolger als Bundesjustizminister war. Regelmäßig tausche ich mich auch mit Klaus Bölling aus. Und wenn es um ganz konkrete Fragen geht, dann beschaffe ich mir auch zusätzlich Informationen; etwa im Willy-Brandt-Haus oder bei der Bundestagsfraktion.

Aber innerhalb der SPD sind Sie nicht in irgendwelchen Gremien, sitzen Sie nicht in dem, was man heute Think-Tanks, also Denkfabriken, nennt?

Nein. Aber ich lese regelmäßig die von der Friedrich-Ebert-Stiftung herausgegebene Monatszeitschrift *Neue Gesellschaft/Frankfurter Hefte*. Die ist auf ihre Weise auch eine Art Denkfabrik.

Wie findet man aber Kriterien – das ist jetzt eine Frage der persönlichen Wertvorstellungen –, mit denen man in der Lage ist, Entscheidungen zu treffen, die eine gewisse Nachhaltigkeit haben? Helmut Schmidt hat in seinem Gespräch mit Fritz Stern zum Beispiel festge-

stellt, dass sich die heutige Politikergeneration relativ wenig für Geschichte interessiert. Stimmen Sie dem zu?

Das würde ich so generell nicht sagen. Wenn ich – und das geschieht ja noch immer recht häufig – zu Veranstaltungen eingeladen werde, dann zumeist, weil man mich als Zeitzeugen befragen oder von mir generell etwas über Geschichte hören will. Andererseits habe ich Anfang der neunziger Jahre mit anderen zusammen die Vereinigung *Gegen Vergessen – Für Demokratie* gegründet, um die Erinnerung an die Ursachen und Ursprünge des NS-Gewaltregimes, an den Widerstand und die Opfer jener Zeit und auch an die zweite Diktatur auf deutschem Boden wachzuhalten. Sie vermittelt Geschichte im Sinne des »Nie wieder! Nicht noch einmal!« und stärkt so die Demokratie.

Ist Geschichtsbewusstsein eine unbedingte Voraussetzung für Politik?

Ja. Wer nicht weiß, woher er kommt, der weiß auch nicht, wo er sich befindet und wohin ihn sein Weg führen wird. So lautet eine alte Volksweisheit. Der amerikanische Philosoph und Schriftsteller George de Santayana hat sogar einmal gesagt: »Wer sich nicht an die Vergangenheit erinnern kann, ist dazu verdammt, sie zu wiederholen.« Es muss ja nicht jeder Politiker gleich ein ausgebildeter Historiker sein. Aber über die Geschichte des eigenen Landes, gerade über die des letzten Jahrhunderts, sollte man schon einigermaßen im Bilde sein.

Man könnte aber meinen, dass der Politiker der Gegenwart nicht nur die Geschichte kennen sollte, sondern im besten Fall auch Wirtschaftswissenschaften studiert haben, wenn möglich noch Finanzwissenschaften, um Einschätzungen treffen zu können.

Und natürlich auch Jura! Aber das ist ja utopisch und wäre eher kontraproduktiv. Es genügt, wenn er auf einem Gebiet Fachkenntnisse besitzt und weiß, wo und wie er sich auf den anderen Gebieten die jeweils notwendigen Informationen beschaffen kann.

Wenn Sie abwägen sollten: Wie wichtig ist dann zum Beispiel das Wirtschaftswissen gegenüber dem geschichtlichen Wissen?

Man braucht in beiden Richtungen eine Art Grundwissen. Wirtschaftliches Wissen kommt übrigens nicht ohne einen Blick in die Vergangenheit aus. Man braucht Kenntnisse über den »reinen« Kapitalismus und die soziale Marktwirtschaft, über den Kommunismus und über die Planwirtschaft. Man muss sich mit den Gedanken des amerikanischen Volkswirtschaftlers John Kenneth Galbraith und den Theorien eines John Maynard Keynes auseinandersetzen. Und es gibt im *Kapital* von Karl Marx, seinem Hauptwerk, Darlegungen über die Globalisierung, die sich auch heute noch zu lesen lohnen. Aber das sind nur Beispiele.

Bei all den einschneidenden Veränderungen, die wir in letzter Zeit erlebt haben, einschließlich der Schuldenkrise – wenn Sie eine Prognose wagen würden: Wohin wird uns diese Zäsur führen? In welcher Art und Weise wird sie unsere Gesellschaft, unser Land verändern?

Der Staat wird seine Verpflichtungen und Möglichkeiten wieder deutlicher wahrnehmen. Man wird den Markt weiter als sinnvolles Instrument nutzen, aber man wird ihm, weil er für die ökologischen und sozialen Folgen seiner Entscheidungen blind ist, präzise Rahmenbedingungen setzen. Und vor allen Dingen wird die Finanzkrise dazu führen, dass die Frage der Staatsverschuldung ganz oben auf der Tagesordnung bleibt – und zwar nicht nur wegen der Fälle in Europa, über die man aktuell redet, sondern beispielsweise auch wegen einem Land wie den Vereinigten Staaten. Man wird die Rating-Agenturen, die eine große Mitschuld an der Krise tragen, unter die Lupe nehmen müssen. Ich kann mir nicht vorstellen, dass man den gegenwärtigen Zustand, bei dem private Gesellschaften ohne wirkliche Eigenhaftung über Wohl und Wehe von Staaten durch ihre Herab- oder Heraufstufung entscheiden, so einfach weiterlaufen lässt. Und man wird sich um die noch immer fortbestehenden Steueroasen wie die Cayman Islands oder die Grenadinen kümmern müssen. Also, der Druck in Richtung Rahmensetzung und der Druck in Richtung internationaler Zusammenarbeit wird sich verstärken. Ich bin ja überhaupt der altmodischen Meinung, dass Krisen auch immer einen Anstoß zur Besserung geben können.

Sie glauben an eine Renaissance der Politik?

Daran glaube ich. Die Menschen haben erkannt: Überlässt man alles dem Markt, dann treten solche Krisensituationen ein, unter denen die Menschen bitter leiden. Dabei spüren wir das ja gar nicht so stark wie viele andere Völker in der Welt. Der Staat, der in der Vergangenheit immer geschwächt werden sollte – man bevorzugte das Private vor dem Staatlichen –, wird wieder eine Rolle spielen müssen, die seiner Verantwortung entspricht. Und das heißt: Er muss handeln.

Nehmen wir aber einmal den Worst Case an: Es könnte auch eine negative Entwicklung eintreten, bei der es nicht zu einer Renaissance der Politik kommt, sondern im Gegenteil zum chronischen Versagen ihrerseits. Wenn die Staaten zum Beispiel nicht gemeinsam und koordiniert gegen die Schuldenlast vorgehen, könnten, etwa durch eine hohe Inflation, überall in Europa die Menschen ihr Erspartes verlieren, ihren Wohlstand. Halten Sie das für überhaupt nicht möglich?

Ich schließe es nicht aus. Es ist durchaus denkbar, dass die Dinge sich zum Schlechteren wenden. Aber ich sehe deutliche Anzeichen dafür, dass diejenigen, auf die es ankommt, die Tragweite dessen, was jetzt zu entscheiden und zu bewegen ist, erkannt haben – und zwar nicht nur in den unmittelbar betroffenen Ländern.

Sicher gibt es auch bei uns Leute, die wieder zur D-Mark zurückkehren wollen, die die Euro-Gruppe einfach auflösen wollen. Das ist ein abenteuerlicher und außerordentlich gefährlicher Gedanke. Und soweit ich das verfolgen kann, sehen das auch diejenigen so, die jetzt die Verantwortung tragen.

In diesem Zusammenhang zitiere ich Jürgen Habermas, der der politischen Klasse – und die ist es ja, die das Heft in die Hand nehmen müsste – viel zu wenig Gestaltungskraft beimisst. Seiner Analyse zufolge sieht er die europäischen Regierungen eher als Getriebene an, ohne ein Gestaltungsziel.

Darf ich vorweg eine kleine Fußnote anbringen?

Schon jetzt?

Der Begriff »politische Klasse« stört mich. Er unterstellt, dass diejenigen, die in der Politik Verantwortung tragen – übrigens von Menschen dazu gewählt –, dass die völlig abgesondert sind und eine Klasse für sich bilden. Ganz so, wie man früher zwischen der Klasse der Arbeiter und der Klasse der Kapitaleigentümer unterschieden hat. Das ist bei aller berechtigter Kritik eine unzulässige Übertreibung. Deswegen habe ich den Finger gehoben.

Welchen Begriff nehmen Sie denn? Sprechen Sie von Regierungen?

Ich spreche von Verantwortlichen. Verantwortung tragen Menschen, die auf die Gestaltung des Gemeinwesens Einfluss haben – und das sind nicht nur Politiker. Mächtige Unternehmer, aber auch Verleger, Fernsehintendanten oder Redakteure haben mitunter mehr Macht als manche Politiker. Aus diesem Grund habe ich nicht nur etwas gegen das Wort »Klasse«, sondern auch gegen das Adjektiv »politisch«. Ich spreche deshalb lieber von den für das Gemeinwesen Verantwortlichen. Unter ihnen kann und muss man natürlich die Politiker besonders betrachten.

Jetzt aber zu Ihrer Frage. Habermas hat da sehr bedenkenswerte Gedanken geäußert. Ich habe ihn eher so verstanden, dass es in der Demokratisierung der Europäischen Union einen Rückstand gibt, insbesondere dass es noch immer an einem gemeinsamen Bild öffentlicher Meinung fehlt. Und da hat er völlig recht. Was erfahren oder lesen wir denn über die durchaus beachtlichen und manchmal schwierigen Verhandlungen des Europäischen Parlaments? Die gemeinsame öffentliche Meinung samt ihren Diskussionen und Konfrontationen würde auch durch eine zusätzliche europäische Liste neben den nationalen Listen bei den Europawahlen gefördert.

Getrieben sind die Regierungen gegenwärtig von der aktuellen Finanz- und Schuldenkrise. Aber da haben sie bisher insgesamt nicht so unvernünftig reagiert, wie häufig behauptet wird. Manches steht allerdings noch aus. So beispielsweise eine wirklich gerechte Beteiligung der Gläubiger an der Finanzierung der Schutzmaßnahmen, eine Finanztransaktionssteuer, eine stärkere Kontrolle der Rating-Agenturen und eine härtere Verschuldungsgrenze. Natürlich dürfen wir darüber das Ziel einer weiteren Integration Europas und eines einheitlicheren Auftretens nach außen nicht aus den Augen verlieren.

Können Sie den Menschen die Angst vor einer Inflation nehmen?

Ich würde mich übernehmen, wenn ich behaupte, ich wäre in der Lage, ihnen diese Angst zu nehmen. Aber die ermutigenden Zeichen sind stärker als die beängstigenden. Und die Europäische Zentralbank ist gerade in diesem Zusammenhang kaum zu kritisieren.

Die Bürger haben den Eindruck, dass die Verursacher der Krise immer noch nicht ordentlich zur Bewältigung herangezogen worden sind. Sie gehen davon aus, dass die Gewinne weiter privatisiert bleiben, die Verluste und die Risiken jedoch sozialisiert werden. Können Sie ihnen den Eindruck nehmen?

Nein. Alle Anstrengungen, die in diese Richtung unternommen wurden und werden, sind noch ungenügend. Da fange ich mal bei den Managern selbst an. Dass Leute, die in erster Linie an der Krise beteiligt waren oder sie sogar verursacht haben, irrsinnige Abfindungen erhalten oder weiterhin extrem hohe Vergütungen bekommen – das ist ein Punkt, den ich heftig kritisiere. Das hat mit Leistung nichts mehr zu tun, das ist offenbar ein Ansehenswettbewerb in dieser – jetzt verwende ich das Wort bewusst – Klasse. Derjenige in dieser Klasse, der die meisten Millionen erhält, kann die Brust am breitesten machen. Da würde ich viel stärker eingreifen.

Wie denn? Gehälter gesetzlich begrenzen?

Indem man einerseits auf das Instrument einer Höchstbegrenzung zurückgreift. Das hat man ja bei den Banken, die staatliche Hilfen erhielten, auch getan. Andererseits könnte ich mir ab einer bestimmten Millionensumme auch einen entsprechend höheren Steuersatz vorstellen. Ja, das könnte ich mir durchaus vorstellen.

Wie hoch? Das würde mich interessieren.

Da müsste ich noch mal genau das Verfassungsrecht studieren, ob es da wirklich eine Grenze gibt. Aber ich hätte gar keine Bedenken dagegen, dass ab einer Million und erst recht ab zwei Millionen dem Betreffenden nur noch 30 bis 35 Prozent verbleiben.

Also ein Steuersatz von 65 bis 70 Prozent?

Ja. Aber nicht für die Gesamteinnahme, sondern ab diesem von mir genannten Betrag. Das würde den Lebensstandard dieser Menschen in keiner Weise einschränken. Es würde dem einen oder anderen vielleicht verbieten, eine weitere Yacht oder ein weiteres Anwesen zu kaufen. Aber das ist keine Kränkung der Menschenwürde, die wird dadurch nicht berührt. Im Gegenteil, die Betroffenen könnten sogar Freude empfinden, dass sie in dieser Weise zum Gemeinwohl beitragen. In Amerika haben Microsoft-Gründer Bill Gates und der Investor Warren Buffett Milliardenbeträge für gemeinnützige Zwecke gestiftet.

Sie würden tatsächlich gesetzlich an Managergehälter rangehen?

Das würde ich mir erlauben. Wobei es natürlich sinnvoll wäre, wenn man das in der ganzen Eurozone durchsetzen könnte. Solch immense Gehälter schaffen Verbitterung. Wenn Sie das mit den Augen eines Mannes sehen, der ohne sein Zutun Arbeitslosengeld-2-Empfänger geworden ist, dann haben wir ein Beispiel dafür, wie diese gesellschaftliche Kluft Wut und Verbitterung erzeugen kann. Auch bin ich dafür – ich sagte es schon –, an den Rettungsschirmen die Gläubiger zu beteiligen, die Anleihen angeschlagener Staaten der hohen Zinsen wegen gekauft haben und so bewusst Risiken eingegangen sind.

Warum glauben Sie, dass die nationale Politik, in diesem Fall die der Regierung, sich mit dem Heranziehen großer Vermögen so schwertut?

Weil sich die FDP dem entschieden widersetzt und die Union die christliche Soziallehre nicht ernst genug nimmt. Ihre Repräsentanten sollten öfter die Schriften von Oswald von Nell-Breuning lesen und auf Norbert Blüm hören, der neulich den Oswald-von-Nell-Breuning-Preis bekommen hat.

Die größte Steuersenkung der letzten zwanzig Jahre, soweit ich es überblicke, kommt von der SPD, von Schröder & Co.

Ich würde die Vokabel »größte« streichen. Ich würde aber zugeben, dass es damals eine Steuersenkung gab, die von heute her betrachtet problematisch erscheint. Aber das gehört ja auch zur Politik, dass man sich besserer Erkenntnis folgend korrigiert.

Würden die von Ihnen angesprochenen Manager, Banker und internationalen Finanzmarktjongleure auf demselben Wertefundament stehen, das Sie in Ihrem privaten und beruflichen Leben für sich errichtet haben, hätten diese Personen es dann überhaupt so weit kommen lassen? Anders gefragt: Würde man es schaffen, wieder einen Teil dessen, was Ihnen an Kriterien wichtig ist, in deren Köpfe zu bekommen?

Sie sprechen einen ganz entscheidenden Punkt an. Es ist nicht allein mit gesetzlichen Maßnahmen getan, sondern man muss diese Leute auch als Menschen ansprechen. Man muss sie fragen: »Seid ihr mit euch wirklich im Reinen?« Und wenn Sie nach der Wertorientierung fragen, ja dann ist hier das Gebot der Nächstenliebe, ins Säkulare übersetzt, das Gebot der Solidarität bedeutsam. Darin steckt auch der Wert der Mitverantwortung, eben nicht nur für das eigene Wohlergehen, sondern ebenso für das Wohlergehen der Mitmenschen. Als Christ kann man sogar auf die berühmte Stelle bei Matthäus Kapitel 25, Vers 40 verweisen: »Was ihr für einen meiner geringsten Brüder getan habt, das habt ihr mir« – also dem Herrgott – »getan«, heißt es dort. Man sollte sie auch fragen, ob sie gelegentlich daran denken, dass sie am Ende ihres Lebens in irgendeiner Form Rechenschaft abzulegen haben.

Da könnten Sie in Bayern anfangen. BMW-Chef Norbert Reithofer soll 2010 rund 4,3 Millionen Euro bekommen haben.

Das ist immerhin weniger, als andere verdienen, so etwa Herr Ackermann bei der Deutschen Bank. Hat er nicht ein Gehalt von ungefähr neun Millionen Euro? Davon könnte er mehr als vierzig Bundesminister bezahlen.

Neun Millionen Euro erhielt Ackermann nicht im Nachkrisenjahr 2010, da waren es »nur« 6,3 Millionen Euro. 9,3 Millionen Euro erhielt

VW-Chef Martin Winterkorn, und Peter Löscher, Vorstandsvorsitzender von Siemens, war mit 8,9 Millionen Euro auch nicht weit davon entfernt. Aber diese Bezüge werden mit guten Argumenten vertreten, mit einer Gewinnsteigerung, einer Absatzsteigerung, einer Produktionssteigerung, manchmal auch einer moderaten Lohnsteigerung für die Mitarbeiter.

Einspruch! Der Unternehmensgewinn ist nicht allein Verdienst eines Vorstandschefs, Hunderte oder sogar Tausende haben daran mitgewirkt. Das ist doch kein Ein-Mann-Erfolg. Aus der Sicht des Grundgesetzes – es ist auch meine Auffassung – sind Unternehmen übrigens soziale Verbände und nicht nur Konstrukte zur Gewinnmaximierung. Also, über dieses Argument würde ich mit denen, die so denken, gern streiten. Sicher können Vorstandsbezüge auch einmal steigen. Und wenn ein Mann wie Josef Ackermann glaubt, seine internationale Bedeutung durch die Höhe seines Einkommens unterstreichen zu müssen, dann in Gottes Namen. Aber was fließt davon als Steuer an den Staat, und was macht er mit dem Geld, das ihm verbleibt? Und kann man die Bedeutung von Menschen wirklich in erster Linie an ihrem Einkommen messen? Da wären die in der Politik Tätigen ja geradezu völlig bedeutungslos.

Ja.

Ja? Gelegentlich könnte man ja die Einkünfte einmal konkret vergleichen. Ich leide jedenfalls nicht unter irgendeinem Minderwertigkeitskomplex, weil meine gegenwärtigen Bezüge etwas über 110 000 Euro liegen. Das verschafft mir die Freiheit, anderen gegenüber auf diesem Gebiet kritisch aufzutreten. Die hätte ich nicht, wenn auch meine Einkünfte siebenstellig wären.

Haben Sie in Ihrer aktiven Zeit das Gespräch mit diesen Firmenlenkern gesucht?

Damals gab es dieses Problem so noch gar nicht. Es gab eine Faustregel, nach der der Vorstandsvorsitzende das Zwanzigfache von dem bekommt, was ein durchschnittlicher Facharbeiter in seinem Unternehmen verdient.

Nicht das Zweihundertfache?

Nein, das Zwanzigfache. Das war in Ordnung. Da sah ich keinen Anlass, darüber zu reden. Gerade deshalb denke ich gern an Bertold Beitz und an andere erfolgreiche und verantwortungsbewusste Unternehmer aus meinem Bekanntenkreis. Jetzt, da haben Sie völlig recht, bekommen die Leute das Zweihundertfache oder sogar das Dreihundertfache. Warum eigentlich?

Was ist für Sie eigentlich Luxus?

Jetzt muss ich einen Moment nachdenken. Luxus? Wir, meine Frau und ich, führen ein Leben, das im Grunde luxusfrei ist. Vielleicht mal ein besonderes Geschenk für meine Frau, aber das will ich auch nicht als Luxus bezeichnen. Da müssen wir über den Luxusbegriff reden. Ist Luxus etwas, bei dem eine gewisse Geldsumme überschritten werden muss – oder ist Luxus etwas, was man sich üblicherweise nicht leistet? Wenn man im Urlaub in ein besonderes Lokal geht? Sie sehen, ich stottere bei Luxus.

Mit einem Haus in den Bergen, einem Landhaus, einer Yacht auf dem Mittelmeer oder einem großen Auto könnte man Sie nicht locken?

Wir haben uns locken lassen von einem alten Bauernhaus nebst einem schönen Garten und einem Obstanger. Das Haus war über neunzig Jahre alt und liegt in Niederbayern. Als wir es kauften, war es in einem sehr herabgekommenen Zustand. Wir haben es dann herrichten lassen und auch selbst verbessert. Da haben wir uns wohlgefühlt. Und sind immer dort hingefahren, wenn es die recht engen Freizeitverhältnisse erlaubten. Der Gedanke, dass mein Selbstwertgefühl davon abhängt, ob ich auf einer Yacht herumfahre …

Waren Sie jemals auf einer Yacht?

Ich glaube … einmal in Kiel. Da ging es aber um die Vorbereitung der olympischen Segelwettbewerbe im Jahr '72.

Über eine merkwürdige Atompolitik, arabische Revolutionen und das Grundgesetz als unverzichtbaren Wert

Wir sind etwas vom Thema abgekommen, aber trotzdem war es interessant, etwas über Ihr Verhältnis zum Luxus zu erfahren. Nun gut. Die Finanzkrise war eine der einschneidenden Veränderungen, die Sie in Bezug auf die Zukunft unseres Landes angeführt haben, die Atomkatastrophe in Fukushima und die Positionsveränderung der Bundesregierung eine weitere. Auch da eine Nachfrage: Können Sie die letzten Veränderungen in der Atompolitik nachvollziehen?

Nur sehr mühsam. Der Ausstieg aus der Kernenergie ist vor zehn Jahren unter der Verantwortung von Gerhard Schröder und Joschka Fischer in einer durchaus befriedigenden Weise geregelt worden. Und zwar nicht allein durch ein entsprechendes Gesetz der rot-grünen Koalition, das gegen den lebhaften Widerstand von Union und FDP durchgesetzt werden musste, sondern auch durch eine Vereinbarung mit der Atomwirtschaft. All die Fragen, die jetzt wieder eine Rolle spielen, etwa, ob wir Strom aus anderen Ländern einführen müssen, inwieweit die Strompreise steigen würden und wie und in welchem Umfang die erneuerbaren Energien zu fördern sind, waren beantwortet.

Dann hat die schwarz-gelbe Bundesregierung das alles im September 2010 über den Haufen geworfen und die Laufzeiten verlängert. Jetzt dreht sie sich ein knappes halbes Jahr später um 180 Grad und will noch schneller aussteigen, als Rot-Grün das beschlossen hat.

Ich kann mich an keine derart kurzfristige und zugleich politisch totale Kehrtwende erinnern. Und das alles ohne eine ausreichende Befassung des Parlaments. Ja, die Union hat das Thema noch nicht einmal für wichtig genug gehalten, um es auf einem eigenen Parteitag zur Diskussion zu stellen.

Warum hat die Regierung Merkel den rot-grünen Ausstieg aufgekündigt? War das eine Geldfrage, weil die neue Brennelemente-Steuer die Staatsfinnazen aufbessern sollte?

Nein, das denke ich nicht. Es mag eine Rolle gespielt haben, dass einige andere europäische Länder die Kernenergie stark nutzen, so etwa Frankreich, und man sich von ihnen nicht zu sehr unterscheiden wollte. Aber letzten Endes war es wohl der Druck, den die vier großen Energieunternehmen in Deutschland – E.ON, RWE, Vattenfall und EnBW – auf die Regierung ausübten. Auch wollte man wohl zeigen, dass man die Dinge besser beurteilen könne als Rot-Grün, dass Rot-Grün eigentlich nur Panik verbreite.

Ist die Energiewende, die kommen soll, nur positiv, oder sehen Sie darin für den Bürger kurz- und mittelfristig auch eine finanzielle Last, die er gar nicht tragen möchte?

Zwischenzeitlich sind ja alle politischen Kräfte in der Bundesrepublik für den Ausstieg aus der Atomenergie. Es ist sogar ein Wettlauf in Gang gekommen darüber, wer früher aussteigt. Das ist ein einmaliger Vorgang, und das sehe ich insgesamt positiv. Natürlich wird es bei der Realisierung noch genügend Probleme geben. So bei der Aufstellung von Windrädern, beim Bau von Fernleitungen und in finanzieller Hinsicht. Das wissen die Bürger. Aber diese Probleme sind lösbar, wenn das Mögliche rechtzeitig getan wird.

Und Sie halten den Ausstieg für unumkehrbar?

Es würde der Politik einen schlimmen Schlag versetzen, wenn die Union oder die FDP noch einmal einen Purzelbaum schlagen würde. Nein, das nehme ich nicht an. Und das will ich auch niemandem unterstellen. Angela Merkel und Umweltminister Norbert Röttgen schon gar nicht. Sie würden ja damit auch ihre eigene Partei völlig ruinieren.

Noch etwas: Der Ausstieg wird den Ausbau der erneuerbaren Energien, der bei uns ja schon erheblich fortgeschritten ist, weiter beschleunigen. Unsere jetzt bereits weltweit führende Rolle auf diesem Gebiet wird deshalb noch zunehmen und sich auch in wirtschaftlichen Erfolgen niederschlagen.

Wird das Jahr 2011, was unsere Haltung zur Energie betrifft, eine nachhaltige Zäsur bedeuten?

Ja, und zwar über unser Land hinaus. Wenn uns der Atomausstieg gelingt, wird das in ganz Europa, ja sogar weltweit die Diskussion beleben. Ich bin sicher, dass wir da etwas anstoßen können, aber nicht im Sinne einer Belehrung der anderen, sondern im Sinne: »Kommt zu uns und schaut es euch an.« Ich könnte mir vorstellen, dass die Menschen in anderen Ländern sensibler werden, was Atomenergie anbelangt. So hat sich der Schweizer Bundesrat im Mai 2011 für einen langfristigen Ausstieg aus der Kernenergie mit dem Ziel entschieden, das letzte Schweizer Atomkraftwerk 2034 stillzulegen. Und selbst in Japan sind erstmals Menschen auf die Straße gegangen, um gegen die Kernkraft zu demonstrieren.

Übrigens: Wir sollten nicht vergessen, dass Österreich das erste Land der Welt war, das sich schon 1978 in einem Volksentscheid gegen die Nutzung der Atomkraft – ein schon gebautes Werk in Zwentendorf durfte deshalb nicht in Betrieb genommen werden – aussprach. Und kaum einer wird wissen, dass Italien nur neun Jahre später, also 1987, den Ausstieg ebenfalls in einem Volksentscheid beschlossen hat. Der Plan Silvio Berlusconis, dennoch vier neue Atomkraftwerke zu bauen, wurde erst vor wenigen Monaten durch einen weiteren Volksentscheid mit überwältigender Mehrheit zurückgewiesen.

Weiter einschneidend, Sie haben das angesprochen, sind die Veränderungen in der arabischen Welt, die friedlichen Revolutionen in Nordafrika, aber auch – damit verbunden – der Bürgerkrieg in Libyen. Diese Entwicklungen haben gezeigt, dass die Sehnsucht nach Freiheit, nach Menschenrechten oder auch nur nach Wohlstand lang bestehende Strukturen über den Haufen werfen kann. Sind die damit verbundenen Auswirkungen auch eine Gefahr für uns, weil sie einhergehen mit einer, im besten Fall, vorübergehenden Destabilisierung, mit Flüchtlingsströmen, von der Ölproblematik ganz zu schweigen?

Ein Skeptiker würde sagen: »Mit der Hoffnung seid bitte vorsichtig, denn ihr wisst ja noch gar nicht, was da am Ende wirklich herauskommt.« Ich bin in dieser Hinsicht eher ein Optimist. Allein die Tatsache, dass die Tunesier und die Ägypter in friedlicher Weise einen solchen Wechsel herbeiführen konnten, verdient große Hochachtung. Es ist ermutigend, dass sie sich tage- und wochenlang auf der Straße aufgehalten und demonstriert haben. Sie haben sich eingesetzt für mehr Freiheit, für Meinungsfreiheit, für Versammlungsfreiheit, für wirkliche Wahlen und für Demokratie. Sie wollten keine Präsidenten mehr, die als Diktatoren agieren und sich zudem bereichern. Das hat so doch noch vor kurzem niemand vorausgesehen. Libyen ist ein Sonderfall, und das hängt wohl mit der Person von Gaddafi zusammen. Muammar al-Gaddafi kann man nicht ohne Weiteres mit dem ägyptischen Staatschef Husni Mubarak oder mit dem tunesischen Präsidenten Ben Ali vergleichen. Aber auch da kann ich nur hoffen, dass am Ende Gaddafi auf der Verliererseite steht, denn sein Umgang mit seinem eigenen Volk und mit dem internationalen Terrorismus hat mich in der Vergangenheit manchmal sogar an seinem Geisteszustand zweifeln lassen. Aber selbst da, wo Machthaber mit Waffen und Gewalt gegen ihr Volk vorgehen, erheben sich Menschen, und das finde ich ganz außerordentlich. Syrien ist auch ein solcher Fall. Hier folgen die Mächtigen gegenwärtig eher dem Beispiel Gaddafis. Im Jemen ist die Lage schwer zu beurteilen. Bei dieser Gelegenheit möchte ich nochmals unterstreichen: Die Vereinten Nationen haben als Sicherheitsrat seit einiger Zeit militärisches Eingreifen von außen erlaubt, wenn schwere Verletzungen der Menschenrechte vorliegen. Im Fall Libyen ist das besonders deutlich geworden. Und dass sich Russland und China dabei des Vetos enthielten, also ein solches Vorgehen möglich gemacht haben, ist unter menschenrechtlichen Gesichtspunkten sehr bemerkenswert.

Ist das eine gute Entwicklung? Die Frage ist doch, wo denn die Grenze liegt. Muss man jetzt auch bei Baschar Hafiz al-Assad in Syrien eingreifen? Muss man die Chinesen zu einer besseren Politik gegenüber Tibet zwingen, und das mit militärischen Mitteln? Wenn man damit anfängt, das Prinzip der staatlichen Souveränität zu ignorieren, das ja nun schon sehr lange gilt – wohin führt uns das? Und wer soll am Ende entscheiden, was gutes Eingreifen ist und was nicht?

Die Notwendigkeit, Dinge abzuwägen und Präzedenzfälle im Auge zu behalten, das gehört einfach zur menschlichen Entwicklung. Die Entscheidung hat letzten Endes immer der Weltsicherheitsrat zu treffen. Er wird dabei das Ausmaß und die Intensität der Menschenrechtsverletzungen zu beachten haben. Alles, was man an China kritisieren kann und muss, lässt sich kaum mit dem vergleichen, was in Libyen geschieht. Aber da wir in einer realen Welt leben, ist auch zu berücksichtigen, gegen wen man solche Überlegungen anstellt. Libyen und China sind Länder völlig unterschiedlichen Gewichts. Das kann nicht außer Acht gelassen werden. Zudem hoffe ich, dass die Entwicklung in China zu weiteren Veränderungen führen wird. Wenn man bedenkt, welchen Weg China auf dem Gebiet der Menschenrechte seit Mao Zedong bis heute zurückgelegt hat, ist das doch ermutigend. Im Falle Syrien haben die Erörterungen im Weltsicherheitsrat bisher leider zu keinem positiven Ergebnis geführt.

Sie glauben also an einen Aufschwung der Menschenrechte – und zwar international?

Dass sich der Weltsicherheitsrat bei seinen Begründungen auf den Schutz der Menschenrechte stützt, das finde ich jedenfalls hoffnungsvoll.

Ihrer Meinung nach haben wir somit die Möglichkeit einer echten positiven Veränderung?

Ja. Nach den genannten Ereignissen kann wirklich eine neue Epoche beginnen, wobei ich natürlich nicht in der Lage bin, die weitere Entwicklung im Einzelnen vorauszusagen. Es kommt darauf an, wie wir alle mit dieser Chance umgehen und dass sich alle im Klaren sind, dass es eine solche ist.

Ganz leise füge ich noch hinzu: Diese ganzen Veränderungen zeigen auch, dass wir Menschen in bestimmter Hinsicht an unsere Grenzen gelangt sind. In technischer Hinsicht haben wir es schon erörtert, aber auch was das Wachstum angeht, haben wir Grenzen erreicht. Allmählich wird dies den Menschen bewusst. Die neuesten Entwicklungen sind somit auch eine Chance, unsere Lebensbedingungen insgesamt zu ändern. Damit sind nicht nur die eigenen gemeint – wir sind ein ganz kleiner Teil, wir machen gerade 1,3 Prozent der Weltbevölkerung aus –, sondern die der gesamten Menschheit. Diese ist nicht mehr nur ein abstrakter Begriff, mit dem man sich in edlen Stunden beschäftigt, sie ist auf einmal ganz konkret geworden.

Wie meinen Sie das?

Es gibt immer weniger Vorgänge, bei denen man sagen kann: Das betrifft uns doch überhaupt nicht. In Goethes Zeiten gab es nichts Schöneres, als an Sonn- und Feiertagen vor den Toren der Stadt zu promenieren und ein Gespräch über Krieg und Kriegsgeschrei zu führen, »... wenn hinten fern in der Türkei die Völker aufeinander schlagen«. So schildert es Goethe im *Faust* in seinem berühmten »Osterspaziergang«. Auch Kriege in der »Ferne« sind heute für uns regelmäßig Ereignisse, die auch uns angehen. Und weil Sie von Flüchtlingen gesprochen haben: Wenn wir die Kluft zwischen den Lebensverhältnissen der Menschen in weiten Teilen der Welt und unseren Lebensverhältnissen weiter anwachsen lassen, wenn wir die Klimakatastrophe nicht abwenden, dann brauchen wir uns nicht zu wundern, wenn sich Millionen von Menschen gerade in Richtung Europa in Bewegung setzen. Sie können ja inzwischen auch im Fernsehen täglich sehen, wie wir leben.

Diese sehr schnellen Entwicklungen im arabischen Raum, die auch etwas mit der Kommunikationsveränderung zu tun haben, mit dem Internet, das die Dinge beschleunigt, lassen, ich sage es mal vorsichtig, die Politiker nicht alt, aber etwas langsam aussehen. Kann man von ihnen mehr verlangen, als nur auf die Entwicklungen zu reagieren? Sollte man von ihnen auch fordern, dass sie Orientierung geben, selbst in solch beschleunigten Zeitabläufen?

Ja, das sollte man. Es ist gut, wenn politisch Verantwortliche ihre Arbeit in dem Sinne tun, dass sie mit der Entwicklung Schritt halten und dass sie zu vernünftigen Lösungen kommen, aber sie sollen auch Orientierung geben. Ein gutes Beispiel dafür war die Ostpolitik von Willy Brandt. Und in der Frage des Atomausstiegs haben die Grünen und die SPD weiß Gott auch Orientierung gegeben. International fällt mir zur Klimafrage als Beispiel Al Gore ein.

Der leider nicht amerikanischer Präsident geworden ist.

Ja, leider.

Es ist also keine Überforderung der Politiker, ihnen zu sagen: »Wir möchten, dass ihr nicht nur verwaltet, sondern dass ihr uns Orientierung gebt«?

Das ist keine Überforderung. Es muss erkennbar gemacht werden, woran Politiker sich orientieren, und man muss die Kriterien benennen können, an denen sie sich selbst messen. Daran sollen sie dann auch von den Bürgerinnen und Bürgern gemessen werden.

Sie selbst sind als Jurist in den Politikerberuf gekommen. Wo hatten Sie am Anfang Ihre größten Lücken? Wo hatten Sie das Gefühl, dass Sie nicht auf der Höhe sind und nacharbeiten müssen?

Eine deutliche Lücke hatte ich im wirtschaftlichen Bereich und auch in der Finanzpolitik. Wenn ich das Stichwort »Umwelt« nenne, dann war das eine Lücke, die ich anfangs mit meiner ganzen Generation geteilt habe. Noch bis in die sechziger Jahre hinein wurde der Begriff »Umwelt«, wenn überhaupt, jedenfalls ohne besondere Betonung benutzt. Ich erinnere mich, dass das Thema bei unserer Entscheidung für den Ausbau eines Schienenschnellverkehrssystems in München in der Abwägung mit dem Individualverkehr wegen der Schadstoffbelastung durchaus eine Rolle spielte, der Begriff selbst aber noch kaum verwendet wurde. Erst im Laufe der Zeit habe ich mich dann konkret mit der Umweltpolitik befassen müssen. Und da die Außenpolitik in der Bundesrepublik von Anfang an ein ganz wichtiges Gebiet war, musste man sich auch hier auf dem Laufenden halten und durch Auslandsreisen seine Kenntnisse vertiefen. Im Übrigen sind juristische Grundkenntnisse in der Politik durchaus hilfreich. So zum Beispiel die Unterscheidung zwischen Ermittlung des Sachverhalts und Beurteilung des Sachverhalts. Das wird in der Politik zu oft vermischt. Juristische Kenntnisse können auch dazu beitragen, die Bedeutung einer intakten Rechtsordnung und eines angemessenen Umgangs mit ihr ernster zu nehmen.

Aber ohne ein Wertefundament ist das alles nichts ...

Richtig. Denn letzten Endes kann man nur etwas beurteilen, wenn man sich darüber im Klaren ist, worin das eigentlich Maßgebende besteht. Ist es der materielle Erfolg, die Macht, die Selbstdarstellung, das Wahrgenommenwerden? Oder das Gemeinwohl? Was ist entscheidend, wenn man am Ende des eigenen Lebens Bilanz ziehen will?

Sicher haben Sie sich damit in den letzten Jahren intensiv beschäftigt, und wahrscheinlich ist es nicht einfach, Ihre Wertordnung in wenigen Sätzen zu fassen. Versuchen Sie es trotzdem: Was sind für Sie die allgemeingültigen Werte, auf die man nie verzichten darf?

Die finden Sie im Grundgesetz. Das Grundgesetz regelt nämlich nicht nur die Gewaltenteilung und die föderale Gliederung unseres Staats. Und es ist auch nicht nur eine Sammlung von Verfahrensnormen und Zuständigkeitsbestimmungen. Vielmehr liegt ihm eine Wertordnung zugrunde, die sich in ihm auch ausdrückt. Sie war die Antwort des Parlamentarischen Rats auf die Ideologie des NS-Gewaltregimes. Ein zentrales Element dieser Wertordnung findet sich gleich im ersten Absatz des ersten Artikels, der lautet: »Die Würde des Menschen ist unantastbar. Sie zu achten und zu schützen ist Verpflichtung aller staatlichen Gewalt.« Diese Formulierung trifft den Wertcharakter der Eingangsnorm des Grundgesetzes wesentlich deutlicher als der im Parlamentarischen Rat zunächst an dieser Stelle auch als Antwort auf das Vorausgegangene vorgesehene Satz, dass der Staat für die Menschen und nicht die Menschen für den Staat da seien. Jedenfalls ist die unantastbare Menschenwürde für mich der Hauptgrundwert, aus dem sich weitere Werte ergeben. Etwa die Handlungsfreiheit, die durch die Handlungsfreiheit des anderen eingegrenzt wird, und die Meinungs- und Religionsfreiheit. Aber auch die Gerechtigkeit und die soziale Solidarität.

Eine andere fundamentale Antwort auf das Regime, das für den eine lange Zeit bejubelten Führer Allmacht und Allwissenheit beanspruchte, gibt schon die Präambel des Grundgesetzes. Dort heißt es unter anderem, das deutsche Volk gäbe sich dieses Grundgesetz in »Verantwortung vor Gott und den Menschen«. Damit wird klargestellt, dass der Mensch nicht die letzte Instanz ist, sondern dass er sein Tun und Lassen vor einer höheren Instanz zu verantworten hat. Dem haben übrigens im Parlamentarischen Rat auch Atheisten zugestimmt.

Es bleibt aber die Frage, woraus der Einzelne diese Werte ableitet. Das Grundgesetz überlässt dies dem Einzelnen und schreibt keine bestimmte Begründung vor. Das hat übrigens die Sozialdemokratie 1959 in ihrem Godesberger Programm ausdrücklich bekräftigt. Ich bekenne, dass ich die Wertordnung aus meiner christlichen Überzeugung herleite. Was die Menschenwürde angeht, leite ich sie beispielsweise von der Gottesebenbildlichkeit des Menschen her. Gott schuf die Menschen nach seinem Bilde – heißt es in der Bibel. Also mit der Willensfreiheit, mit der Fähigkeit, Gutes und Böses voneinander zu unterscheiden, und auch der Fähigkeit zur Nächstenliebe. Aber ich respektiere es, wenn Menschen ihre Begründung aus anderen religiösen Überzeugungen, aus der Philosophie Immanuel Kants oder aus dem Humanismus ableiten. Auf jeden Fall halte ich es aber für wichtig, dass junge Leute rechtzeitig, also auch schon in der Schule, mit der Frage nach der Begründung dieser Werte konfrontiert werden. Und das nicht nur im Religions- oder im Ethikunterricht.

Das Grundgesetz lässt bei alldem immer noch einen hinreichenden Spielraum für die Auslegung seiner Wertordnung – etwa im Bereich der Grundrechte. Aber dafür haben wir eine hervorragende Institution, nämlich unser Bundesverfassungsgericht. In vielen Fällen hat es der Wertordnung insgesamt und speziell den Grundwerten des Grundgesetzes zur Geltung verholfen. Das auch dadurch, dass es sie auf ganz neue Entwicklungen angewandt hat.

Ich fasse kurz zusammen: Wichtig sind für das eigene Wertegebäude das Grundgesetz, die Bibel und Kant?

Ja. Auch Kants Lehre vom kategorischen Imperativ.

Angela Merkel, so vermute ich mal, würde Ihnen bei allen drei Elementen zustimmen. Und trotzdem scheint sie ein Wertefundament zu haben, das in gewisser Weise anpassungsfähiger ist. Wie erklären Sie sich das? Weil ein Begriff wie die Würde des Menschen im 21. Jahrhundert viel zu abstrakt und zu archaisch klingt? Weil man nicht mehr konkret definieren kann, was man darunter versteht?

Mir fällt es nicht schwer, die Würde des Menschen zu definieren. Ich verstehe darunter, dass der Mensch nie als Mittel missbraucht werden darf, dass jeder Einzelne einen Wert, aber niemals einen Preis hat. Und dass in jedem Menschen ein göttlicher Funke steckt. Mir haben die Entwicklungen in Nordafrika gezeigt, dass die Menschenwürde kein archaischer oder gar überholter Begriff ist. Da haben nämlich Menschen aufbegehrt und sich von Diktatoren nicht länger als Arbeits- oder Machtkapital behandeln lassen wollen. Sie sind aufgestanden, um für Demokratie, Freiheit und Gerechtigkeit zu kämpfen. Und sie haben sich jedenfalls ein Stück weit durchgesetzt.

Zum Wertefundament von Frau Merkel will ich mich nicht äußern. Dafür kenne ich sie zu wenig. Ziemlich volatil erschien allerdings in jüngster Zeit ihre Politik.

Christliche Nächstenliebe – die Menschen gehen immer seltener in Kirchen, sie beteiligen sich immer seltener an den Strukturen, die früher das Wertegerüst einer Gesellschaft aufrecht gehalten haben. Wie soll man dem begegnen? Mit einer gewissen Nonchalance? Indem man hofft, dass die Rückbesinnung schon von allein kommt?

Dass mehr Menschen in jüngster Zeit die Kirchen verlassen haben, hat auch mit deren eigenen Schwächen zu tun. In der katholischen Kirche spielen dabei die Missbrauchsfälle und die Art und Weise, wie sie damit und mit anderen Fragen, die die Gläubigen zunehmend beschäftigen, lange Zeit umgegangen ist, eine große Rolle. Als Stichworte nenne ich nur den Zölibat, die Frauenordination und den Umgang mit wiederverheirateten Geschiedenen. Aber es spielt auch eine Rolle, dass die Zugehörigkeit zur Kirche früher für viele Menschen einfach eine Frage des Milieus war. Und manche

Milieus haben den Gedanken an einen Kirchenaustritt erst gar nicht aufkommen lassen. Diese Milieus haben sich im Zuge der Individualisierung weitgehend aufgelöst. Soweit Individualisierung Selbstverantwortung bedeutet, kann ich das nicht bedauern.

Aber immerhin führte es dazu, dass man sich jeden Sonntag einen »Vortrag« anhörte – meinetwegen auch zwangsweise – und damit die Möglichkeit gegeben war, innezuhalten, selbst für die Unvernünftigen und Ungläubigen. Das gibt es nicht mehr.

Das nimmt ab. Aber immer noch sind es rund vier Millionen Katholiken, die den Sonntagsgottesdienst, und rund neun Millionen evangelische Kirchenmitglieder, die jedenfalls die Christvespern und Metten am Heiligen Abend besuchen. Aber auch die, die das nicht tun, haben wohl in ihrer Mehrheit noch gewisse christliche Grundvorstellungen. Sogar diejenigen, die aus der Kirche austreten, besitzen in nicht wenigen Fällen religiöse Bezugspunkte.

Vielleicht treten sie aus, weil sie Kirchensteuer zahlen müssen. Sollte man die abschaffen?

Das mag durchaus so sein. Dennoch bin ich gegen die Abschaffung der Kirchensteuer, weil ihr Wegfall allein schon im sozial-karitativen Bereich fühlbare negative Auswirkungen hätte. Außerdem setzt ihre Zahlung ja eine entsprechende individuelle Entscheidung voraus. Aber Ihre Frage zielte darauf ab, was man tun kann, um wieder stärker ein moralisches Gerüst zu haben. Natürlich sind da die Kirchen selbst gefordert. Aber auch andere große gesellschaftliche Institutionen von den Gewerkschaften über die Arbeitgeberverbände und die Sozialverbände bis hin zu den Medien und den Parteien. Verstärkt sollte jeder von uns auch darauf achten, welches Beispiel er gibt. Woran er sich selbst orientiert. Zu viele zeigen mit dem Finger stets nur auf andere, nicht auf sich selbst.

Aber ist dieses Wertefundament, das Sie da formulieren, tatsächlich tauglich für den politischen Alltag?

Ja.

Geben Sie mir ein Beispiel.

Beispielsweise ist doch die soziale Gerechtigkeit der Wert, der in der Auseinandersetzung über die Situation der Hartz-IV-Empfänger ... Entschuldigung, aber ich finde, das ist eine ärgerliche Bezeichnung, weil damit Herrn Hartz zu einer Art Unsterblichkeit verholfen wird. ALG 2-Empfänger gefällt mir besser.

Den Namen Hartz hat aber der Sozialdemokrat Gerhard Schröder eingeführt.

Na gut. Aber wir müssen das nicht beibehalten, oder? Also: Die lange Diskussion über das Arbeitslosengeld 2 zeigt mir, dass die soziale Gerechtigkeit – und damit ein Wertmaßstab des Grundgesetzes – in der Politik eine Rolle spielt. Solidarität hat wiederum in der Entwicklungshilfe, aber auch in der Spendenfreudigkeit der Menschen im Falle von Katastrophen eine Bedeutung. Und dann haben wir noch ein Feld, auf dem die Grundwerte unmittelbar miteinander in Berührung kommen. Es ist das Spannungsverhältnis zwischen Freiheit und Sicherheit. Wie weit muss, darf, kann man die Freiheit einschränken, um Menschen Sicherheit zu geben, um sie vor Anschlägen zu schützen?

In diesem Zusammenhang beschäftigt mich ein Gedanke, den ich in der Diskussion sehr selten finde. Ich gehöre zu den Menschen, die gegen jede Art von Folter sind, und ebenso gegen maßlose Überwachungssysteme. Nur wird man diese Haltung auch dann mit mir teilen müssen, wenn in einem konkreten Fall ein Massenanschlag zu verhindern gewesen wäre, falls man gefoltert oder über bestehende Regelungen hinaus abgehört hätte und damit über das, was das Grundgesetz erlaubte, hinausgegangen wäre. Das mag im ersten Moment erschreckend klingen, aber die Abwägung führt dazu, dass uns die Achtung der Menschenwürde dazu zwingt, einen Anschlag hinzunehmen, den man wirklich nur durch Folter oder eine totale Überwachung hätte verhindern können. Ich erinnere in diesem Zusammenhang an den Fall des ehemaligen stellvertretenden Frankfurter Polizeipräsidenten Wolfgang Daschner. Der wollte das Leben eines entführten Jungen dadurch retten, dass er dem Entführer Gewalt androhte. Der gestand zwar seine Tat, wollte aber nicht verraten, wo er den elfjährigen Jakob von Metzler versteckt hielt. Daschner wurde später wegen Nötigung verurteilt. Die Tatsache, dass der Entführte zu dem Zeitpunkt, in dem Daschner den Täter bedrohte, schon tot war, spielte in diesem Zusammenhang rechtlich keine Rolle.

Aber wie soll in einem solchen oder ähnlichen Fall mit einem Menschen wie Wolfgang Daschner umgegangen werden?

So wie ich es eben geschildert habe. Daschner musste verurteilt werden, weil er gegen eine Grundnorm gehandelt hat. Daran ändert sich auch nichts, wenn seinem Handeln eine Gewissensentscheidung zugrunde lag. Eine solche Einlassung kann ich respektieren, wenn der Betreffende eben hinterher zu seiner Entscheidung steht und die Strafe annimmt.

Dies ist übrigens kein ganz neues Problem. Die Leute, die Ende der siebziger und Anfang der achtziger Jahre gegen die Raketenstationierung und den NATO-Doppelbeschluss demonstriert haben, sagten ebenfalls, es sei ihnen so wichtig, dass sie dafür Gesetzesverletzungen in Kauf nehmen würden. Glaubwürdig war diese Begründung für mich dann, wenn sie anschließend im konkreten Fall auch eine Verurteilung akzeptierten.

Das heißt: Derjenige, der dem Entführer, dem Jurastudenten Magnus Gaefgen, Gewalt angedroht hat, um das Versteck des Kindes zu finden, der muss für seine eigentlich gute Tat in Kauf nehmen, dass er für immer und ewig aus dem Dienst entfernt wird?

Er muss die staatliche Sanktion akzeptieren. Ob dazu die Degradierung oder die Entfernung aus dem Dienst gehört, richtet sich nach den einschlägigen Bestimmungen.

Sie akzeptieren also eine Ausnahme von der Regel, aber die Regel selbst soll unangetastet bleiben?

Ich akzeptiere keine Ausnahme von der Regel. Ich respektiere Gewissensentscheidungen. Wenn Menschen sagen: »Ich weiß, das ist gegen das Gesetz, was ich tun werde, aber mein Gewissen sagt mir, dass ich es dennoch machen muss. Und ich will auch die Folgen in Kauf nehmen!« Dann bleibt die Regel auch in diesem Fall bestehen. Anders wäre es, wenn der Staat in solchen Fällen auf Sanktionen verzichten würde. Das darf nicht sein.

Hatten Sie je in Ihrem Leben eine solche Entscheidung zu treffen?

Meiner Erinnerung nach befand ich mich nie in einer solchen Situation. Doch während der Schleyer-Entführung und der Entführung der Lufthansa-Maschine *Landshut* nach Mogadischu im Herbst 1977, durch die inhaftierte Mitglieder der RAF freigepresst werden sollten, kam ich ihr in gewissem Sinne nahe. Mit meinen Argumenten hatte ich ja unmittelbaren Einfluss auf das Leben oder Sterben von Menschen. Aber all diese Argumente bewegten sich im Rahmen unseres Grundgesetzes und seiner Wertordnung. Als der Sohn des von der Roten Armee Fraktion entführten und später ermordeten Arbeitgeberpräsident Hanns Martin Schleyer, Hanns-Eberhard Schleyer, das Bundesverfassungsgericht anrief, um die Regierung zu zwingen, den Forderungen der Terroristen nachzugeben, wurde sein Antrag abgelehnt. Die Bundesregierung müsse selbst entscheiden, so das Gericht, welche Mittel sie einsetze, um das Leben Schleyers zu retten. Sie sei nicht gezwungen, zu diesem Zweck die Forderung der Terroristen zu erfüllen. Wir haben stattdessen die Suche nach Schleyer mit großem Nachdruck betrieben, um ihn zu befreien. Leider ist das nicht gelungen. Hier habe ich mein Gewissen geprüft. Es war aber mit dem, was getan wurde, im Einklang, obwohl das das Leben eines Menschen zunächst ernsthaft gefährdete und schließlich sein Ende mit verursacht hat. Es würde nun wohl zu weit führen, alle die Argumente wiederzugeben, die für diese Entscheidungen maßgebend waren.

Über christliche Nächstenliebe, Soldatsein unter Hitler und Todsünden

Wie haben Sie sich das Wertegerüst, dem Sie sich heute noch verpflichtet fühlen, aufgebaut? Vermutlich beginnt es mit einer christlichen Erziehung im Elternhaus?

Hauptsächlich war es der Einfluss meiner Mutter. Meine Eltern gehörten verschiedenen Konfessionen an, der Vater war evangelisch, die Mutter katholisch. Damals war eine katholische Trauung in dieser Konstellation nur möglich, wenn sich der protestantische Teil, also mein Vater, verpflichtete, die Kinder im katholischen Glauben aufziehen zu lassen.

Das war wohl in Bayern so.

Nein, das war in Göttingen, in Niedersachsen – also im damaligen Preußen. Beachten Sie: Meine Eltern haben 1923 geheiratet. Also, meine Mutter nahm Einfluss auf meine christliche Erziehung, mein Vater hielt sich dabei zurück. Ich war dann Messdiener und nahm in der Schule am Religionsunterricht teil. In der Zeit des Nationalsozialismus hörte der am Gymnasium auf, wenn man vierzehn war. Doch wurde er als privater Unterricht, an dem ich teilnahm, im Pfarrhaus fortgesetzt. In der Folgezeit – etwa im Krieg – hatte ich auch Phasen größeren Zweifelns. Erst in der RAF-Zeit wurde mir wieder klarer, was mein Glaube für mich bedeutete.

Sie mussten abwägen zwischen einem Menschenleben und dem, was sonst von Bedeutung war. Da half Ihnen eine Instanz wie Gott?

Ja, ich hatte und habe eine persönliche, eine lebendige Gottesvorstellung. Die Überlegung war in diesem Fall einfach: Tue dein Äußerstes, prüfe dein Gewissen, versuche auch mit der Person

Gottes zu sprechen, doch gib dich dann in die Hand des Herrgotts. Mir hat dieser Gedanke eine gewisse Festigkeit gegeben. Ich erinnere mich auch noch an eine Predigt, die der Bischof Georg Moser wenige Tage vor der Ermordung von Hanns Martin Schleyer in einer Stuttgarter Kirche hielt. Da äußerte er sich ganz ähnlich.

Als Kind, als junger Mann waren Sie also noch nicht besonders gottesfürchtig, eher ein durchschnittlicher Ministrant – oder wie habe ich mir das vorzustellen?

Genau so. Sie dürfen dabei nicht vergessen, dass ich in der Zeit des NS-Gewaltregimes aufgewachsen bin; 1933 war ich sieben Jahre alt. Kirche, Religion und Hitlerjugend – das hat natürlich Spannungsverhältnisse ausgelöst. Außerdem, und das habe ich schon in meinen früheren Büchern erwähnt, trat mein Vater im Oktober 1932 der NSDAP bei. Für diesen Entschluss waren wohl der Vertrag von Versailles und die hohe Arbeitslosigkeit ausschlaggebend. Nach wenigen Jahren, ich glaube ab 1935 oder 1936, zog er sich von allen politischen Aktivitäten zurück – in der Erkenntnis, dass dieser Parteieintritt ein Irrtum war. Manchmal redete er später so kritisch über das NS-Regime und über Hitler, dass ich zu ihm sagte: »Vater, du bist doch Beamter« – er war Universitätsprofessor –, »du bekommst doch dein Geld von diesem Staat, wieso redest du so schlecht über ihn? Wie geht das?« Er hat das dann aber nicht weiter vertieft.

Ich selbst war in der Hitlerjugend. Doch da ich sportlich nicht sonderlich leistungsfähig war, hatte ich mich in einem »Fähnlein« – so nannte man die kleinere Einheit – um die finanziellen Dinge zu kümmern. Später war ich auf der Kreisebene Kulturbeauftragter, und als solcher hatte ich mich um den Theaterring, das Laienspiel und musikalische Aktivitäten zu kümmern. Gelegentlich ging es auch um Veranstaltungen, bei denen die Nazi-Ideologie eine Rolle spielte.

Gab es Teile dieser Ideologie, denen Sie zugestimmt haben? Gab es etwas, das Ihnen gefallen hat?

Dass Deutschland in der Welt wieder an Gewicht gewann, dass die Arbeitslosenzahlen zurückgingen, das gefiel mir. Auch dass es wieder eine Wehrmacht gab, und ebenso verbuchte ich darunter den »Anschluss« Österreichs 1938. Noch heute bin ich davon überzeugt, dass die Nazis bei freien Wahlen im Sommer 1938 einen hohen Prozentsatz erreicht hätten.

Ich erinnere mich aber auch daran, dass mein Vater nach Kriegsausbruch sagte, der Krieg sei nicht zu gewinnen. »Den gewinnt er nicht!«, war ein Ausspruch, den er oft wiederholte. Na ja, und dann war ich selbst Soldat, seit Juli 1943. Ich hatte mich freiwillig gemeldet, weil mein Jahrgang – 1926 – sehr stark von der Waffen-SS umworben wurde. Dorthin wollte ich unter keinen Umständen. Aber man war vor dieser nationalsozialistischen Parteitruppe erst in Sicherheit, wenn man einen Wehrmachtsannahmeschein hatte.

Das ganze Ausmaß der Verbrechen des NS-Gewaltregimes ist mir erst nach dem Krieg allmählich klar geworden. Vorher gab es ein einziges Erlebnis, das darauf hinwies. Ich befand mich im Herbst 1943 mit einer schweren Gelbsucht in einem Lazarett in der Bretagne, in Rennes. Als es mir besser ging, arbeitete ich in der Schreibstube des Stabsarztes mit. Manchmal saß da ein kleiner Kreis von Kameraden zusammen, und es wurde erzählt. In dieser Runde sagte ein älterer Obergefreiter – er war vielleicht Mitte zwanzig, ich siebzehn: »Ihr wisst ja gar nicht, was alles in Russland passiert, wie da Menschen ihr Leben verloren haben.« Wir Jüngeren hörten ihm zu, schließlich fragte einer: »Ja, meinst du die Russen?« Der Obergefreite lachte nur und wehrte ab: »Nein, nein, ganz andere Dinge.« Wir bedrängten ihn, wollten mehr darüber erfahren, was er meinte, aber er weigerte sich, weiter darüber zu reden.

Richard von Weizsäcker, der ehemalige Bundespräsident, hat am 8. Mai 1985 im Bundestag eine Rede anlässlich des 40. Jahrestags der Befreiung vom Nationalsozialismus gehalten. In dieser sagte er: »Wer seine Ohren und Augen aufmachte, wer sich informieren wollte, dem konnte nicht entgehen, dass Deportationszüge rollten.«

Ich selbst bin nie im Osten gewesen. Nachdem ich als Soldat in Frankreich im Einsatz war, kam ich nach Italien.

Aber Sie haben die brennenden Synagogen in Deutschland erlebt, die Nacht vom 9. auf den 10. November 1938?

Ja. Das Gymnasium, auf das ich damals in Gießen ging, war nur ungefähr 120 Meter von einer Synagoge entfernt. In der Pause, es war der 10. November 1938, sahen wir Rauch aufsteigen, und es knisterte auch. Wir liefen zur Synagoge hinüber und konnten dort sehen, dass Polizei und Feuerwehr zwar da waren, aber den Brand nicht löschten, sondern beförderten. Kurz danach kam unser Lehrer, um uns wieder zurückzuholen. Wir fragten ihn, was das denn zu bedeuten hätte, warum man denn das Feuer nicht löschen würde. Darauf antwortete er: »Ja, das ist die Volkswut. Schon früher hat es in der Geschichte Fälle gegeben, in denen man die Juden auf diese Weise für Untaten gestraft hat. In diesem Fall hat das Attentat eines Juden auf den deutschen Legationsrat Ernst von Rath in Paris die Volkswut geschürt.« Unser Lehrer war kein Nazi, eher ein Deutschnationaler. Später, als die Schule vorbei war und ich wieder zu Hause, fragte ich meine Mutter: »Werden die christlichen Kirchen auch einmal auf diese Weise behandelt? Werden sie eines Tages auch verschwinden wie die Synagogen?« Sie war der Meinung, dass dies nicht passieren würde, und mein Vater, dem ich die Fragen ebenso stellte, gab gleichfalls ein Nein zur Antwort. Er fügte noch hinzu, dass die Juden Sonderbestimmungen unterlägen.

Waren unter Ihren Klassenkameraden Juden?

Wir hatten in unserer Klasse keine jüdischen Mitschüler. Aber in der Unter- oder Oberprima meiner Schule gab es zwei Jüdinnen – vielleicht war es auch eine Jüdin und ein Jude, genau weiß ich es nicht mehr. Die schieden spätestens 1938 aus dem Gymnasium aus.

Michael Verhoeven hat 2008 einen beeindruckenden Dokumentarfilm gedreht, in dem auch das Verhalten deutscher Nachbarn zu ihren jüdischen Mitbürgern thematisiert wird. Die Dokumentation hat den Titel

***Menschliches Versagen* und zeigt, dass die Deutschen oft schon im Voraus wussten, welche Wohnung von jüdischen Nachbarn aufgelöst, wer »verlegt« werden sollte. Die Deutschen gingen zu diesen Wohnungen und betätigten sich quasi als Schnäppchenjäger. Und es waren keine Einzelfälle, sondern dieses Verhalten war weit verbreitet. Das gab es wohl in jeder Stadt, für jeden Ort in Deutschland. Ich frage mich: Wo war damals das moralische Gerüst? Was hatte es einem erlaubt, dass man so handelte?**

Das ist eine durchaus berechtigte Frage – und in erster Linie auch eine Frage an die beiden christlichen Kirchen. Clemens August Graf von Galen, der 1933 zum Bischof von Münster ernannt worden war, protestierte öffentlich gegen die Euthanasie, die Ermordung von Geisteskranken, und das mit einem gewissen Erfolg. Aber einen öffentlichen Protest in vergleichbarer Weise gegen das, was den Juden widerfahren ist, hat es in dieser Deutlichkeit nicht gegeben. Bis heute beschäftigt sich die katholische Kirche mit der Frage, ob Papst Pius XII. lauter und klarer hätte reden sollen. Historiker setzen sich damit auseinander, wie sein Verhalten in der Zeit des Nationalsozialismus zu beurteilen ist. Man muss auch daran erinnern, dass es den Antisemitismus schon vor 1933 gegeben hat. Hinzu kam eine in Deutschland weit verbreitete und verwurzelte Obrigkeitshörigkeit, deren sich das NS-Gewaltregime intensiv bediente.

Und Sie persönlich – wie haben Sie die Auseinandersetzungen mit den Erfahrungen dieser Zeit geprägt?

Als mir das Ausmaß der seinerzeitigen Verbrechen in den späten vierziger und frühen fünfziger Jahren allmählich bewusst wurde, begann ich mich mit der Frage nach deren Ursachen zu beschäftigen. Bis heute ist es für mich ein unglaublicher Widerspruch, dass Menschen eines Volkes, das einen Goethe, einen Schiller, einen Kant, einen Lessing hervorgebracht hat, zu solchen Gräueltaten fähig waren. Darunter waren ja ganz »normale« – das Wort spreche ich in Anführungszeichen – Leute. Reichsbahner und Polizeibeamte zum Beispiel. Es gibt Untersuchungen, die nachgewiesen haben, dass sogenannte Polizeikompanien an den Massenmorden in der Ukraine beteiligt waren. Werte oder gar Menschenrechte spielten da keine Rolle. Stattdessen galt der »Führer« als allwissend und als allmächtig. Meine Schlussfolgerung war: So etwas darf sich niemals wiederholen. Und dafür habe ich mich dann auch mein Leben lang engagiert.

Erinnern Sie sich, in welcher Gefühlslage Sie Soldat geworden sind? Sie sagten, Sie haben sich freiwillig gemeldet, um der Waffen-SS zu entgehen. Gab es da bei Ihnen noch einen Rest – ich sage jetzt nicht Begeisterung, aber einen Rest eines tatsächlichen Wollens, diesen Krieg zu führen, um zu gewinnen?

Ich muss das noch einmal ganz deutlich sagen: Als ich eingezogen wurde, war ich siebzehn Jahre und vier Monate alt. Bei Einladungen in Schulen frage ich die Schüler immer: »Wie alt seid ihr?« Danach schildere ich ihnen, wie vor achtundsechzig Jahren in dem gleichen Alter meine Lebenssituation war. Da kommen die aus dem Staunen nicht heraus. Nun ja – ich wurde zur Infanterie nach Kassel eingezogen. Begeisterung oder Stolz war nicht dabei. Da die Luftangriffe schon begonnen hatten, begleiteten mich eher andere Gefühle und Überlegungen: Wie überlebt man als Soldat? Wie komme ich lebend wieder nach Hause? Dass wir den Krieg gewinnen würden, war im Juli 1943 – also nach Stalingrad – schon ziemlich unwahrscheinlich. Manchmal hörte man von den sogenannten Wunderwaffen und den Raketen V1 und V2 als »Vergeltungswaffen«. Aber man sah auch, wie das Gebiet unter unserer Kontrolle immer rascher schrumpfte. Und viele haben sich an das Ende des Napoleonischen Russlandfeldzugs erinnert …

Sie wurden in Kassel eingezogen, wohin kamen Sie dann?

Nachdem ich drei Wochen bei der Infanterie in Kassel war, wurden wir zur weiteren Ausbildung nach Zentralfrankreich verlegt, in die Gegend von Orléans. Neben der Ausbildung sollten wir gleichzeitig Besatzungsaufgaben wahrnehmen. Anschließend hatte ich einen ROB-Lehrgang zu absolvieren, das hieß, ich wurde zum Reserveoffiziersbewerber. War man Abiturient, ging das ganz automatisch. Der Lehrgang war in der Normandie. Dort bekam ich dann auch diese unangenehme Gelbsucht und lag, das erwähnte ich schon, fünf Wochen in Rennes im Lazarett. Wieder gesund, wurde ich zurück in die Normandie geschickt, danach nach Erfurt verlegt. Im Juli 1944 musste ich das erste Mal an die Front. Mit der Bahn ging es von Erfurt aus über den Brenner und Südtirol in die Nähe von Florenz. Die Südtiroler waren noch in guter Stimmung, weil die italienische Herrschaft über Südtirol zusammengebrochen war. Weiter ging es an den Arno, rund zwanzig Kilometer von Florenz entfernt. Dort war es aber relativ ruhig, ein paar Spähtrupps und sonst Abwarten in der Hauptkampflinie. Im September Verlegung nach Rimini. Hier bin ich durch eine unfallbedingte Verletzung am Unterschenkel in einen üblen Zustand geraten und kam dann mit einem Lazarettschiff von Rimini nach Venedig.

Von Venedig ging es nach Meran. In dieser Südtiroler Stadt konnte ich mich in einer Pension erholen, die zu einem Lazarett umfunktioniert worden war. Im Dezember '44 ging es über den Brenner nach Hause, nach Erfurt, und zwar in eine sogenannte Genesendenkompanie. Dort wurden im Jahr 1945 fast alle Soldaten, die sich dort befanden, zu Einsatzgruppen zusammengestellt und Richtung Osten in Marsch gesetzt – zu dieser Zeit hatten die Russen schon die Weichsel überquert und waren bis zur Oder vorgedrungen. Ich hatte aber großes Glück, weil man mich nicht dorthin, sondern wieder zu meiner Einheit nach Italien schickte. Anfang März 1945 wurde ich südlich von Bologna verwundet und lag wieder vier Wochen im Lazarett, bis ich im April erneut zu meiner Einheit zurückkehrte. In der gab es einen Hauptfeldwebel, der eine gewisse Sympathie für mich hatte. Er – ich war inzwischen zum Unteroffizier befördert worden – teilte mir mehrere Handwerker und fünf Kühe zu und trug mir auf, sie nach Norden an einen Ort zu führen, auf den sich die Division zurückziehen würde. Dann hätte man dort wenigstens ein bisschen Verpflegung, und die Handwerker könne man auch immer gebrauchen. Aber der Hauptfeldwebel hatte die Möglichkeit, zu dieser Zeit Kühe über den Po zu bringen, überschätzt.

In der Gegend von Vicenza wurde unsere kleine Gruppe von Partisanen gefangen genommen. Diese führten uns – und das war nicht sehr ermutigend – auf einen Friedhof. Zu unserer Erleichterung tauchte aber bald ein katholischer Geistlicher auf, der zwar nicht Deutsch sprach, aber uns durch seine Gesten beruhigte. Vier, fünf Stunden später erschienen Amerikaner, farbige Amerikaner. Von der NS-Propaganda waren wir in dieser Hinsicht ja sehr einseitig indoktriniert worden. Aber sie waren sehr freundlich zu uns.

Um es abzukürzen: Man brachte uns in ein Lager in der Nähe von Bologna. In diesem blieben wir aber nur kurz, es ging dann nachts in Richtung Pisa. Morgens gegen fünf Uhr marschierte unsere Gefangenenkolonne am Schiefen Turm vorbei, dann weiter nach Coltano. In dem Lager von Coltano erlebte ich den 8. Mai 1945, den Tag der Kapitulation. Wieder hatte ich Glück. Schon Ende Juli wurde ich aus der Gefangenschaft entlassen. Ein bisschen heruntergekommen und mager, wurde ich mit anderen Kameraden in einen der Züge verladen, die nun wieder über den Brenner fuhren. In Heufeld, in der Nähe von Bad Aibling, wurde ich wenige Tage später auf einen Lastwagen gesetzt. Der fuhr uns aber nicht in die amerikanische, sondern in die französische Zone in Mainz. Das war riskant. Denn die Franzosen nahmen von den Amerikanern entlassene Gefangene wieder in Beschlag und transferierten sie zur Arbeit nach Frankreich. Aber es gab eine Notbrücke über den Rhein, und über diese konnte ich mich unkontrolliert auf den Weg nach Hause zu meinen Eltern machen, die immer noch in Gießen wohnten. Meine gute Mutter, die noch dunkles, schwarzes Haar hatte, als ich das letzte Mal im Dezember '44 in Urlaub war, war inzwischen schneeweiß geworden. Die Freude der Eltern war groß, ihr Sohn war wieder bei ihnen. Auch mein Bruder Bernhard, den ich als Ersten auf der Straße traf, freute sich sehr.

Im Vergleich zu Soldaten an anderen Teilen der Front hatten die, die in Venetien oder in der Toskana waren, in Gebieten, in denen die Deutschen dann später gern Urlaub machten, vergleichsweise milde Umstände.

Ja.

Viele Soldaten berichteten, dass sie durch die Schrecken des Krieges, aber auch aufgrund des eigenen Überlebenswillens Dinge getan haben, von denen sie vorher nie gedacht hätten, dass sie dazu in der Lage wären. Sie waren entsetzt über die eigene Veränderung. Haben Sie das auch an sich erleben müssen?

Ich muss nochmals betonen, dass ich, verglichen mit den Jahrgangskollegen, die in Russland kämpfen mussten, wirklich Glück hatte. Deshalb blieben mir solche Erfahrungen erspart.

Haben Sie die Schrecken des Krieges überhaupt am eigenen Leib erfahren?

Es sind Kameraden in meiner unmittelbaren Nähe gefallen, haben neben mir ihr Leben verloren. Sie lagen tot neben mir am Boden. Als ich selbst verwundet wurde, war das ein Bauchschuss, aber kein Magenschuss. Der Magen blieb unverletzt. Auch da habe ich wieder Glück gehabt.

Und Sie selbst haben auch geschossen?

Ich habe auch geschossen, natürlich. Nicht so, dass ich auf einen konkreten Menschen gezielt hätte. Aber wenn man mit einem Maschinengewehr oder einer anderen Waffe in den Wald schießt oder in ein Getreidefeld, in dem sich Schatten bewegen, dann weiß man, dass dies Menschen töten kann. Jedoch: Kriege zu führen und zu schießen war in der deutschen Geschichte bis dahin eine Selbstverständlichkeit. Soll ich die ganze Reihe von 1866 über 1870/71 bis hin zum Ersten Weltkrieg aufzählen? Heute ist – Gott sei Dank – Frieden für die meisten von uns zu einer Selbstverständlichkeit geworden, über die mir zu wenig nachgedacht wird.

Ich wundere mich: Sie sagten, dass Sie in der RAF-Zeit wieder stark den Gottesbezug gefühlt haben. Ich hätte jetzt vermutet, dass Sie angesichts der vielen glücklichen Umstände, die Ihnen im Zweiten Weltkrieg widerfuhren, ein besonders nahes Gefühl zu Gott entwickelt hätten. Im Sinne von, da wacht einer über mich und passt auf, dass mir nichts geschieht. Ging es Ihnen nicht so? Oder haben Sie den Glauben in dieser Zeit eher verloren?

Damals war ich eher etwas glaubensferner. Jedenfalls hat mich der Gedanke, ich müsse dem Herrgott besonders dankbar sein, weil er zugelassen hat, dass Kameraden fielen, dass aus meiner Klasse sechs Mitschüler den Krieg nicht überlebten, während ich infolge günstiger Umstände nicht getötet wurde, nicht besonders beschäftigt. Ein Gefühl, an das ich mich erinnere, war einfach die Freude darüber, überlebt zu haben.

Aber man hätte den Gottesbezug auch ganz verlieren können. Immerhin erlebten Sie eine Realität, die mit dem Ideal einer gerechten Welt überhaupt nichts mehr zu tun hatte.

Frau Maischberger, das ist ein Punkt, der mich immer wieder beschäftigt. Das ist die Frage nach der Theodizee, der Frage: Warum lässt Gott das zu? Warum hat Er Auschwitz zugelassen? Warum hat er die Dinge zugelassen, über die wir reden? Da ist meine Antwort heute die folgende: Gott hat dem Menschen die Willensfreiheit gegeben und die Fähigkeit, Gut und Böse voneinander zu unterscheiden. Damit liegt die Verantwortung für menschliche Verbrechen, für menschliche Untaten bei den Menschen selbst. Es ist ihre Sache. Wenn man Gott abverlangt, dass er da im Einzelnen eingreift, muss man sich überlegen: Wann genau soll er eingreifen? Und soll er die Willensfreiheit der Menschen reduzieren, gar beseitigen? Aber ist der Mensch dann noch ein Mensch oder nicht eher ein Automat? Ich weiß, dass dies alles aus der Sicht der Opfer nicht leicht zu verstehen und zu akzeptieren ist. Doch das Böse ist nun einmal in der Welt.

Viel schwerer tue ich mich mit Dingen, die sich in der Natur ereignen und deren Gesetzmäßigkeit folgen. Also mit Tsunamis, mit Erdbeben, mit Erdplatten, die sich verschieben. Da walten Naturgesetze, die nicht von Menschen geschaffen sind und nicht mit einem freien Willen erklärt werden können, die nach christlicher Vorstellung vom Herrgott stammen. Und da Gott die Welt auch mit der Möglichkeit solcher Naturkatastrophen ausgestattet hat, frage ich mich, warum Er es zulässt, dass es dabei immer wieder Hunderttausende von Toten gibt. Darauf eine einigermaßen überzeugende Antwort zu finden, ist verdammt schwer.

Haben Sie denn eine Antwort gefunden?

Ja, jedenfalls eine Antwort, mit der ich leben kann. Sie lautet: Der Friede Gottes – so steht es in einem der Paulusbriefe – ist höher als alle menschliche Vernunft. Die menschliche Vernunft stößt aber an Grenzen, wenn wir ihre Maßstäbe an die Ratschlüsse Gottes anlegen wollen. Mit dieser Antwort beruhige ich mich dann. Wissen Sie, eine Welt ohne eine konkrete Gottesvorstellung, eine Welt, in der alles nur Zufall ist, nur Evolution, in der es keinen unbewegten Beweger gibt, der das Ganze lenkt, in der der Tod das absolute Ende ist – wäre das eine sinnvollere, eine lebenswertere Welt? Für mich nicht.

Ich lasse dies stehen und frage: Sie haben einige Prinzipien und Werte aufgezählt, die aus der Bibel stammen, aus dem Grundgesetz, aus dem Humanismus und der Kant'schen Philosophie …

Hierher gehören wohl noch die Kardinaltugenden, also Weisheit, Gerechtigkeit, Besonnenheit und Tapferkeit. Und auch die Sekundärtugenden wie Pünktlichkeit, Höflichkeit, Fleiß und Zuverlässigkeit.

Dann mache ich es mir einfach und frage, gegen welche Werte und Tugenden haben Sie verstoßen?

Mein Privatleben schließe ich jetzt mal aus. Da habe ich sicher nicht immer alles richtig gemacht. Wir reden hier über den politischen Bereich. Ja, da hat mein Ego manchmal schon eine stärkere Rolle gespielt, als es das bei voller Anwendung aller bisher genannten Kriterien hätte tun sollen.

Eitelkeit wäre eine solche Sünde?

Ja, ja, ja. Der Wille, öffentlich wahrgenommen zu werden zum Beispiel. Insgesamt bin ich mit mir einigermaßen im Reinen, denn es gab in meinem Leben auch keine Karriereplanung. Wer in Bayern ein sehr gutes zweites juristisches Staatsexamen hatte – und das hatte ich –, der konnte davon ausgehen, dass seine berufliche und damit seine materielle Sicherheit ein für alle Mal gewährleistet war. Ich habe mich auch nicht nach den Aufgaben, die mir dann übertragen wurden, gedrängt. Sie sind auf mich zugekommen. Der Gedanke, mit dreiunddreißig Jahren in München für das Amt des Oberbürgermeisters zu kandidieren, stammte nicht von mir. Ich habe es getan, weil mir Freunde nachdrücklich dazu rieten und ich mir dieses Amt allerdings auch zutraute. Ich habe mich nicht nach Bonn gedrängt, und 1981 nach Berlin erst recht nicht. Ich übernahm lauter Aufgaben, bei denen sich die Zahl meiner Mitbewerber in sehr engen Grenzen gehalten hat oder in Wahrheit gegen null tendierte. Na ja, und bei der Kanzlerkandidatur gegen Helmut Kohl im März 1983 war die Zahl der Bewerber ebenfalls überschaubar. Ich sagte: »Verflucht noch mal, ihr könnt doch nicht der Sozialdemokratie und den Menschen zumuten, dass wir jetzt, nachdem Helmut Schmidt aus verständlichen Gründen die Kandidatur abgelehnt hat, händeringend über Wochen nach jemandem suchen.« Also habe ich in Gottes Namen diese Aufgabe übernommen. Im eigentlichen Sinne eitel war das alles nicht.

Noch etwas: Neben der anständigen Erledigung meiner Arbeit war mir stets der unmittelbare Kontakt zu den Menschen wichtig. Im Münchner Rathaus sowieso, dann mit Hilfe des von mir zunächst in München und dann in Berlin eingerichteten Bürgerbüros. In Berlin waren es in zwölf Jahren rund viertausend Menschen, die zu mir persönlich kamen, denen ich zuhörte und denen ich in etwa einem Fünftel der Fälle in irgendeiner Weise helfen konnte.

Doch was habe ich falsch gemacht? Bei den innerparteilichen Streitigkeiten in München bin ich mit meinen Gegnern hin und wieder zu heftig umgegangen. Manche ihrer Äußerungen habe ich auch zu wörtlich genommen.

Das wäre aber durch die Eitelkeit abgedeckt, oder?

Eher war es mangelnde Selbstbeherrschung. Ein Fehler fällt mir jetzt noch ein. Manchmal habe ich eine gewisse Neigung, Dinge im Zweifel besser zu wissen als andere. Pedanterie und Besserwisserei – das ist mir nicht ganz fremd. Auch tue ich mir mit dem Delegieren von Arbeiten schwer.

Aber das wäre doch keine Todsünde!

Nein, aber eine Sünde wäre es zu lügen. Dass ich im politischen Bereich gelogen hätte, glaube ich aber nicht. Vielleicht müsste man da meine damaligen Gegner fragen. Es gab jedoch eine andere Sache, bei der ich mich schwergetan habe, das war bei der Neuregelung des Schwangerschaftsabbruchs. Das war ja auch ein Konflikt mit meiner Kirche.

Jedoch kein Verstoß gegen eine Tugend, die Sie sich selbst auferlegt hatten?

Das ist zwar richtig, aber es war ein Wertekonflikt. Heute kann man sagen, dass wir ein Schwangerschaftsrecht haben, das zu den lebensfreundlichsten in ganz Europa gehört. Mit intensiver Beratung und Hilfe, das aber die letztendliche Entscheidung der Frau respektiert.

Das heißt, von Ihrem christlichen Wertegefüge her hätten Sie im Prinzip die Liberalisierung des Paragraphen 218 ablehnen müssen?

Aus kirchlicher Sicht ja. Aber ich persönlich halte die gefundene Regelung für mit dem christlichen Wertegefüge vereinbar. Dabei erinnere ich an den Konflikt um die Beratungstätigkeit von »donum vitae«.

Über Josef Ackermanns Wertefundament, Wutbürger und globale Mühsal

Ein anderer Aspekt der Wertediskussion: Ökonomischer Erfolg war häufig gleichbedeutend mit dem Wohlstand der Bürger. Demnach hätte Herr Ackermann das richtige Wertefundament und Sie das falsche.

Langsam. Die Einzelproblematik der Millionenempfänger, der Millionenvergütungen ist zu trennen von der Frage, ob für den Wohlstand der Bürger der ökonomische Erfolg und damit das Wachstum des Bruttosozialprodukts das allein entscheidende Moment ist. Wenn es wächst, ist anscheinend alles in Ordnung. Wenn es stehen bleibt oder sinkt, läuten die Alarmglocken. Das bezweifle ich aber.

Firmengewinne, Bankengewinne, persönlicher Besitz, wer was verdient – das sind unsere Maßstäbe.

Ich bleibe einmal beim Bruttosozialprodukt. Was trägt dazu bei, dass es steigt? Da gibt es doch auch negative Faktoren. Behebung von Umwelt- oder Unfallschäden zum Beispiel oder sinnlose Ausgaben. Dann ist aber vor allem die Frage zu stellen: Ist die Vorstellung von einem guten beziehungsweise erträglichen Leben wirklich in erster Linie vom Wachstum abhängig? Kommt es nicht eher auf die Lebensqualität an? Müssen wir nicht viel deutlicher unterscheiden, was wachsen soll und was nicht wachsen soll? Das ist ein Kapitel, mit dem wir uns in Zukunft intensiv zu beschäftigen haben. Dass Firmen Gewinn anstreben, ist ein Bestandteil unserer Marktordnung. Sie müssen das ja auch, um investieren zu können. Aber was fangen sie mit dem Gewinn an, der darüber hinausgeht? Es gibt übrigens Unternehmen, die sich den Regeln der Gemeinnützigkeit unterwerfen und trotzdem erfolgreich sind. Und was die Gewinnmaximierung angeht, da sollten auch Obergrenzen eine Rolle spielen, deren Überschreitung für mich Maßlosigkeit – neuerdings spricht man von Gier – bedeutet. Eine Aussage wie: »Unser Ziel ist ein Jahresgewinn von 25 Prozent«, hat mir bisher in keiner Weise eingeleuchtet.

Aber in der Bankenwelt ist das ganz selbstverständlich.

Da waren in letzter Zeit eher Verluste in mindestens dieser Höhe selbstverständlich.

Wie würden Sie Ihr Wertefundament einem Josef Ackermann beibringen wollen, wenn er es nicht von allein findet?

Wenn er das wünscht, würde ich zunächst einmal ein Gespräch mit ihm führen.

Aber Sie verstehen, worauf ich hinauswill?

Das ist mir schon klar. Dazu könnte ich anmerken: Wir erleben gerade eine Phase der Individualisierung – und das ist auch etwas Gutes, wenn Menschen aus eigener Überzeugung handeln und nicht, weil sie einem bestimmten Milieu angehören und einfach mit den anderen mitlaufen, mitmarschieren. Weh tut es mir, wenn jemand diesen Schritt ohne eigenes Nachdenken über Werte unternimmt.

Noch einmal zurück zu der Überlegung, wie Sie jemanden von Ihren Werten überzeugen wollen, der auf der anderen Seite steht. Nehmen wir jetzt als Beispiel nicht Josef Ackermann, sondern ein anderes: Einige islamische Staaten haben das, was im Koran steht, zum rechtsgültigen Maßstab gemacht, und zwar in manchen Ländern eins zu eins. Wie wäre es denn, wenn wir die Vorschriften aus der Bibel in Gesetze fassen würden?

Zwischen der christlichen und der muslimischen Religion gibt es mehr Übereinstimmungen, als es uns bewusst ist. Aber es gibt auch den großen Unterschied, den Sie angesprochen haben. Denn nach einer im Islam weit verbreiteten Auslegung des Koran sind seine Lehren gleichzeitig für das Gemeinwesen verbindlich. Da gibt es dann keine Trennung und keine Religionsfreiheit. Und es gibt nach dieser Auslegung auch andere Zwänge, die wir als Verstoß gegen die Menschenwürde ansehen. Wir haben dieses Stadium spätestens im Zeitalter der Aufklärung endgültig verlassen. Und meine Kirche hat das dann immerhin im Zweiten Vatikanum ausdrücklich anerkannt. Jetzt sollte der Islam eine ähnliche Entwicklung durchlaufen. Und Ansätze dafür sind ja erkennbar.

Ich habe nach einem Weg gefragt, wie man die Menschen zu einem wertebewussteren, einem ethischeren Leben bewegen kann. Hier kann ich noch keine Renaissance, keine Epochenwende erkennen. Sie etwa?

In meinem Leben habe ich Zehntausende, ja wohl an die Hunderttausend von unmittelbaren Berührungen mit Menschen gehabt. Es ist doch so, dass Anstand nach wie vor für viele Menschen eine Rolle spielt. Haben wir nicht auch ein großes Maß an gegenseitiger Hilfe, die geleistet wird? Ist Dominik Brunner, der 2009 in München getötet wurde, weil er sein Leben einsetzte, um andere zu retten – ist das wirklich nur ein abnormer Einzelfall? Ich würde nicht sagen, dass der Ellenbogen für die Mehrheit der Menschen das maßgebende Organ ist. Ich glaube, auch das Herz ist nach wie vor für viele wichtig.

Sie sind tatsächlich ein Optimist. Es gab einmal einen Vorschlag, Mitmenschlichkeit und Gemeinsinn im Grundgesetz zu ergänzen.

Es wäre eine gute Ergänzung gewesen. Ich erinnere mich noch an Konrad Elmer, evangelischer Pfarrer und Gründungsmitglied der Sozialdemokratischen Partei in der DDR, der nach 1990 in der Gemeinsamen Verfassungskommission dafür gekämpft und große Unterstützung gefunden hat. Bei richtiger Auslegung ist der Aufruf zu Mitmenschlichkeit und Gemeinsinn im Grundgesetz inhaltlich schon enthalten. Aber es wäre eine gute Sache gewesen, dies ausdrücklich in seinen Text aufzunehmen, und zwar an seinem Anfang. Elmers Vorstoß war eine Zeit lang aussichtsreich, verlor dann aber leider an Unterstützung bei Teilen der Union und der FDP. Übrigens steckt der Gedanke des Gemeinsinns auch im Artikel 14 des Grundgesetzes, in dem es um die Garantie des Eigentums geht. Wissen Sie, warum diese Garantie auch gegeben wurde? Weil es im zweiten Absatz heißt: »Eigentum verpflichtet. Sein Gebrauch soll zugleich dem Wohle der Allgemeinheit dienen.«

Mir fehlt es nur nach wie vor an der Umsetzung.

Ja, die könnte stärker sein, da stimme ich Ihnen zu. Gerade im Bodenrecht.

Sie glauben, das Grundgesetz müsste in dieser Hinsicht, wenn überhaupt, nur in diesem Punkt ergänzt werden. Ansonsten ist es, so wie es da steht, brauchbar und bedarf keiner Korrekturen?

Es ist die beste Verfassung, die wir je in unserer Geschichte hatten. Es hat zur Entwicklung unseres Landes einen wesentlichen Beitrag geleistet. Erneuerungen müssen natürlich von Zeit zu Zeit vorgenommen werden, zuletzt waren diese gelegentlich zu häufig. Auch die Sprache in den neuen Artikeln war nicht mehr die anfängliche Grundgesetzsprache, sondern zu oft eine Art Gesetzes- oder zum Teil sogar Verordnungssprache. Und vergessen Sie nicht: Wir haben eine Einrichtung, die dafür sorgt, dass das Grundgesetz lebendig bleibt und immer wieder eine Konfrontation mit der Realität stattfindet – es ist das Bundesverfassungsgericht.

Ja, richtig, Ihre Lieblingsinstitution.

Dieses Gericht hat zum Erfolg der Bundesrepublik einen ganz wesentlichen Beitrag geleistet – und das bestätige ich immer wieder gern. Sicher, als Justizminister habe ich mich über manche Entscheidungen geärgert und gesagt: »Wie kommt ihr denn dazu? Ihr mischt euch zu stark in die Politik ein!« Aber wenn man die Rechtsprechung insgesamt verfolgt, kann ich nur den Hut vor dieser Institution ziehen. Und wissen Sie, das ist auch eine, die offenbar das Vertrauen der Menschen genießt. Haben Sie schon Wutbürger gegen das Karlsruher Gericht auftreten sehen? Kann man sich das vorstellen? Ich nur schwer.

Stellt man sich den Herausforderungen unserer Zeit, kann man sehr viele Blickwinkel haben, regional, überregional, global. Mich würde interessieren, welches Ihr persönlicher Blickwinkel ist, wenn Sie diese Frage beantworten: Was sind die wichtigsten Herausforderungen, die sich uns als Gesellschaft, als Gemeinschaft stellen?

Zunächst einmal ist das in meinen Augen die Globalisierung, die Tatsache, dass mehr und mehr Probleme nur noch auf der Weltebene, also von der Menschheit insgesamt, gelöst werden können. Ich hege in diesem Zusammenhang durchaus Sympathie für den Begriff »Weltinnenpolitik«. Neben der Globalisierung ist die technische Entwicklung eine weitere Herausforderung für die Zukunft. Auch dieses Problem ist ein globales, und es steht in enger Verbindung mit der gefährlichen Veränderung, aber auch der Rettung unseres Klimas. Angesichts von Katastrophen wie in Fukushima oder der Unruhen in den arabischen Ländern haben wir dieses Thema ein wenig aus dem Blickfeld verloren, aber es wird rasch wieder zurückkehren. Bei der Globalisierung ist auch die Ökonomisierung zu erwähnen, Stichwort »Banken- und Finanzkrise«.

Eine weitere Herausforderung ist die Verschiebung der weltpolitischen Gewichte. Es gab eine Zeit, in der die Vereinigten Staaten und die Sowjetunion ungefähr gleich stark waren, danach folgte eine Phase, in der die USA nahezu unilateral den Lauf der Weltentwicklung bestimmt hat. Doch das hat sich schneller geändert, als es von vielen vorausgesehen wurde. Schon in den neunziger Jahren hat Helmut Schmidt immer wieder betont, dass wir auf eine Multipolarität zusteuern. Da er ein guter Kenner Chinas ist, wies er schon damals auf die Bedeutung dieses Landes hin. Und heute ist China im Zuge eines beispiellosen Modernisierungsprozesses zu einem wirtschaftlichen und politischen Faktor geworden, dessen Gewicht ständig wächst. Es ist übrigens auch ein gewaltiger Gläubiger der Vereinigten Staaten. Aber neben China gibt es – auch wenn wir es nicht ganz im Blick haben – Indien mit über 1,2 Milliarden Menschen. Es gibt ebenso Brasilien, das sich immer weiter nach vorne bewegt.

Also, die Multipolarität ist eine Herausforderung, mit der wir in Zukunft zurechtkommen müssen, wobei innerhalb dieser Multipolarität die Vereinigten Staaten weiterhin eine wichtige Rolle spielen werden. Für mich ist diese Entwicklung ein wesentliches Argument für die Meinung, dass ein Zerfall der Europäischen Union gerade das Gegenteil dessen wäre, was wir jetzt dringend brauchen. Nur eine intakte Europäische Union kann in der Multipolarität mithalten. Die einzelnen europäischen Staaten und auch wir können es nicht.

Eine globale Herausforderung ist weiter die demografische Problematik, denn anders als bei uns, wo die Bevölkerung abnimmt, ist die Zunahme der Weltbevölkerung geradezu explosiv. In meiner Schulzeit habe ich gelernt, dass es insgesamt 1,8 Milliarden Menschen gibt, jetzt sind es ungefähr 6,9 Milliarden, also in knapp siebzig Jahren über fünf Milliarden mehr.

Kommen wir zur europäischen Herausforderung. Die verlangt nach einer gemeinsamen Außen- und Sicherheitspolitik und nach einer Wirtschafts- und Finanzpolitik, die unsere Euro-Währung stabilisiert und stützt.

Es folgen dann die nationalen Fragen. Da ist zum einen der demografische Veränderungsprozess. Dazu gehören höhere Lebenserwartung, Pflegebedürftigkeit, überhaupt die gesamte Pflegeproblematik. Aber auch die Frage, ob man an starren Altersgrenzen festhalten soll. Warum sollen Menschen nicht bis siebenundsechzig, bis neunundsechzig arbeiten, wenn sie dies wollen und können? Ja, man braucht sie wahrscheinlich sogar. Migration ist ein Problem, soziale Gerechtigkeit, Bildung – bei diesen Gebieten wird die nationale Zuständigkeit nach wie vor ganz erheblich sein.

Und bei all diesen Herausforderungen darf nicht vergessen werden, dass wir uns mit dem Sinn des Daseins beschäftigen sollten, mit dem Sinn unseres Lebens. Und dazu gehört, sich nach Kriterien umzusehen, die nicht nur für das gelingende Leben des Einzelnen wichtig sind, sondern die auch für die Gemeinschaft gelten. Da schiebt sich für mich erneut die Diskussion in den Vordergrund, ob wirklich das Bruttosozialprodukt und sein Wachstum das de facto entscheidende Kriterium bleiben kann. Oder ob man nicht vielmehr das qualitative Wachstum und die Lebensbefindlichkeit der Menschen stärker in den Blick nehmen soll.

Es erreichen Sie sicher noch Briefe von Menschen, die Ihnen schreiben …

O ja!

… was ist der Tenor dieser Schreiben? Was bewegt die Menschen?

Meistens geht es in den Briefen um sehr persönliche Fragen. Das hängt in letzter Zeit auch mit der bekannt gewordenen Entscheidung von meiner Frau und mir zusammen, in ein Altenwohnheim zu ziehen. So schildert mir etwa in einem dieser Briefe ein Mann seine Situation und die seiner Ehefrau, die seit zwölf Jahren pflegebedürftig ist, und dass sie alles, was ihnen an materiellen Hilfsmitteln zur Verfügung gestanden hat, aufgebraucht haben. Andere fühlen sich ungerecht behandelt oder bitten um einen Rat. Jeder, der mir schreibt, bekommt eine Antwort. Manchmal endet sie mit dem Satz: »Wahrscheinlich hätten Sie eine positivere Antwort von mir erwartet.« Aber aufgrund meiner Lebenserfahrung weiß ich: In Menschen Illusionen zu wecken, auf die dann nach einigen Wochen umso bitterere Enttäuschungen folgen, ist für die Betroffenen schlimmer, als ihnen wahrheitsgemäß gleich zu Beginn zu sagen, dass ich ihnen in diesem Fall beim besten Willen nicht helfen kann.

Was Sie mitbekommen, ist die »Conditio Humana«, die privaten Sorgen der Menschen, und im Hintergrund haben Sie die »Conditions Globales«?

Ja, aber das gehört zusammen. Ob Menschen bei uns in Deutschland ein gelungenes Leben führen können, hängt wesentlich mit der Weltentwicklung zusammen. Wenn ich zurückdenke: Was ging es mich als Schüler an, was in China, Australien oder am Nordpol passierte. Das war unendlich weit weg. Aber jetzt ist das vollkommen anders. Um 1840 brauchten die Bayern noch vier Tage, um von München aus an ihre fränkische Grenze zu gelangen, und heute kann man innerhalb eines Tages von München aus die entferntesten Plätze der Welt erreichen. Und Informationen sind weltweit in kürzester Zeit verfügbar.

Sind Sie angesichts der Situation, dass wir auf der Welt immer mehr Menschen werden, angesichts der Tatsache, dass wir mehr gemeinsame Entscheidungen treffen sollten – was ja in sich ein Widerspruch zu sein scheint –, ein Optimist geblieben?

Im Grunde meines Herzens bin ich immer ein Optimist geblieben. Das würde ich nie leugnen. Als Grund für meinen Optimismus könnte ich auch auf eine kurze Darstellung der Geschichte nach 1945 verweisen.

Die da wäre?

Wenn mir am 8. Mai 1945 einer die Entwicklung unseres Landes oder Europas vorausgesagt hätte, ich hätte ihn für einen Narren gehalten. Sie hat dann aber alle Erwartungen übertroffen.

Und warum?

Es würde etwas dauern, wenn ich Ihnen das erzähle.

Wir haben Zeit.

Na gut. Der 8. Mai 1945 war der Tag, an dem in der amerikanischen Armeezeitung *Stars and Stripes* – das war im Gefangenenlager unsere einzige Nachrichtenquelle – von der bedingungslosen Kapitulation berichtet wurde. Ich konnte ein bisschen Englisch, und so habe ich das Gelesene übersetzt und an eine Holztafel gehängt.

Mit welchem Gefühl?

Nicht im Gefühl der Befreiung – das zu behaupten, wäre nicht redlich. Aber ich war erleichtert darüber, dass das Morden und Töten ein Ende gefunden hatte. Endlich waren auch die Luftangriffe vorbei. Aber gleichzeitig war ich ebenso mit unserer totalen Niederlage konfrontiert. Weizsäcker schilderte diese Schwankungen in den Wahrnehmungen ja in seiner berühmten Rede vom 8. Mai 1985.

Aber nun: Wenn uns am 8. Mai 1945 dort im Gefangenenlager einer gesagt hätte: »Kinder, regt euch nicht so auf! Ich weiß, jetzt seid ihr verzweifelt, aber ich bitte euch, in vier Jahren werdet ihr ein Grundgesetz haben, das mit seiner Werteordnung eine Antwort auf das NS-Gewaltregime gibt. Ihr werdet einen Rechts- und Sozialstaat konstituieren, eine Demokratie, einen föderalen Staat, der auch funktionieren wird. Ihr werdet auch ein Gericht haben, ein Verfassungsgericht, das seine Sache sehr gut machen wird. In zehn bis zwölf Jahren werdet ihr eure zerstörten Städte im Wesentlichen wieder aufgebaut haben. Es werden zwar über zehn Millionen aus ihrer Heimat fliehen oder vertrieben werden, aber in erstaunlich kurzer Zeit werdet ihr sie integrieren, ohne dass es zu schweren Konfrontationen kommt. Wirtschaftlich werdet ihr schon in den fünfziger Jahren wieder besser leben als vor dem Krieg, und es wird, wenn auch mit Unterbrechungen, kontinuierlich nach oben gehen. Ihr werdet sogar Exportweltmeister werden. Und trotz der furchtbaren Verbrechen in der Zeit des NS-Gewaltregimes werdet ihr wieder in der Weltgemeinschaft euren Platz finden. Ein Deutscher, nämlich euer Bundeskanzler, wird 1971, sechsundzwanzig Jahre nach Kriegsende, den Friedensnobelpreis bekommen. 1972 werdet ihr in München, der Stadt, die während der NS-Zeit den Titel ›Hauptstadt der Bewegung‹ trug, bei Olympischen Spielen die Welt zu Gast haben. Und die Deutsche Einheit wird zustande kommen, ohne einen Schuss und ohne einen Tropfen Blut.« Hätte uns das im Lager einer gesagt, wir hätten gerufen: »Der Mann ist wahnsinnig!« Oder: »Der verhöhnt uns!« Doch es sollte so kommen, wenn auch all dies nicht vom Himmel fiel. Und die so oft geschmähten Parteien haben daran ganz wesentlich, ja entscheidend mitgewirkt.

Da nenne ich nur Konrad Adenauer, der sich für die Westbindung engagierte, und mit besonderer Akzentuierung Willy Brandt wegen seiner Ostpolitik. Für die europäischen Perspektiven füge ich Helmut Schmidt hinzu. Denn der Gedanke des Euros wurde noch in seiner Zeit und der des damaligen französischen Staatspräsidenten Giscard d'Estaing entwickelt. Doch auch Helmut Kohl verdient als engagierter Europäer erwähnt zu werden. Und über den Atomausstieg haben wir schon gesprochen.

Was war denn Ihre Vorstellung über die Zukunft des Landes, wenn es denn eine gab?

Am 8. Mai '45 dachte ich in erster Linie daran, dass wir herangezogen werden, um die Schäden zu beseitigen, die wir in ganz Europa angerichtet haben. Und an diesem Tag hätte ich auch nicht geglaubt, dass ich so rasch aus der Gefangenschaft entlassen würde, denn die Verwüstungen waren groß, zwar nicht so sehr in Italien, aber in Frankreich, in Osteuropa – man hätte uns gut zu deren Beseitigung heranziehen können. Dann beschäftigte mich noch der Morgenthau-Plan, von dem ich in *Stars and Stripes* gelesen hatte. Er war 1944 vom amerikanischen Finanzministerium entwickelt worden. Danach sollten wir entindustrialisiert werden und nur noch ein Agrarland sein. Es war ebenso die Rede davon, dass Deutschland unter den Siegermächten in vier Besatzungsgebiete aufgeteilt wird. Ich erinnerte mich auch an meine letzte Fahrt durch Deutschland von Erfurt über den Brenner im Januar 1945. Da lag so viel in Trümmern. Die Zukunft erschien uns deshalb grau und verhangen.

Sie dachten, Sie würden mehr oder weniger in Höhlen leben?

Höhlen nicht gerade, denn es gab immerhin noch Häuser, in denen Menschen, wenn auch sehr dicht beieinander, lebten. Hatte man als vierköpfige Familie anderthalb Zimmer, so war das damals schon viel. Und als ich dann nach Hause kam, entwickelte man zunächst auch keine großen Ansprüche. Es ging darum, dass man genug zu essen hatte, ein Dach über dem Kopf, besonders in diesen jämmerlichen Wintern 1945/46 und 1946/47 nicht gotterbärmlich fror und irgendwo einen beruflichen Anknüpfungspunkt erwischte. In meinem Fall war es das Studium.

Ich habe eine ketzerische Nachfrage. Glauben Sie, dass der wirtschaftliche Aufschwung Deutschlands von den USA aus rein ökonomischen Interessen heraus nicht auch kaltblütig kalkuliert war? Überwog da nicht die finanzpolitische Vernunft vor humanistischem Gedankengut? War es den Amerikanern nicht wichtiger, ein starkes Deutschland als Exportpartner zu haben, als ein Land, das in die Steinzeit zurückkehrte?

Über die Kalt- oder Warmblütigkeit der Amerikaner will ich nicht spekulieren. Aber Sie haben insofern recht, als die Entscheidung gegen den Morgenthau- und für den Marshallplan für den Wiederaufstieg unseres Landes von substanzieller Bedeutung war. Wichtig war da für uns schon die Stuttgarter Rede des US-

Außenministers James Byrnes im September 1946, die als »Hoffnungsrede« aufgenommen wurde. Denn sie kündigte eine Wende in der Besatzungspolitik der Vereinigten Staaten an und verwarf den Morgenthau-Plan. Danach folgte, knapp zwei Wochen später, am 19. September, die Rede von Winston Churchill in Zürich, in der er von einem gemeinsamen Europa sprach – wenn auch ohne Großbritannien. Insbesondere die Feststellung Churchills, dass ein zukünftiger Friede nur über eine Verständigung zwischen Deutschland und Frankreich zu erreichen sei, war damals geradezu visionär. Und als dann der Marshallplan 1948 in Kraft trat, so war das doch ein gewaltiger Unterschied zu dem Vertrag von Versailles 1919. Es gab nach dem Zweiten Weltkrieg eine Siegermacht, die dem besiegten Volk half und dadurch auch bestimmte emotionale Empfindungen auslöste. Später hatte die weitere Hilfe natürlich auch etwas mit dem wachsenden Ost-West-Konflikt zu tun. Ob das alles nur ökonomischen Überlegungen entsprang, bezweifle ich doch sehr.

In Ansätzen hatten wir über christliche, humanistische Werte versus ökonomische, realpolitische Werte gesprochen. Hätten sich die Siegermächte an christlichen Werten orientiert, speziell katholischen, hätten sie dann nicht – überspitzt formuliert – sagen müssen: »So, jetzt müsst ihr erst einmal sühnen«? Das wäre eine völlig andere Entscheidung gewesen als die, die dann getroffen wurde, die eher dem kapitalistischen Prinzip folgte.

Da muss ich Ihnen widersprechen. Diejenigen, die uns schon 1945 geholfen haben, das waren gerade christliche Gruppen, die Quäker beispielsweise. Wenn ich mir allein vorstelle, was München an Hilfe aus der Schweiz, aus dem protestantischen St. Gallen erhalten hat. Da kommen einem keine christlich begründeten Sühneforderungen in den Sinn. Im Übrigen ist es ja auch ein christlicher Gedanke – ich will jetzt nicht sagen: »Liebet eure Feinde« –, aber dass man sich versöhnt. Auch wenn der amerikanische Präsident Harry Truman sich nicht in erster Linie aus christlichen Erwägungen für den Marshallplan und für das Nein zum Morgenthau-Plan durchgerungen haben sollte.

Sie glauben tatsächlich, dass die ökonomischen Werte gegenüber den christlichen nicht überwogen?

Sie standen sich jedenfalls nicht in der Quere.

Aber sind ökonomische Interessen nicht manchmal auch gute Kriterien für eine Entscheidung?

Es ist immer eine Frage der Verhältnismäßigkeit. Und will man hier die Bibel anführen, dann könnte man dieses berühmte Gleichnis von den anvertrauten Talenten zitieren, das im Matthäus- und im Lukasevangelium überliefert ist. In dieser Erzählung schildert Jesus einen Mann, der für längere Zeit verreisen will und sein Vermögen seinen Knechten anvertraut. Er rief sie zu sich, und dem einen Knecht überließ er fünf Talente Silbergeld, dem zweiten zwei und dem dritten eines, je nach den Fähigkeiten der Knechte. Ihr Auftrag war: »Macht Geschäfte damit, bis ich wiederkomme.« Als der Mann nach langer Zeit zurückkehrte, mussten die Knechte Rechenschaft ablegen. Der, der fünf Talente erhalten hatte, brachte fünf weitere. Dafür bekam er höchstes Lob. Der Knecht, der zwei Talente erhalten hatte, zeigte seinem Herrn, dass er noch zwei dazugewonnen hatte. Er wurde auch noch höflich behandelt. Der letzte Knecht übergab aber nur sein eines Talent, mit der Begründung, er hätte so viel Angst vor der Strenge des Herrn gehabt, dass er das eine Talent einfach nur in der Erde versteckte. Dieser Knecht wurde übel beschimpft, denn er hatte nicht gewirtschaftet. Danach können Christen durchaus auch ökonomische Aspekte in Betracht ziehen.

Über Widerstand im eigenen Land, Thilo Sarrazin und Herrn von und zu Guttenberg

Wo stehen wir? Diese Frage ist kürzlich von einem Zeitzeugen beantwortet worden, der in seinem Leben noch ein paar Jahre mehr überblickt als Sie. Stéphane Hessel wurde 1917 in Berlin als Sohn des jüdischen Schriftstellers Franz Hessel geboren, war Widerstandskämpfer in der Résistance, er hat das Konzentrationslager Buchenwald überlebt und jetzt eine kleine Streitschrift geschrieben, die in Frankreich ein Bestseller geworden ist: *Empört Euch!* wurde 2011 ins Deutsche übersetzt. Hessel wählte als Ausgangspunkt seines Essays die Stunde null nach dem Zweiten Weltkrieg, die Zeit, mit der wir uns gerade auseinandergesetzt haben. Er schildert die Ziele und Ideale der Résistance, die Eingang in die Verfassung der Französischen Republik nach dem Krieg gefunden haben. Und er sagt, diese Errungenschaften, die Gründung eines Sozialstaats, die Verpflichtung für die Menschenrechte, seien heute gefährdet. Hessel ruft dazu auf, diesen Werten wieder zur Geltung zu verhelfen, er ist der Meinung, man müsse für die ehemaligen Ideale kämpfen, sich empören, um sie zu erhalten. Teilen Sie seine Ansicht?

Ein Schwerpunkt seiner Kritik und seiner Empörung sind die Fehlentwicklungen des Kapitalismus, des »Raubtierkapitalismus«, wie Helmut Schmidt es genannt hat. Übrigens sprach ja auch der frühere Bundespräsident Horst Köhler von einem »Monster«. Dass die Rahmensetzung, deren der Markt bedarf, mehr und mehr vernachlässigt worden und gegen das Gebot der sozialen Gerechtigkeit immer wieder verstoßen worden sei – diese Kritik kann ich durchaus teilen. Und zwar nicht nur hinsichtlich der globalen und der europäischen Ebene, sondern seit einiger Zeit auch für die nationale Ebene.

Dass die Menschenrechte heute in stärkerem Maße missachtet würden als früher – da bin ich mir nicht so sicher, ob er da recht hat. Sicher gibt es ein großes Defizit. Aber dagegen gibt es doch lebhafte Proteste, sehen wir nur nach China. Da wurde immerhin einem inhaftierten Oppositionellen – Liu Xiaobo – der Friedensnobelpreis verliehen. Und weltweit protestierte man gegen die Verhaftung des inzwischen gegen Kaution wieder freigelassenen großen chinesischen Künstlers Ai Weiwei. In Nordafrika wiederum ging und geht es nicht nur um den Protest gegen korrupte Diktaturen, sondern auch um Menschenrechte, etwa um die Versammlungs- und die Meinungsfreiheit und die Demokratie.

Hessel bezieht den Verstoß gegen die Menschenrechte vor allem auf französische Verhältnisse, auf die Diskriminierung von Ausländern, auf den sozialen Abbau.

Ja, in diesen Punkten mag er teilweise recht haben.

Ihm geht es um den Zugang zu Bildung, um Entwicklungshilfe in Zeiten der Wirtschaftskrise, um die Alterssicherung, die nicht mehr garantiert ist. Er fragt sich, warum denn niemand aufsteht und eine Revolution anzettelt.

Ob man dazu unter europäischen Verhältnissen wirklich eine Revolution anzetteln muss, da setze ich dann doch ein Fragezeichen. Denn die Möglichkeit, notfalls durch hartnäckigen Protest und fortgesetzte Demonstrationen Korrekturen durchzusetzen, ist in Europa – jedenfalls bei uns in Deutschland – keineswegs gänzlich ausgeschlossen. Dafür ist das Thema Kernkraft ein gutes Beispiel. Und für eine vernünftige Lösung der Pflegefrage oder für die Wiedereinführung der Vermögenssteuer, für die ich in Übereinstimmung mit dem Grundsatzprogramm meiner Partei seit Jahr und Tag kämpfe, braucht man keine Revolution. Da braucht man beständige Argumentation – und dann wird sich das eines Tages durchaus ergeben. Im Übrigen, bei aller Kritik: Die soziale Situation ist in unserem Land sicher an nicht wenigen Stellen ungerecht und deshalb verbesserungsbedürftig. Aber sie ist insgesamt doch so, dass mindestens 80 Prozent der Menschheit gern unter unseren Verhältnissen leben würden.

Was Frankreich angeht: Dort will die Regierung das Ruhestandsalter von zweiundsechzig auf fünfundsechzig Jahre heraufsetzen. Also auf ein Alter, das bei uns schon seit Jahrzehnten gilt. Wir streiten über siebenundsechzig Jahre. Die anderen von Hessel angesprochenen französischen Themen kann ich zu wenig beurteilen. Eine wirkliche Revolution scheinen sie mir aber ebenfalls kaum zu rechtfertigen. Außerdem habe ich den Eindruck, dass man in Frankreich sehr gern und sehr lebhaft protestiert. Aber dann beschließt das Parlament oft genug das, wogegen protestiert worden ist, und dann ist die Sache auch wieder erledigt.

Jetzt aber zu Ihrer Kernfrage, die für mich hinter Ihren Ausführungen steht, der Frage, welche Kräfte auf die Politik Einfluss nehmen. Ja, natürlich nehmen die wirtschaftlich Mächtigen auf die Politik Einfluss, Medienmächtige nehmen auf die Politik Einfluss. Da gibt es immer wieder Beispiele dafür, dass man nicht nur informiert und kommentiert, sondern bestimmte Entscheidungen herbeiführen will. Auch durch besonders große Buchstaben auf der ersten Seite von Boulevardzeitungen. Aber zu diesem Kapitel gehört ebenso die Frage an die Bürgerinnen und Bürger, ob sie nur kritisch mit heruntergezogenen Mundwinkeln beiseite stehen und von ihrer Ohnmacht reden oder ob sie sich engagieren. Ob sie wirklich auf die Straße gehen, friedlich natürlich, oder sich sogar – man höre und staune – einer Partei anschließen, um die Ziele dieser Partei, die sie für richtig halten, gegen den Widerstand der Mächtigen voranzubringen.

Um Hessel noch mal zu hinterfragen: Seine Analyse zwingt ihn zu dem Schluss, dass wir eine neue Résistance brauchen, weil die Dinge so im Argen liegen. Dieser Aussage würden Sie widersprechen?

Ja. Wir brauchen ein starkes Bürgerengagement, das schon. Aber eine Résistance? Ich will mir kein nachträgliches Urteil über die Begrifflichkeit der Résistance anmaßen. Die war ja damals in Frankreich keine in sich geschlossene ideologische Gruppe, sondern hat von überzeugten Kommunisten bis hin zu Rechtskonservativen die Kräfte vereinigt, die der Besatzungsmacht Widerstand leisteten. Das lässt sich doch auf die Realität in unserem Land nicht übertragen.

Dann nenne ich es eben anders: Sehen Sie die Errungenschaften derjenigen, die sich nach dem Zweiten Weltkrieg Gedanken über ein Grundgefüge gemacht haben, das eine Gesellschaft zusammenhält, sehen Sie diese Errungenschaften – bei uns in Deutschland wäre es das Grundgesetz – generell bedroht?

Nein. Ich sehe das Grundgesetz und unser Grundgefüge nicht generell bedroht. Dabei berufe ich mich mit aller Vorsicht ausnahmsweise auch auf Umfragen. Danach wird die Demokratie von einer deutlichen Mehrheit unseres Volkes bejaht. Was kritisiert wird und wo Fragen auftauchen, das ist die Handhabung der Demokratie. Aber die Grundordnung selbst ist akzeptiert.

Doch sowohl auf nationaler wie auf internationaler Ebene gelingt es uns nicht, das Auseinandergehen der Schere zwischen Arm und Reich zu stoppen. Sie haben vorhin von einer Weltinnenpolitik gesprochen – wenn man sich zum Beispiel nur das Ziel betrachtet, das auf dem UNO-Millenniumsgipfel 2000 formuliert wurde, bis 2015 die extreme Armut und den extremen Hunger auf der Welt zu halbieren oder zu beseitigen, so kann man eigentlich nur sagen, dass wir gescheitert sind.

Das war und ist ein ehrgeiziges, aber notwendiges Ziel. Und ich bedauere, dass es offenbar nur zur Hälfte erreicht wird. Infolgedessen müssen die Anstrengungen auf diesem Gebiet verstärkt und die Methoden der Hilfeleistung in Richtung Hilfe zur Selbsthilfe und für kooperative Einzelprojekte geändert werden. Öffnet sich die Kluft weiter, müsste auch mit einem gewaltigen Zustrom an Armutsflüchtlingen gerechnet werden. Deshalb liegt die Erreichung des in Rede stehenden Ziels auch in unserem eigenen Interesse.

Ein P. S: Als Hessels Schrift in Frankreich erfolgreich war, eroberte *Deutschland schafft sich ab*, das Buch des ehemaligen SPD-Senators in Berlin, Thilo Sarrazin, hierzulande die Bestsellerlisten. Jakob Augstein, Verleger und Journalist, sagte, das eine sei ein Buch der Hoffnung, nämlich das von Hessel, das andere eins der Niedertracht. Was sagt das eigentlich über den Unterschied zwischen Franzosen und Deutschen?

Augstein hat da sehr zugespitzt. Denn Diskriminierung von Migranten und entsprechende Auseinandersetzungen gibt es ja auch in Frankreich – und bei uns nicht nur »Niedertracht«, sondern ebenso konstruktive Integrationsbemühungen. Und weil Sie jetzt dieses Buch des Herrn Sarrazin ansprechen: Mir ist es ein Rätsel, warum es eine solche Nachfrage gefunden hat. Sicher, der Autor hat weit verbreiteten Gefühlen und Vorurteilen Nahrung gegeben. Eine Rolle spielt ebenso seine Begabung zur provokativen Selbstdarstellung. Die ist leider durch die Art der Reaktionen aus dem politischen Bereich unterstützt worden. So frage ich mich beispielsweise, ob es klug war, dass der Bundesvorstand meiner Partei sofort einen Ausschlussantrag gestellt hat. Eine Fortsetzung des Verfahrens hätte dazu geführt, dass er sich durch die Instanzen der Schiedskommissionen immer wieder öffentlich hätte präsentieren können. Es war daher wohl richtig, das Verfahren durch eine gemeinsame Erklärung zu beenden, die die Vorsitzende der Schiedskommission angeregt hat.

Inhaltlich ist seine Gen-Theorie inakzeptabel, und seine Problemdarstellung erscheint mir einseitig und polemisch. Wie man das Thema kritisch, aber durchaus sachlich behandeln kann, hat Kirsten Heisig in ihrem Buch *Das Ende der Geduld: Konsequent gegen jugendliche Gewalttäter* gezeigt. Ebenso Heinz Buschkowsky, der Neuköllner Bürgermeister, indem er für die Anwendung bestehender Sanktionsmöglichkeiten eintritt, sich um die Berliner Rütli-Schule kümmerte und in seinem Stadtbezirk eine Reihe anderer Modellprojekte voranbrachte, die Kindern und Jugendlichen nicht-deutscher Herkunft mehr Chancen geben.

Außerdem: Warum hat Sarrazin nicht auch positive Beispiele erwähnt? München wäre so eines. Hier machen die Menschen mit Migrationshintergrund rund 30 Prozent der Einwohner aus, hier gibt es einen starken türkischen Bevölkerungsanteil. Und all das, was Sarrazin da schreibt, ist doch in München gar nicht vorzufinden. Natürlich wurde hier ebenfalls über den Bau einer weiteren Moschee gestritten. Aber in einer Art und Weise, in der man unter baurechtlichen Gesichtspunkten wohl ähnlich über ein anderes zu entstehende Gebäude streiten würde. Noch ein Wort zum Titel: *Deutschland schafft sich ab*. Damit kritisiert er im Grunde auch die deutschen Mütter, weil sie weniger Kinder gebären als die Migrationsmütter. Ist sein Buch also ein Appell in dieser Richtung?

Ja, auch.

War es also auch ein Kampfbuch gegen deutsche Mütter?

Nein. Die richtigen Mütter sollen die richtigen Kinder bekommen, wenn ich ihn richtig verstanden habe.

Die richtigen deutschen Mütter?

Ja.

Das ist dann eine Art Auslese? Also, ich kann dem Buch wirklich nichts abgewinnen. Es mag ja sein, dass die eine oder die andere Tabelle etwas hergibt, die er da drin hat, aber …

… Sie müssen sich trotzdem noch einmal mit der Frage auseinandersetzen, warum das Buch von Sarrazin der Bestseller von 2010 war.

Das ist eine der Fragen, die ich nicht schlüssig beantworten kann. Eine andere Frage, auf die Sie vielleicht noch kommen, kann ich auch nicht beantworten. Nämlich warum der Herr von und zu Guttenberg eine solche öffentliche Begeisterung ausgelöst hat. Ich gebe ehrlich zu, es gibt Fragen, die kann ich einfach nicht beantworten.

Haben Sie denn Hypothesen, die sich einer Antwort nähern?

Ja. Bei Sarrazin, das sagte ich schon, ist es vielleicht der Umstand, dass er Leuten mit Vorurteilen – und die gibt es auf diesem Gebiet durchaus – den Eindruck vermittelt, es seien doch keine Vorurteile, sondern es seien zutreffende Tatsachen. So etwas kauft und liest man dann gern. Aber man kann erfreulicherweise sagen, dass das Buch bisher keine konkreten politischen Wirkungen ausgelöst hat. Wo ist denn die Politik in Richtung Migration seitdem verschlechtert worden?

Verbal. Selbst bei Sigmar Gabriel lässt sich nachweisen, dass es eine verbale Verschlechterung gegenüber Migranten gegeben hat.

Da müssten Sie mir zunächst sagen, was er konkret geäußert hat.

Im August 2010 legte Gabriel Sarrazin den Parteiaustritt nahe, im September sagte er dann: »Wer auf Dauer alle Integrationsangebote ablehnt, der kann ebenso wenig in Deutschland bleiben wie vom Ausland bezahlte Hassprediger in Moscheen.«

Diese Aussage ist ziemlich akzentuiert, aber zugleich tritt Sigmar Gabriel ja sogar für eine Migrantenquote in unserer Partei ein.

Den oben genannten anderen Gruppen hat er aber mit Ausbürgerung gedroht. Und Politik besteht auch aus Worten.

Sicher. Aber wenn man sagt, das ist das Buch mit höchstem Verkaufsrekord, darf man nach den Wirkungen fragen. Doch selbst politische Kräfte in unserem Land, die gern in dieser Richtung Dinge aufgreifen, haben sich bisher höchstens in der Frage verkämpft, ob der Islam zu Deutschland gehört oder nicht. Aber bei konkreten Maßnahmen wird doch das, was Herr Buschkowsky vertritt und tut, eher unterstützt. Und das unterscheidet sich in der menschlichen Wahrnehmung der Migranten ganz deutlich von dem, wie Sarrazin mit ihnen umgeht. Außerdem: Die Zuwanderung von Fachkräften soll ja gerade jetzt erleichtert werden.

Ich bleibe noch bei diesem Autor. Es wurde vielfach die Einschätzung abgegeben, dass *Deutschland schafft sich ab* auch deshalb gekauft wurde, weil die politischen, die intellektuellen Kreise es so scharf abgelehnt haben. Es sei der Ausdruck eines Volkes, das sich unverstanden und ungehört fühlt und das denkt, die eigenen vitalen Interessen werden nicht mehr wahrgenommen. Ist denn das ganz falsch?

Ganz falsch ist das nicht. Aber ganz richtig ist es erst recht nicht. In der Atomfrage beispielsweise hat die deutliche Mehrheit unseres Volkes gerade ihr vitales Interesse durchgesetzt und im Ergebnis die rot-grüne Ausstiegsentscheidung von 2002 wiederhergestellt. Darüber sprachen wir ja bereits. Und zum Migrationsthema und den Gründen für die hohe Aufmerksamkeit, die Sarrazins Werk gefunden hat, habe ich mich ja auch bereits geäußert.

Ihre Frage verleitet mich aber dazu, etwas grundsätzlicher auf die Entwicklung der Migrationspolitik in den letzten Jahren einzugehen. 2000 und 2001 habe ich in der Unabhängigen Zuwanderungskommission mitgewirkt. Rita Süßmuth war Vorsitzende, ich war stellvertretender Vorsitzender; wir haben ganz manierliche Arbeit geleistet. Das war eine Zeit, in der der damalige bayerische Ministerpräsident Edmund Stoiber noch gesagt hat: »Deutschland ist kein Einwanderungsland.« Dann hat es einige Zeit gedauert, bis es hieß: »Deutschland ist kein klassisches Einwanderungsland.« Und heute sagt auch die bayerische Staatsregierung: »Natürlich brauchen wir die Zuwanderung von Fachkräften.« Wir haben also auf diesem Gebiet eine wahrnehmbare Entwicklung. Ebenfalls hat die Zahl derer zugenommen, die mit türkischem Namen in den vorderen Rängen der Politik eine Rolle spielen. Da nenne ich nur Cem Özdemir als Vorsitzenden der Grünen. Oder Aygül Özkan und Bilkay Öney als Landesministerinnen türkischer Abstammung. Zudem gibt es jetzt in der Person von Herrn Rösler einen FDP-Chef vietnamesischer Abstammung. Man kann doch nicht sagen, dass das alles gegen den Willen des Volkes geschehen ist und deshalb Proteste hervorgerufen hätte. Noch ein weiteres Beispiel, das ich schon angesprochen habe. Was hat denn Heinz Buschkowsky aus der Rütli-Schule in Berlin-Neukölln gemacht? Die Rütli-Schule war doch ein Musterbeispiel für die Sarrazinsche Katastrophendramatik. Heute ist allgemeine Meinung, dass die Rütli-Schule ihre Probleme in einer vorbildlichen Weise gelöst hat. Also: Ich negiere das von Ihnen angesprochene Problem keineswegs. Aber ich wehre mich dagegen, dass die tatsächlichen Fortschritte ganz aus dem Blick verschwinden und stattdessen Hoffnungslosigkeit, ja, Verzweiflung ausgebreitet wird.

Von wem? Sie argumentieren mit Fakten und ich mit dem Gefühl einer kaufkräftigen Mehrheit, die offensichtlich einen antiparlamentarischen Reflex pflegt, der sich in niedrigen Wahlbeteiligungen niederschlägt, in einer sehr weit verbreiteten Kultur des Protestwählens, in der Zahl der Parteiaustritte, auch der Austritte aus anderen Institutionen. Wenn man das alles zu einem Bild zusammenfügt – da muss man sich fragen, ob unsere demokratische Grundverfassung noch in Ordnung ist.

Sicher muss man das alles in ein Gesamtbild einordnen. Dazu muss man aber zunächst einmal die einzelnen Punkte näher ansehen. Ja, die Parteien verlieren Mitglieder. Das ist aber insbesondere die Folge einer starken Individualisierung. Da gibt dann nicht mehr, wie weithin früher einmal, das Milieu, in dem einer aufwächst und lebt, den Ausschlag für sein politisches Verhalten und seine Parteizugehörigkeit. Das gilt nicht nur für die Parteien. Das betrifft die Kirchen oder die Gewerkschaften ebenso.

Das macht es nicht besser, das macht es sogar noch schlimmer.

Das verbietet aber die Einengung der Frage auf die Parteien und darauf, dass Parteien- oder Politikverdrossenheit die entscheidende Ursache für die abnehmenden Mitgliederzahlen sei. Außerdem ist mir einer, der sich aus individueller Entscheidung einer Partei anschließt, lieber als einer, der einer Partei nur formal angehört, weil das dort, wo er lebt, nun einmal so üblich ist.

Na ja, immerhin sind es Institutionen, die demokratische Strukturen stützen!

Gott sei Dank tun sie das. Dennoch kann man das nicht auf die Parteien verengen. Nun zum Punkt Wahlbeteiligung – die ist in der Tat gesunken. Aber sie unterscheidet sich bisher noch nicht von der Wahlbeteiligung in uns vergleichbaren Ländern. Außerdem hat sie bei den Landtagswahlen 2011 wieder deutlich zugenommen.

Eine Erscheinung ist mir allerdings rätselhaft. Warum sinkt die Wahlbeteiligung gerade bei Kommunalwahlen – also dort, wo die Menschen die Probleme und die Kandidaten kennen – in nicht wenigen Fällen besonders stark? Warum kommt es da zu Stichwahlen, bei denen einer der beiden Kandidaten mit nur noch 18 Prozent der Wahlberechtigten gewählt wird? Darf ich diese Frage an die Fragestellerin zurückgeben?

Stopp! Halt! So leicht können Sie mir die nicht zurückgeben. Sie sind doch, im Gegensatz zur Fragestellerin, Oberbürgermeister und von Kommunalstimmen abhängig gewesen – da müsste Ihnen doch eine Antwort einfallen.

Perfekte Erklärungen habe auch ich nicht. Doch auch hier ist zu überlegen, ob bei dieser Entwicklung nicht ebenso das Verhalten der einzelnen Bürgerin, des einzelnen Bürgers eine Rolle spielt, dass man alles Mögliche für wichtiger hält als das politische Engagement. Fragt man sie, warum sie nicht politisch tätig werden wollen, geben sie sich mit der Behauptung zufrieden, dass man bei den Parteien eine sogenannte »Ochsentour« zurücklegen muss. Ich vermisse besonders aus der sogenannten kritischen Intelligenz Männer und Frauen, die zu politischen Veranstaltungen gehen, die mitmachen. Bei aller Kritik an den Parteien darf man nicht außer Acht lassen, dass die Frage der Wahlbeteiligung auch eine Frage an die Bürgerinnen und Bürger ist.

Aber will die Politik uns Bürger überhaupt haben? Dazu möchte ich das Beispiel Karl-Theodor zu Guttenberg anführen. Er hat durchaus eine Parteikarriere hinter sich, war Vorsitzender des CSU-Verbands seines Heimatorts Guttenberg und gehörte dem Vorstand des CSU-Kreisverbands Kulmbach an. Doch aus der Sicht derjenigen, die ihn sympathisch fanden, kam er wie Kai aus der Kiste, wie ein Heilsversprecher in einer grauen Welt. Jedenfalls wirkte er nicht verbraucht, und man hatte das Gefühl, da ist einer, der aus einem persönlichen Impuls heraus in die Politik kommt. Doch dann beging er Fehler – und war in kürzester Zeit wieder weg. Da muss man sich doch auch fragen, welche Personen von den Parteien zur Wahl aufgestellt werden.

Jetzt mal langsam. Wenn ich mich an der Aufstellung von Kandidaten beteiligen will, dann liegt es nahe, dass ich dieser Partei beitrete und mich bemühe und darauf Einfluss nehmen will, dass die richtigen Leute sich zur Wahl stellen. Nur zu schimpfen – das ist kein demokratisches Verhalten.

Und zu Ihrer Eingangsfrage: Wollte Herr zu Guttenberg die Bürger wirklich mehr »haben« – so fragen Sie – als andere Politiker? Hat er sie öfter gefragt? Oder zur Teilnahme eingeladen? Stand bei ihm nicht oft die sogenannte Public Relation im Vordergrund?

Sarrazin sagte, dass die SPD ihn, als er noch im Berliner Senat war, 2010 in den Vorstand der Deutschen Bundesbank weggelobt hätte, weil seine Ansichten der Partei nicht mehr gepasst hätten. Da haben Sie

dasselbe Problem in Grün. Zum antiparlamentarischen Impuls gehört die Meinung, dass die Menschen, die gegen den Strich agieren, von den Parteien aussortiert werden.

Das ist eine gängige Ansicht, aber die kann ich mir nicht zu eigen machen, dies ist eine gängige journalistische Beurteilung, die nicht mit Fakten belegt ist. Sarrazin war jahrelang Finanzsenator, er hat in Berlin die härtesten Sparmaßnahmen in der ganzen Bundesrepublik durchgesetzt und sah dort offenbar keine weiteren Aufstiegsmöglichkeiten. Da war für ihn der Übergang in den Vorstand der Bundesbank doch eine recht diskutable Alternative. Übrigens auch rein materiell betrachtet.

Aber jetzt zu Guttenberg. Zuerst einmal war seine politische Karriere völlig normal. Aufsehen begann er erst in der Funktion des Generalsekretärs der CSU zu erregen. Im Übrigen ist diese Funktion oftmals eine Durchgangsstation auf einem längeren Aufstiegsweg gewesen. Ich erinnere nur an Franz Josef Strauß oder an Herrn Stoiber. Und genau diesen Weg wollte wohl auch Herr zu Guttenberg einschlagen. Aber Generalsekretär wurde er eben nicht aus heiterem Himmel, sondern nachdem er vorher andere Funktionen durchlaufen hatte. Ist das etwas anderes als das, was eine Ochsentour genannt wird?

Dann war das eine sehr, sehr kurze Ochsentour. Er war gerade mal drei Monate Generalsekretär, bevor er Bundesminister wurde.

Ja, aber er hat das Amt des Generalsekretärs übernommen, er hat es nicht abgelehnt. Und er war vorher – da nenne ich weitere Funktionen, Sie haben in Ihrer Frage noch andere genannt – unter anderem Kreistagsmitglied, Bundestagsabgeordneter und Bezirksvorsitzender. Da hat er nicht gesagt: »In diesen Niederungen bewege ich mich nicht.« Nein, er hat diese Funktionen ausgeübt, weil er wohl glaubte, dass er so für seine Partei etwas tun könnte und es auch für ihn selbst nicht schädlich sei.

Sie sagten gerade, viele Menschen hätten Herrn zu Guttenberg als »Heilsversprecher in einer grauen Welt« angesehen. Das war wohl in der Tat vorübergehend so. Aber ich bin außerstande, das zu erklären. Welches Heil hat er denn versprochen? Und vor allem, welches Heil hat er gebracht? Betrachten wir doch einmal seine Leistungen. Er hat als Wirtschaftsminister die Meinung geäußert, Opel solle seinem Schicksal überlassen werden und notfalls in die Insolvenz gehen. Eine Hilfe von staatlicher Seite lehne er ab. Deswegen hat er sogar vorübergehend seinen Rücktritt angedroht, ist dann aber doch geblieben. Ist das beeindruckend?

Als Bundesverteidigungsminister hat er sofort einen Staatssekretär und den Generalinspekteur der Bundeswehr, Herrn Wolfgang Schneiderhan, mit dürftigen Begründungen entlassen. Sein Umgang mit der Kunduz-Affäre war ebenfalls nicht überzeugend. Richtig ist, dass er die Aussetzung der Wehrpflicht in seiner eigenen Partei durchgesetzt hat und eine Bundeswehrreform ankündigte. Später stellte sich heraus, dass es für diese Reformen nur wenig konkrete Vorarbeiten gab. Die muss jetzt sein Nachfolger de Maizière leisten.

Und schließlich: Wie kann Begeisterung noch eine Zeit lang für einen Mann andauern, der bei seiner Promotion grundlegende Regeln eklatant verletzt hat? Der schon nach wenigen Jahren nicht mehr gewusst haben will, dass er einen großen Teil seiner Dissertation bei anderen abgeschrieben hat? Ich hatte den Eindruck, dass ihm seine Arbeit merkwürdig fremd vorkam. Aber inzwischen ist das ja Vergangenheit. Und die Stimmen, die ihn unter allen Umständen bald zurückhaben wollten, sind verklungen.

Natürlich auch unter dem Druck von Ereignissen, die uns überrollten, etwa Fukushima oder Libyen. Aber gibt es denn etwas, was wir aus der Guttenberg-Debatte lernen können?

Vielleicht das: In der Beurteilung der Leistungsfähigkeit, der Fähigkeiten eines Politikers überhaupt, ein gewisses Maß zu halten und ihn nicht kurzfristig – wir sprachen ja am Anfang über Akzeleration und beschleunigte Verfahren – in die höchsten Höhen zu heben. Wobei hier entschieden die Medien angesprochen werden müssen. Ohne sie, ohne insbesondere die Zeitung mit den großen Buchstaben, wäre das alles nicht möglich gewesen. Im

Übrigen: Ein halbwegs Erfahrener weiß, dass dem Hochschreiben eines Menschen genauso rasch das Herunterschreiben, das Herunterfallen, folgen kann.

Es war also einfach zu viel von allem in zu kurzer Zeit?

Ja.

Nach Guttenberg könnte die These gelten: »Wer frei von Schuld ist, der gehe in die Politik!« Doch wer traut sich dann noch, sich politisch zu engagieren, wenn er damit rechnen muss, dass seine sämtlichen privaten Verfehlungen ans Licht gezogen werden?

Ich bitte Sie, das ist doch auch wieder eine Frage der Bewertung und Einstufung. Wenn jemandem einmal der Führerschein entzogen wurde oder gegen ihn wegen unzutreffender Behauptungen einmal eine einstweilige Verfügung ergangen ist, so ist das nicht schön, aber kein dauernder Grund dafür, sich dem politischen Engagement zu entziehen. Wenn sich aber einer einen Doktortitel unter Verletzung der dafür gegebenen Vorschriften, durch falsche Versicherungen verschafft hat, so hat das ein anderes Gewicht. Die Trennung, die Kanzlerin Angela Merkel hier mit der Bemerkung versuchte, sie habe nicht einen wissenschaftlichen Assistenten, sondern einen Minister berufen, war zumindest unglücklich. Schließlich ging es um persönliche Ehrlichkeit. Auch hat Guttenberg seinen unredlich erworbenen Doktortitel zunächst ja noch in seinen politischen Funktionen weitergeführt.

Politiker und Plagiate – neben Guttenberg haben wir noch zwei weitere bekannte Fälle, die FDP-Politiker Silvana Koch-Mehrin und Jorgo Chatzimarkakis. Kann man eigentlich sagen: Wer bei einer Doktorarbeit schummelt, der eignet sich nicht mehr für öffentliche Ämter?

Wer eine Erklärung abgibt, in der steht, dass man alle Regeln der Wissenschaft – und das schließt die Regeln für die Zitierweise ein – befolgt hat, und es stellt sich am Ende heraus, dass derjenige das Gegenteil getan hat, dann ist das ein Verhalten, das auch zu einer charakterlichen Beurteilung Anlass gibt. Wenn die betreffende Person sich auf diesem Gebiet so verhält, muss man fürchten, dass sie auch im Rahmen ihrer politischen Verantwortung

Regeln bricht, wenn ihr das nützlich und hilfreich erscheint. Wer bei der Doktorarbeit abschreibt, setzt ein Fragezeichen in Bezug auf seine Person.

Und noch etwas zu Guttenberg: Er hat den richtigen Zeitpunkt für einen überzeugenden Rücktritt versäumt. Ein gutes Gegenbeispiel ist da der Rücktritt von Frau Käßmann.

Für einen großen Teil derjenigen, die den Rücktritt Guttenbergs bedauert haben, ist die wissenschaftliche Welt eine abgehobene Kaste, die mit sich selbst beschäftigt ist, weswegen der Betrug bei einer Doktorarbeit gar nicht ins Gewicht fällt.

Das mag so sein. Aber generalisiert das nicht ein wenig?

Nein, das sind Äußerungen, die mir in privaten Gesprächen zu Ohren kamen. Oft genug hörte ich: »Was habt ihr« – gemeint sind die Medien – »mit dem zu Guttenberg gemacht, mit dem Armen?« Und auch im Internet ist diese Meinung oft zu lesen gewesen. Dort geht man weit über das hinaus, was in Zeitungen an Leserbriefen abgedruckt wird. Es gab dort zwar eine starke Anti-Guttenberg-Fraktion, aber auch eine, die vehement pro Guttenberg war.

Da kann ich nicht mitreden, weil ich ja am Internet nicht teilnehme. Aber denken Sie daran: Wenn ein Abiturient abschreibt, gibt es doch auch keinen öffentlichen Aufschrei, wenn man ihn vom Abitur ausschließt. Gibt es da Massenproteste? Also: Beim Abiturienten ist man mit Sanktionen einverstanden. Bei einem Bundesminister, der viel intensiver gegen Regeln verstoßen hat, nicht. Warum eigentlich?

Über das Privatleben von Politikern, gelungene Rücktritte und Machtversessenheit

Wir hätten uns nicht damit beschäftigt, wäre der Aufruhr nicht so massiv gewesen. Aber die grundsätzliche Frage, wie weit die Prinzipien im persönlichen Leben übereinstimmen müssen mit dem, was man als Politiker tut, die ist schon erlaubt?

Die ist erlaubt, die ist sogar notwendig. Wer im Dienste unseres Gemeinwesens tätig ist oder tätig werden will, der muss sein privates Verhalten im Einklang mit den Normen und Werten dieses Gemeinwesens halten – und das auf Dauer. Sonst verliert er seine Glaubwürdigkeit und damit letzten Endes seine Legitimation.

Ist ein bayerischer Ministerpräsident, der politisch über lange Zeit das traditionelle Familienbild einfordert, es aber im eigenen Privatleben nicht hinbekommt, dann noch tragbar als konservativer Politiker?

Vor dreißig Jahren wäre das wahrscheinlich mit »Nein« beantwortet worden. Die Gesellschaft hat sich in diesem Bereich weiterentwickelt, ihre Maßstäbe sind in dieser Beziehung nicht mehr die von früher. Da ist die Toleranz gewachsen. Wenn die unmittelbar Beteiligten mit einer solchen Situation zurechtkommen und eine Antwort für sich gefunden haben, dann muss man das meines Erachtens akzeptieren. Jedenfalls ist es kein Feld für politische Auseinandersetzungen.

Was sind für Sie gute Rücktritte gewesen? Sie haben Margot Käßmann erwähnt, die frühere Ratsvorsitzende der Evangelischen Kirche in Deutschland. Aber wo haben Sie gute Rücktritte im politischen Bereich beobachten können?

Ein Rücktritt, den ich sehr akzeptabel fand, war der von Erhard Eppler im August 1974, da war er Bundesminister für wirtschaftliche Zusammenarbeit.

Es wurde ihm das Budget gekürzt.

Ja, die Ermächtigungen seines Ministeriums, für kommende Haushaltsjahre Verpflichtungen einzugehen, sollten gekürzt werden. Das beschränkte seine Wirkungsmöglichkeiten auf einem wichtigen Feld spürbar. Deshalb hat mir sein Rücktritt eingeleuchtet.

Sabine Leutheusser-Schnarrenberger? Ihr Rücktritt als Bundesjustizministerin im Januar 1996, als ihre Partei umfiel und sich doch für den Großen Lauschangriff aussprach?

Ja, das war auch in Ordnung.

Franz Josef Strauß?

Das war ja kein freiwilliger Rücktritt. Das geschah in Folge der *Spiegel*-Affäre 1962, da wurde er von Konrad Adenauer schließlich zum Rücktritt gezwungen, weil er im Parlament Fragen nicht wahrheitsgemäß beantwortet hatte.

Willy Brandt?

Ja, ja.

Ernsthaft?

Es war sein persönlicher Entschluss, sogar gegen den Rat von Helmut Schmidt. Brandt hat die politische Verantwortung für die Guillaume-Affäre übernommen und hat daraus die Konsequenz gezogen, zurückzutreten. Klugerweise hat er es in einer Weise getan, in der er noch über viele Jahre hinweg den Vorsitz der Partei ausüben und dann als Präsident der Sozialistischen Internationale eine erhebliche Rolle spielen konnte. Ja, ein gutes Beispiel.

Heutzutage tritt man auch wegen Flugmeilen, Dienstwagen und Ähnlichem mehr zurück. Gibt es so etwas wie die Bagatelle in der Politik?

Bei Dienstwagen denken Sie sicher an die Auseinandersetzungen über den Spanienaufenthalt von Ulla Schmidt.

Ja. Sie ist deswegen aber nicht als Gesundheitsministerin zurückgetreten.

Ihr Verhalten war rechtlich nicht zu beanstanden. Die Frage ist eher, ob es gut war, diese Diskussion so zu führen – aber das ist wieder eine andere Kategorie. Aber welcher Minister ist wegen Bonus-Flugmeilen zurückgetreten?

Cem Özdemir.

Der war damals aber nicht in einem Ministeramt?

Özdemir war 2002 Bundestagsabgeordneter. Gregor Gysi trat im selben Jahr wegen Bonusmeilen als Berliner Wirtschaftssenator zurück. Rudolf Scharping hatte ... nein, der hatte keine Meilenaffäre, sondern der hatte nur denselben Schneider wie Özdemir. Oder war's derselbe Imageberater? Aber Scharping trat nicht zurück, sondern er wurde von Schröder entlassen, weil es da die sogenannte Honoraraffäre mit dem Frankfurter PR-Unternehmer Moritz Hunzinger gab.

Rudolf Scharpings Fehler – ich schätze ihn unverändert – lag nach meiner Erinnerung doch auch auf einem anderen Feld. Letzten Endes musste er wohl wegen eines nicht sehr glücklichen Urlaubsfotos zurücktreten, das zu anderen Vorwürfen hinzukam. Bei Gysi war es die zweifelhafte Verwendung von Bonusmeilen.

Ja, aber er ist bald wiedergekommen. Das wirkte damals so, als sei das für ihn eher ein Grund gewesen, sich aus der weniger passenden Tätigkeit im Berliner Senat zurückzuziehen und wieder in seine alte Funktion im Bundesparlament zurückzukehren. Aber es bleibt die Frage, ob es im politischen Bereich Bagatellen gibt?

Nicht in dem Sinne, dass es nichts gibt, was zu klein ist, um zu sagen, hier wurden Regeln verletzt. Dennoch ist nicht jede – insbesondere nicht jede fahrlässige – Kleinigkeit ein ausreichender Rücktrittsgrund. Es kommt auch darauf an, wie der Betreffende öffentlich mit der »Kleinigkeit« umgeht.

Seit Neuestem sind wir auch mit der Ich-bin-dann-mal-weg-Fraktion konfrontiert, zu der Menschen wie unser ehemaliger Bundespräsident Horst Köhler gehören. Kurz nach seiner Wiederwahl gab er das Amt auf. Roland Koch zählt auch dazu. Für viele überraschend hat er den Entschluss gefasst, sich als Ministerpräsident von Hessen zurückzuziehen. Überraschend war es deshalb, weil man nie geglaubt hätte, dass er etwas anderes im Leben interessant findet als Politik. Ole von Beust ist

auch so ein Kandidat. Er erfährt privates Glück, und auf einmal erachtet er sein Amt als Hamburger Bürgermeister für nicht mehr so wichtig. In der Folge verliert die CDU die Landtagswahlen 2011 in der Hansestadt. Oskar Lafontaine ist ein ganz früher Vertreter dieser Ich-bin-dann-mal-weg-Fraktion. Wie ist denn das zu beurteilen, dass das Bohren dicker Bretter offensichtlich aus der Mode kommt?

Es existieren auch heute noch durchaus Leute, die dicke Bretter bohren, und das über lange Zeit hinweg. Frank-Walter Steinmeier und Wolfgang Schäuble etwa. Aber ich will die einzelnen Fälle durchgehen, die Sie gerade genannt haben. Lafontaine – da unterscheide ich nach wie vor zwischen einem Lafontaine I und einem Lafontaine II. Der Lafontaine I hat als Oberbürgermeister von Saarbrücken und als saarländischer Ministerpräsident gute Arbeit geleistet. Und mit dem Anschlag, der auf ihn verübt wurde, ist er in einer beachtlichen Weise fertig geworden. Das habe ich alles aus nächster Nähe verfolgt und begleitet. Auch zum Wahlerfolg der SPD von 1998 hat er einen wichtigen Beitrag geleistet. Nur dann tat er etwas für mich völlig Unakzeptables. Er hat einen Parteivorsitz, den vor ihm Männer wie August Bebel, Kurt Schumacher und Willy Brandt innehatten, von einem Tag auf den anderen weggeworfen wie ein dreckiges Stück Holz. Und er hat die eigene Partei in der *Bild*-Zeitung in einer Art Kolumne regelmäßig auf das Entschiedenste bekämpft – und das wohl nicht unentgeltlich. Er hätte in der Partei für seinen Standpunkt kämpfen müssen. Das hat er nicht getan. Lafontaine II unterscheidet sich deshalb grundsätzlich von Lafontaine I und kann deshalb den Respekt, den ich Lafontaine I auch heute noch bekunde, nicht beanspruchen.

Der Entschluss von Horst Köhler, von seinem Amt zurückzutreten, ist mir bis heute nicht recht erklärlich. Er hatte doch genügend Erfahrungen. Seine erste Amtszeit hat er akzeptabel bewältigt. Ich denke da unter anderem an sein Engagement für Afrika und seine Äußerungen zur Finanzkrise. Aber warum er ein Jahr nach seiner Wiederwahl so reagierte, das ist mir ein Rätsel geblieben. Eine Verpflichtung, die man für fünf Jahre übernommen hat, darf man nicht ohne einen zwingenden Grund beiseitelegen. Dann nannten Sie noch Roland Koch. Okay, wenn einer zwölf Jahre in einem solchen Amt ist, kann es schon sein, dass es ihm einfach reicht. Dennoch war sein Weggang überraschend. Ole von Beust würde ich kritischer betrachten. Er ging nämlich, als die von ihm begründete erstmalige schwarz-grüne Koalition in großen Schwierigkeiten war und seiner eigenen Partei gerade wegen seines Weggangs eine Wahlniederlage drohte. Das war kein guter Zeitpunkt.

Übrigens: Medien erhoben bisher häufig den Vorwurf, Politiker würden an ihren Ämtern kleben. Jetzt hat der gegenteilige Vorwurf Konjunktur. Sehr glaubhaft ist das so ohne Weiteres nicht.

Köhler hat inzwischen, im Juni 2011, in der *Zeit* eine Erklärung für seine Entscheidung abgegeben: »Ich bin zurückgetreten, um Schaden vom Amt abzuwenden. Die Angriffe auf mich im Zusammenhang mit meinen Äußerungen über sicherheitspolitische Interessen Deutschlands waren ungeheuerlich und durch nichts gerechtfertigt.«

Für mich ist das keine ausreichende Erklärung. Ungerechtfertigte Angriffe gegen Bundespräsidenten gab es auch schon früher. So etwa gegen Gustav Heinemann.

Gegenüber dem, was man in der freien Wirtschaft verdienen kann, ist ein Politiker unterbezahlt. Der Beruf erfordert ein hohes Maß an Aufgabe eines persönlichen Lebens, zudem ist er nicht gut angesehen. Offensichtlich sagt sich da so mancher: »Muss ich mir das antun? Hab ich nicht etwas Besseres zu tun?« Wie kann man den Beruf des Politikers wieder so attraktiv gestalten, dass er als Aufstiegschance, als Aufgabe mit sozialem Prestige angesehen wird? Muss man Politiker besser vor öffentlichen Nachstellungen schützen? Was muss passieren?

Das Bild, das Sie da vom Leben eines Politikers entworfen haben, trifft schon in vielen Fällen zu. Manche Medien akzentuieren und skandalisieren es noch zusätzlich. Auch sind positive Berichte und Urteile über einzelne Politiker eher selten. Da sollte sich einiges in Richtung mehr Fairness ändern. Aber das alles reicht als Begründung dafür nicht aus, sich dem Gemeinwesen zu verweigern. Im Grunde müsste sich jeder fragen: »Fühlst du dich dem Gemeinwesen verpflichtet? Bist du bereit, die schwierigen Seiten eines politischen Engagements in Kauf zu nehmen, weil das Gemeinwesen engagierte Helfer braucht? Oder hast du nur deine eigene Entwicklung und deinen eigenen Vorteil im Auge?« Gelegentlich sollte man auch bestimmte Leute fragen: »Wenn ihr so viel an der Politik und den Politikern zu kritisieren habt, warum kommt ihr dann nicht selbst und macht es besser?« In meinem Leben habe ich beispielsweise nur ganz wenige Personen erlebt, die aus dem wirtschaftlichen Bereich in die Politik kamen. Sie blieben aber nicht lange.

Vielleicht weil sie zu schlecht entlohnt werden. Muss man Politiker besser bezahlen?

In den konkreten Fällen mag das eine Rolle gespielt haben. Für eine generelle Erhöhung der Politikerbezüge bin ich aber nicht. Die Bezahlung, die heute beispielsweise ein Minister bekommt, reicht für ein anständiges, seinem Amt angemessenes Leben. Bei den Abgeordneten ist das Hauptproblem, dass sie selbst über ihre Bezüge entscheiden müssen. Deshalb sind sie leichter angreifbar und auch bei sachlich gebotenen Angleichungen zögerlich. Ich habe daher wiederholt vorgeschlagen, dass die Abgeordnetenbezüge nicht von den Abgeordneten selbst, sondern von einer vom Bundespräsidenten berufenen unabhängigen Kommission festgesetzt werden. Dafür müsste allerdings die Verfassung geändert werden. Und das ist leider jedes Mal schon im Anlauf gescheitert. Davon einmal abgesehen: Die aktuellen Vergütungen der Bundestagsabgeordneten erlauben es ihnen jedenfalls, Einkünfte in Vorstandsetagen als maßlos zu kritisieren.

Das stimmt. Trotzdem noch mal zurück: Wenn Journalisten an dem schlechten Politikerbild schuld sind – warum sollen sie mehr Respekt vor Politikern haben als die vor sich selbst? Hört man sich an, was die übereinander sagen, muss man sich da nicht wundern, dass ein gewisses Maß an Respekt verloren geht?

Ja – das gibt es. Und es tut der Demokratie nicht gut, wenn der jeweilige Gegner als dumm, gefährlich, böse oder intrigant bezeichnet wird. Aber das ist nicht völlig neu. Wie hat denn Franz Josef Strauß über Herbert Wehner geredet? Und ist nicht Willy Brandt, selbst von Konrad Adenauer, wegen seiner unehelichen Geburt angegriffen worden? Wiederum sind auch hier die Medien in der

Pflicht. Ihre Darstellungen formen insoweit die Vorstellung davon, wie Politiker miteinander umgehen. Weniger Skandalisierung, mehr Beschreibung der sachlichen Gegensätze wäre am Platze.

Wir transportieren das, was im politischen Alltag passiert.

Na – aber es wird doch häufig auch das ausgesucht, was unter dem Gesichtspunkt der Quote oder Auflage Sinn macht. Das zu sagen ist erlaubt. Oder?

Ich gebe zu, dass ich gern Gäste in meine Sendung einlade, die des Wortes mächtig sind. Das war aber im Übrigen einst eine Grundvoraussetzung der Demokratie, dass man gewisse rhetorische Fähigkeiten mitbringt. Wenn man sich, was das betrifft, mal umschaut, stelle ich fest, dass man da heute häufig sehr verloren ist – das muss man auch mal konstatieren. Rhetorische Fähigkeiten sind bei der Auswahl derer, die es politisch an die Spitze schaffen, nicht eine unbedingte Voraussetzung. So scheint es mir jedenfalls.

Das mag so sein. Aber es kommt etwas hinzu, was ich jetzt zugespitzt anschneide: Der Bundestag ist im elektronischen Bereich viel zu wenig präsent. Ich sage das nicht leichtfertig – ich schaue mir sehr häufig auf BR-alpha die *Tagesschau* von vor fünfundzwanzig Jahren an, und da war die Übertragung aus dem Bundestag rein zeitlich betrachtet das Doppelte bis das Dreifache von dem, was ich heute erlebe. Die sogenannten Talkshows – ich sage lieber Gesprächsrunden – sind dafür kein Ersatz.

Das mag für die *Tagesschau* stimmen, aber es gab damals keinen eigenen Sender, der Debatten komplett übertragen hat – und den haben wir heute. Wir haben mit Phoenix ein Programm, das sich im Schwerpunkt um die politische Auseinandersetzung im Bundestag bemüht. Und im Internet haben wir die Möglichkeit, per Livestream Debatten zu verfolgen. Ich habe das Gefühl, wir berichten sogar mehr live aus dem Bundestag als früher.

Na gut, aber Phoenix ist ein Spezialsender. Für große Sender ist der Bundestag jedoch nicht mehr das, was er einst war. Es gibt Tage, da wird der Bundestag, obwohl er tagt, keine Sekunde gezeigt. Stattdessen wird beispielsweise über den jüngsten Stand des Kachelmann-Prozesses ausführlich berichtet.

Ich gehe wieder einen Schritt zurück: Die Sehnsucht, die jemand wie Guttenberg ausgelöst hat, die Aufmerksamkeit, die ein Sarrazin erzielt hat, die Liebe, das sage ich jetzt ganz vorsichtig formuliert, die jemandem wie Gauck in seiner Kandidatur entgegengebracht wurde – das ist doch auch Ausdruck dessen, dass Personen mit einem eigenen Profil, mit einem unverwechselbaren Charakter gewünscht werden. Ist das Parteiengefüge aber tatsächlich in der Lage, diese Personen zu finden, wenn sie denn da sind, und sie zu stärken? Und wenn nicht: Laufen wir dann Gefahr, Demagogen hinterherzurennen, auf der Suche nach Menschen, die aus dem Üblichen herausragen? Ist es schon so weit?

Demagogen, denen nachgelaufen wurde, hat es auch in den Anfängen der Bundesrepublik gegeben. Das ist eine menschliche Eigenschaft, die man nie ganz ausschließen kann. Aber ich räume Ihnen ein, es ist Anlass zum Nachdenken, warum Leute wie Sarrazin und Guttenberg solche Aufmerksamkeit finden. Und das ja wohl nicht in erster Linie wegen ihrer Charakterfestigkeit. Die besitzt hingegen Joachim Gauck zweifellos ebenso wie ein Profil. Aber worin besteht das Profil der beiden anderen? Immerhin existieren auch erfreuliche Gegenbeispiele, die man gelegentlich erwähnen sollte. Wer ist denn der angesehenste Politiker in der ganzen Bundesrepublik?

Helmut Schmidt.

Ja. Und es ist eine Auszeichnung für unser Volk, dass ein Mann wie Schmidt nach Beendigung seines politischen Lebens immer noch präsent ist und dieses unglaublich hohe Maß an Zustimmung findet.

Aber vielleicht auch deshalb, weil die gegenwärtigen Politiker bei den Menschen nicht die Zustimmung finden. Es könnte da ein bestimmtes Vakuum entstanden sein.

Sie wollen damit doch nicht sagen, dass Leute von Schmidt auf Sarrazin ausweichen, weil es keine anderen gibt? Wo ist zwischen Schmidt und Sarrazin auch nur die geringste Übereinstimmung? Zwischen Guttenberg und Schmidt? Das kann ich nun überhaupt nicht sehen.

Deswegen habe ich ja ein positives Beispiel mit angeführt, nämlich Joachim Gauck.

Ja, das ist er. Ich hätte mir gewünscht, dass er sich seinerzeit nach seinem Ausscheiden aus der nach ihm benannten Behörde erneut parteipolitisch engagiert hätte. Umso mehr freue ich mich, dass er vor einigen Jahren als Nachfolger von Hans Koschnick den Vorsitz der von mir mitgegründeten Vereinigung »Gegen Vergessen – Für Demokratie« übernommen hat. Man darf in diesem Zusammenhang aber auch erwähnen, von wem Herr Gauck als Kandidat für das Amt des Bundespräsidenten vorgeschlagen worden ist – nämlich von zwei Parteien, der SPD und den Grünen. Also von denen, deren personelle Auswahlen kontinuierlich kritisiert werden.

Ich bin gar nicht weit von Ihnen entfernt – ich frage tatsächlich nur, ob Sie das Gefühl haben, dass der jetzige politische Nachwuchs dazu geeignet ist, am Ende zu einer »Lichtgestalt« wie Helmut Schmidt zu werden?

Da darf ich mich nicht übernehmen, meine konkreten Kenntnisse über die Nachwuchspersonen tendieren gegen null. Von denjenigen, die heute der Bundestagsfraktion angehören, kenne ich vielleicht noch zehn Prozent. Darum möchte ich auch keine Urteile fällen. Und was Helmut Schmidt angeht: Dass er einmal eine Lichtgestalt werden würde, hat 1951, 1952 noch keiner vorausgesehen.

1982 wieder nicht …

Langsam, langsam! Nach der Flutkatastrophe in Hamburg 1962, da war schon erkennbar, dass er eine besondere Rolle spielt. Und wenn ich noch einmal über den Nachwuchs nachdenke: Mir gefällt zum Beispiel der haushaltspolitische Sprecher der SPD, der Carsten Schneider. Das, was ich da aus der Ferne mitbekomme, hat Hand und Fuß. Auch Manuela Schwesig, die stellvertretende Parteivorsitzende und Landesministerin in Schwerin, gefällt mir. Hubertus Heil …

Da kann man geteilter Meinung sein.

Ganz ungeteilte Meinungen über Personen sind selten. In meinen Augen hat auch Andrea Nahles eine Menge dazugelernt. Ja, Schneider, Heil, Schwesig und Nahles, diese sind mir jetzt eingefallen. Zum politischen Nachwuchs der anderen Parteien kann ich aus dem Stand nichts sagen.

Und es gibt nichts, wo Sie aus Ihrer Warte heraus sagen würden, was man beim politischen Nachwuchspersonal verbessern könnte?

Man sollte ihnen eine Chance geben und ihnen sagen: »Behaltet euer Leben in eigener Hand, lasst euch von dieser Politikmaschine, die in Berlin offenbar noch schnellere Umdrehungen hat und stärkere Merkwürdigkeiten als in Bonn, nicht völlig vereinnahmen. Sagt auch zu Verpflichtungen, die euch angetragen werden, einmal nein. Und vor allen Dingen: Haltet den Kontakt mit den Bürgern.« Das Bürgerbüro ist nicht nur etwas, was man später als Visitenkarte herzeigen kann. Allein das Erfolgserlebnis, das sich einstellt, wenn man einem Menschen in einer konkreten Situation geholfen hat, ist für die politische Tätigkeit oft wichtiger als der große öffentlich wahrgenommene Erfolg.

Sie halten die Phänomene Guttenberg und Co. somit nicht für Untergangsvorboten einer politischen Klasse?

Ich halte sie für alarmierend. Es ist notwendig, sich mit ihnen zu beschäftigen, den Gründen nachzugehen. Aber von »Untergang« habe ich seit Gründung der Bundesrepublik eigentlich noch nie geredet. Und auch den Herren Guttenberg und Co. würde ich nicht die »Ehre« antun, Sie als Vorboten eines drohenden Untergangs der »politischen Klasse« zu bezeichnen. Das Wort »politische Klasse« habe ich dabei aus den von mir schon genannten Gründen in Anführungszeichen verwendet.

Wie groß ist Ihrer Meinung nach der Einfluss, den Lobby-Gruppen heute auf die Gesetzgebung ausüben, und zwar im Vergleich zu den Tagen, als Sie politisch aktiv waren? Ich denke da zum Beispiel an die Erleichterungen für den Hotel- und Gastronomiebereich …

Ja, das hatte einen wenig appetitlichen Beigeschmack. Aber Lobby-Arbeit in dem Sinne, dass Interessengruppen ihre Vorstellungen gegenüber dem Bundestag, gegenüber Ministerien und Abgeordneten darlegen und zur Geltung bringen – das gab es eigentlich immer. Und dagegen ist ja auch grundsätzlich nichts einzuwenden. Etwas, was ich aber nur aus den Medien weiß, ist allerdings völlig neu: Es gibt anscheinend Leute, die im Dienste eines Verbands oder Unternehmens stehen, von diesen beurlaubt werden, um eine Zeit lang als Angestellte in Ministerien zu arbeiten. Dort wirken sie an Gesetzentwürfen mit, die ihren Bereich betreffen, bis sie dann wieder zu ihren alten Auftraggebern zurückkehren. Das halte ich für völlig inakzeptabel, weil nicht mehr klar ist, wessen Interessen da wahrgenommen werden. Da braucht es eine absolute Scheidewand. Die Lobby-Arbeit muss so transparent wie möglich gemacht werden.

Wie ist das zu bewerkstelligen?

Das ist zu einem relevanten Teil mit Vorschriften zu regeln, die dann auch überwacht werden müssen. Außerdem richtet sich an beide Seiten, also an die Politik und die Wirtschaft, ein dauernder Appell, das Vertrauen, das die Demokratie dringend braucht, nicht zu gefährden.

Wieso verhallt der denn auch bei SPD-Mitgliedern ungehört? Ich denke da an den früheren Arbeitsminister Walter Riester, der sich von Carsten Maschmayer, dem Begründer des Finanzdienstleisters AWD, unter Vertrag nehmen ließ. Diese Firma hat unglaublich vom Privatisierungsschub in der Rentenversicherung profitiert. Und Bert Rürup, der in der Rentenreform-Kommission von Rot-Grün 1999 bis 2001 mitgewirkt hat, gründete mit Maschmayer 2010 sogar eine AG, die MaschmayerRürup AG. Wolfgang Clement ist durchaus auch tätig für die, die von seinen Gesetzen profitiert haben. Und Gerhard Schröder ist in einer für Bundeskanzler rekordverdächtig kurzen Zeit nach dem Amte in die Privatwirtschaft gewechselt. Also, diese Liste ließe sich fortsetzen.

Frau Maischberger, das sind jetzt zwei Paar Schuhe. Wir haben bisher über Menschen geredet, die aktiv in der Politik arbeiten und wichtige Entscheidungsträger sind. Dazu habe ich mich bislang geäußert.

Richtig.

Und jetzt sagen Sie …

Es ist das Ansehen der Politiker, das dadurch Schaden nehmen könnte. Für mich gehört dies dazu.

Ich akzeptiere, dass wir darüber sprechen müssen. Dies ist ein sensibles Thema. Wenn man später auf Gebieten, für die man politisch zuständig war, weiter arbeitet, so ist ein gewisser zeitlicher Abstand wünschenswert oder sogar geboten. Beim Übergang zu privaten Unternehmen im Besonderen. Dieses Problem hatte zu meiner Zeit einmal im Fall Martin Bangemann, der bis 1999 EU-Kommissar für den Binnenmarkt und den Kommunikationsbereich war, eine Rolle gespielt. Als er dann im selben Jahr zum spanischen Konzern Telefónica wechseln wollte, wurde ihm das als ein Fehlverhalten vorgeworfen. Am Ende ging er erst 2001 in das Unternehmen. Die EU setzte danach eine Ethikkommission ein und entwickelte einen Verhaltenskodex. Den zeitlichen Abstand halte ich für wichtig. Ein absolutes Verbot, weiter auf dem Gebiet tätig zu sein, wenn es zudem noch das berufliche Feld des Betreffenden ist, in dem er arbeitete, bevor er ein politisches Amt übernahm – da habe ich meine Zweifel. Wie wollen Sie das beispielsweise bei Rechtsanwälten halten?

Riester war Gewerkschafter.

Sicher. Andere sind Rechtsanwälte. Aber bei Nicht-Rechtsanwälten taucht das Problem auch auf. Sie haben Gerhard Schröder genannt. Als ich von seinem Engagement im Bereich Gazprom las, überlegte ich: Liegt es im deutschen Interesse, dass er im Bereich einer Gesellschaft, die für die Gasversorgung der Bundesrepublik erhebliche Bedeutung besitzt, eine Funktion wahrnimmt? An seiner Stelle hätte ich vielleicht die Bundeskanzlerin gefragt, die Bundesregierung, ob er das machen solle. Gut, er hat es aus eigener Entscheidung getan. Doch die Frage, ob es dem Gemeinwohl nützt, wenn ein früherer Politiker eine solche Funktion übernimmt, die darf man schon stellen. Sie ist nämlich mitunter nicht so klar zu beantworten wie bei Gerhard Schröder.

Aber auch da sind wir wieder auf das Wertegerüst der handelnden Personen angewiesen.

So ist es.

Und Ihrer Meinung nach können wir es auch nicht beeinflussen?

Nun, man kann es beeinflussen, indem man zum Beispiel sich selbst Fragen stellt, überlegt, ob die Entscheidung bedacht ist, ob sie dem Gemeinwesen nützt oder nur dem Betroffenen. Auch die Aufsichtsräte, die das letzten Endes beschließen, sollten darauf angesprochen werden. Noch etwas: Wer sich selbst in eine kritikwürdige Position begibt, findet als Kritiker kaum mehr Gehör.

Wie meinen Sie das – das habe ich nicht ganz verstanden?

Da nehme ich jetzt einmal auf meine eigene Erfahrung Bezug. Ich habe mir ein Leben lang eine Situation bewahrt, die es mir erlaubt, Kritik, wo ich sie für sachlich geboten hielt, nach allen Richtungen und ohne Rücksichtnahme auf solche Verbindungen frei auszudrücken. Das tue ich ja gerade auch in unserem Gespräch.

Das heißt: Helmut Schmidt, der in einen publizistischen Beruf gewechselt ist, wäre als Kritiker leichter zu hören als Gerhard Schröder, der es vorgezogen hat, in die private Wirtschaft zu gehen?

Ist die *Zeit*, wo er als Herausgeber tätig ist, nicht auch der privaten Wirtschaft zuzuordnen?

Ja, eben. Ist das eine deshalb besser als das andere?

Nein, beides ist akzeptabel. Für einen Helmut Schmidt ist die publizistische Aufgabe naheliegend und deshalb überzeugend. Auch der Verlag, um den es da geht, ist es. Es hätte auch Verlage gegeben, wo man das nicht so hätte sagen können. Und bei Gerhard Schröder, das erwähnte ich schon, liegt sein Engagement im deutschen Interesse. Wenn dadurch unsere Gasversorgung von Schwierigkeiten in der Ukraine unabhängiger wird und das gerade in einer Zeit, in der wir die Kernenergie abbauen wollen, so ist das von erheblicher Bedeutung.

Was hat sich seit der Fundamentalkritik Richard von Weizsäckers, die er Anfang der neunziger Jahre gegenüber den Parteien geäußert hat, geändert? Schon damals hielt er fest, dass die Parteien vor Wahlen machtbesessen und hinterher machtvergessen seien. Was haben diese Worte bewirkt?

Wenn Richard von Weizsäcker etwas sagt, verdient es immer Aufmerksamkeit. Es gab damals eine lebhafte Diskussion über diese Äußerung. Die einen stimmten zu, die anderen widersprachen ihm. Auf jeden Fall lohnt es sich, über seine Bemerkung nachzudenken, was ich seinerzeit durchaus getan habe. Allerdings erinnerte ich Weizsäcker in einem Gespräch und sogar in einem Artikel daran, dass er aus diesen von ihm so kritisierten Parteien hervorgegangen sei und dass er niemals Bundespräsident geworden wäre, wenn er nicht in einer dieser Parteien seinen Weg genommen und seine Fähigkeiten für das Gemeinwohl verfügbar gemacht hätte. Schließlich hätten ihn Parteien – darunter auch schon für seine erste Amtszeit die große Mehrheit der SPD – zum Bundespräsidenten gewählt. Dass ich da recht hatte, räumte er dann auch ein.

Aber ist es seitdem besser geworden?

Es ist nicht in dem Maß schlechter geworden, wie die allgemeine Meinung es anzunehmen scheint. Besser geworden, mein Gott – bei und nach jeder Wahl kann man erleben, dass Machtverteidigung und Machterringung eine zentrale Rolle in der Politik spielen. Und wie dann in den Koalitionsverhandlungen und danach mit der Handhabung der errungenen Macht verfahren wird. Vor einer besonderen Probe steht dabei die neue Stuttgarter Koalition. Hier liegen übrigens die Gründe dafür, warum ich dagegen bin, dass Parteien zu reinen Wahlvereinen werden. Manche loben das amerikanische Beispiel, wo sich bei den Parteien alles auf die Wahlen fokussiert. Ich möchte, dass Parteien weiterhin Mitglieder und Grundsatzprogramme haben und klipp und klar ihre Ziele, ihre Argumente und Motive benennen. Da lässt sich ihr Handeln auch besser kontrollieren.

Ich will zwei Beispiele anfügen, bei denen kritisiert wurde, dass Politikerentscheidungen weit entfernt von Lebensrealitäten sind. Das eine betrifft die umstrittenen Neuregelungen der Leiharbeit, das andere die Vereinbarung zwischen CDU, FDP und SPD über die Erhöhung der Hartz-IV-Sätze. Man hatte das Gefühl, dass bei der Diskussion über die Anhebung alle möglichen Argumente herangezogen wurden, nur nicht die der betroffenen Menschen.

Das verstehe ich nicht. Für die betreffenden Menschen war es doch eine relevante Frage, ob für die Kinder, die in Armut aufwachsen, etwas Merkliches geschieht.

Richtig.

Das war ein zentraler Punkt, und in dieser Hinsicht hat sich doch einiges verbessert. Natürlich liegt es immer noch unterhalb des Wünschenswerten, aber die Verbesserung, was Ausbildung und Schule anbelangt, war schon ganz beachtlich. Klar wäre es sinnvoller gewesen, 40 oder 50 Euro monatlich zuzulegen, statt im ersten Schritt fünf Euro und im zweiten zwei Euro. Aber da muss ich die Frage der Deckung aufwerfen: Wo hätten die Parteien das Geld hernehmen sollen? Eine gute Sache war auch, dass die Kommunen bei dieser Gelegenheit eine erhebliche Entlastung erfahren haben. Also, ich finde den Kompromiss nicht so schlecht. Und was die Leiharbeit betrifft, da ist doch ein Fortschritt erzielt worden. Und ebenso bei den Mindestlöhnen.

Meine Frage zielte weniger auf die Höhe der Anhebung, sondern mehr auf das Zustandekommen der Berechnungsgrundlage. Das war auch das, was das Gericht, das Sie schon ein paar Mal gelobt haben, bemängelt hat – die sei nicht nachvollziehbar.

Nach Meinung der Verhandelnden des Bundestags und des Bundesrats ist die verwendete Berechnungsgrundlage jetzt verfassungsgemäß.

Der Kompromiss, der da ausgehandelt wurde, war tatsächlich ein solcher. Man hat hier etwas zugegeben, da etwas weggenommen, einiges ganz weggelassen.

Es wird sicher Klagen wegen der Erhöhungen geben, auch wegen der Berechnungsgrundlagen. Die bisherige Regelung war so, dass Kinder einen Prozentsatz bekommen haben. Das hat man nun korrigiert, dahingehend, dass Kinder nicht bei einem bestimmten Prozentsatz stehen bleiben, sondern dass sie für ihre schulischen Ausgaben, für eine Vereinsmitgliedschaft und so weiter zusätzliche Mittel erhalten. Damit versuchte man den konkreten Situationen gerechter zu werden, wie es gleichfalls das Bundesverfassungsgericht zu verstehen gab. Ob die neue Berechnungsart, auf die man sich geeinigt hat, rechtens ist …

… das wird das Gericht entscheiden.

Ja. Gott sei Dank ist das in solchen Fällen möglich.

Doch muss man erst vors Verfassungsgericht ziehen, sehenden Auges, nur weil nicht transparent gemacht wurde, wie die Erhöhung zustande kam?

Dass es in der Politik auch Kompromisse geben muss, ist unvermeidlich. Dass ihre Ergebnisse in Karlsruhe angefochten werden können, eine verfassungsrechtliche Selbstverständlichkeit.

Über Glaubwürdigkeit, politische Vorbilder und Katastrophen

Die von Ihnen geschätzte *Süddeutsche Zeitung* verbreitet, dass die Politik mittlerweile eher in Karlsruhe entschieden und gemacht wird als in den dafür zuständigen politischen Gesetzgebungsorganen.

Mehrfach hat das Heribert Prantl geschrieben, in einzelnen Fällen mit Recht. Gelegentlich sollen aber auch in Berlin politische Entscheidungen getroffen worden sein, das habe ich jedenfalls gehört.

Und gelegentlich werden dort auch Gesetze verabschiedet.

Genau. Und zum Beispiel demnächst über eine Bundeswehrreform und über die Euro-Rettung. Weiterhin über den Atomausstieg. Sie sehen, ich bin gegen Generalisierungen.

Wenn Parteien ohne störende Einflüsse von fachlicher Seite Kompromisse aushandeln, haben Sie da nicht das Gefühl, dass das Ende der Volksparteien, das wieder viel beschworen wird, tatsächlich naht? Und wenn dem so ist, wäre das denn ein Übel?

Wir machten uns früher größere Sorgen über den Übergang zu einem Mehrparteiensystem. Lange waren wir das Dreiparteiensystem gewohnt, mit der Sonderrolle der CSU. Dann kam eine vierte Partei hinzu, die Grünen, schließlich eine fünfte, Die Linke. Wir waren besorgt, dass eine solche Entwicklung alles schwieriger machen würde. Heute würde ich aber sagen: Die Demokratie hat dadurch bisher keinen wahrnehmbaren ernsten Schaden erlitten. Im Gegenteil. Es hat dem Thema Umweltschutz, ich sagte es schon, eine verstärkte parlamentarische Vertretung verschafft. Und dass der Marsch durch die Institutionen die Marschierer noch stärker verändert hat als die Institutionen, das ist ja auch nicht so schlecht. Die Wahlmöglichkeiten sind nun größer geworden, und die Zahl der Menschen, die nicht milieubedingt, sondern von Fall zu Fall entscheiden, hat erheblich zugenommen. Das kann einen belebenden Charakter haben, das kann einen guten Wettbewerb auslösen.

Ist das Regieren in einem Fünfparteiensystem zwangsläufig komplizierter?

Am einfachsten ist es wohl, wenn eine Partei die absolute Mehrheit hat – in der Bundesrepublik gab es das auf Bundesebene bisher nur ein einziges Mal, unter Adenauer. Über viele Phasen hinweg ist bei uns eine Zweiparteienregierung selbstverständlich gewesen, eine große Partei, die noch eine kleinere gebraucht hat. Oder eben eine Große Koalition. Neuerdings gibt es Dreiparteienkoalitionen auf Länderebene, das stelle ich mir schon schwieriger vor. Aber im Saarland zum Beispiel funktioniert das Dreierexperiment, so scheint es mir, nicht schlechter als anderswo Zweier-Koalitionen. Dieses Bundesland ist vielleicht aber auch seiner geringen Größe wegen ein Sonderfall.

Jetzt zu den zwei Volksparteien: Ich würde es bedauern, wenn diese beiden wichtigen politischen Faktoren auf ein ungenügendes quantitatives Niveau absinken würden. Denn dann würde die Kombination noch schwieriger werden. Ich würde mir wünschen, dass die Volksparteien auch in Zukunft ihre Unterschiede deutlich genug zeigen, Unterschiede, die aber nicht nur einen bestimmten Teil der Gesellschaft ansprechen, sondern bei denen jeder sagen kann: »Ich gehöre zwar gesellschaftlich gesehen in eine andere Partei, aber ich engagiere mich in dieser, weil sie recht hat.« Man kann sich übrigens ebenso für eine Partei engagieren, weil man Respekt vor ihrer Geschichte hat.

Wenn man diese noch kennt.

Man könnte sich ein bisschen selbst darum kümmern.

Was die Wiedererkennbarkeit angeht – haben die beiden großen Parteien es in den letzten Jahren den Wählern schwerer gemacht?

Ja. Etwa weil die Union sich sozialdemokratischen Positionen in einem Tempo angepasst hat, das mich einerseits erfreut, andererseits aber überrascht hat.

Vorher hatten sich die Sozialdemokraten Positionen angepasst, die die eigene Wählerschaft gar nicht mehr als sozialdemokratisch erkannt hat. Stichwort Agenda 2010.

Da mache ich einen Unterschied. Bei der Agenda 2010 fehlte es eher an der vorhergehenden Kommunikation. Die Erleichterungen auf dem Steuersektor für Unternehmen sind hingegen – ich sagte es schon – von heute her gesehen zu hinterfragen.

Sie meinen die Regelung, nach der Gewinne aus Veräußerungen von Anteilen einer Kapitalgesellschaft an einer anderen steuerfrei gestellt wurden. Das war eine grobe Bevorteilung der nicht arbeitenden Klasse.

Ja, ich mach das auch nicht klein. Es gab einzelne Deregulierungen, über die man heute streiten muss.

Leiharbeit ist nicht eine einzelne Deregulierung, das war eine kleine Revolution.

Die Leiharbeit ist nicht von Schröder eingeführt worden.

Nein, eingeführt hat er sie nicht. Aber dass die Leiharbeitsverhältnisse unbefristet wurden, hat die Regierung Schröder gemacht. Das hat das »moderne Sklaventum«, wie Kritiker aus Gewerkschaftskreisen sagen, erst befördert. Und die Regelung des ALG 2: Dadurch landete jemand, der gearbeitet hat, nach einem Jahr Arbeitslosigkeit auf dem gleichen Status wie einer, der nicht gearbeitet hat, nämlich auf dem Niveau von Sozialhilfe.

Die Sozialdemokraten haben daraus Folgerungen gezogen …

Das sind keine Kleinigkeiten.

Wer hat den Ausdruck »Kleinigkeiten« verwendet? Ich habe ihn nicht verwendet. Ich habe gesagt, dass es Dinge gibt, über die man reden muss – und die Sozialdemokratie hat in der Frage der Leiharbeit aus ihren Erfahrungen gelernt. Oder?

Doch, doch! Aber leider spät – sie regieren nicht mehr.

Ja, leider.

Mein Ausgangspunkt war ja der, dass die großen Parteien es ihren Anhängern schwergemacht haben, sie anhand ihrer Grundpositionen zu unterscheiden …

Ich bin mit dem vorherigen Thema noch nicht ganz fertig. Das ALG 2, also jener Teil der Agenda, über den am lebhaftesten diskutiert wurde und auch heute noch wird, hat durchaus positive Auswirkungen gehabt. Die Arbeitslosenzahlen sind dadurch gesenkt worden. Und die dorthin übernommenen vormaligen Sozialhilfeempfänger stehen besser da als vorher.

Bevor ich die Kritiker dieser Arbeitslosenzahlen zitiere, komme ich aber auf den Punkt der Wiedererkennbarkeit zurück. Sie haben moniert, dass die beiden großen Parteien für ihre Wähler unterscheidbar sein müssen. Ihr Einwand war, dass die Union sozialdemokratisch geworden ist, und ich fügte an, dass sich vorher die Sozialdemokraten den Unionspositionen genähert haben. Also ist das eine wechselseitige Bewegung?

Das kann ich nicht einfach zurückweisen, da ist sicher einiges dran. Meiner Partei habe ich immer wieder gesagt: »Ihr müsst den Grundwert der sozialen Gerechtigkeit als Orientierung nicht nur im Grundsatzprogramm, sondern bei eurer täglichen Arbeit im Auge behalten.« Nur – es müssen Ankündigungen und Absichten sein, die realisierbar sind. Man kann unter dem Stichwort »soziale Gerechtigkeit« auch Dinge ankündigen, die irreal sind. Und das ist dann wieder ein Verstoß gegen die Glaubwürdigkeit.

Ich verstehe, dass Sie damit auf die Linken zielen.

Ja.

Noch einmal zum Thema Volkspartei. Hat sich eine solche nicht immer dadurch ausgezeichnet, dass es innerhalb der Partei widerstreitende Interessen gab?

Ja. Aber immer im Rahmen des Grundsatzprogramms.

Können Sie mir erklären, aus welchen Gründen Sie als Christ, als jemand, der die christlichen Werte sehr hervorhebt, sich damals nicht für die christlich-demokratische, sondern für die sozialdemokratische Partei entschieden haben?

Dieser Entschluss reifte bei mir zwischen 1946 und 1950. Nachdem ich mich nach dem Krieg zunächst um mich selbst gekümmert hatte, um Essen, Wohnen, Kleidung und um das Studium, sah ich, in welchem Zustand sich unser Gemeinwesen befand. Zusammen mit anderen meiner damaligen Studienkollegen sagte ich: »Wir müssen für das Gemeinwesen etwas tun, damit wir wieder auf die Beine kommen.« Das meinten wir nicht nur materiell. Ich fügte hinzu, dass das auch bedeuten würde, sich für demokratische Strukturen zu engagieren und sich einer Partei anzuschließen. Pedant, der ich bin, besuchte ich daraufhin die Versammlungen der verschiedenen Parteien. An der Universität Marburg, an der ich studierte, gab es ebenso Gastvorträge von Parteivertretern. Einer der Vortragenden hinterließ bei mir als Person einen bleibenden Eindruck. Leo Bauer hieß der, er war Fraktionsvorsitzender der KPD im hessischen Landtag. Später, 1949, wechselte er in die DDR, wurde aber drei Jahre darauf in einem Schauprozess durch ein sowjetisches Militärgericht als »US-Spion« zum Tode verurteilt. Das Urteil wurde jedoch nicht vollstreckt, er kam stattdessen nach Sibirien; 1955 entließ man ihn aus dem Lager. Man schob ihn nach Westdeutschland ab, wo er der SPD beitrat. Bauer arbeitete dann auch als Berater von Willy Brandt. Dieser Mann hat mir damals imponiert.

Von allen Parteien habe ich mir die Grundsatzpapiere genauer angesehen. Am Ende kam ich zu folgender Erkenntnis: Die Partei, die dir hundertprozentig entspricht, die besteht nur aus dir selbst. Das macht aber keinen Sinn. In der Folge entwickelte ich eine zunehmende Sympathie für die Sozialdemokratie. Wegen ihres Eintretens für soziale Gerechtigkeit, wegen ihrer Geschichte, wegen ihres Verhaltens vor 1933, insbesondere wegen des Neins von Otto Wels und seiner Fraktion zum Ermächtigungsgesetz im März 1933. Als ich als Referendar am Amtsgericht in Miesbach tätig war, gab es im Mai 1949 einen Parteitag der SPD in Rosenheim und eine Kundgebung mit Kurt Schumacher. Mit dem Parteitag hatte ich nichts zu tun, ich war noch nicht Mitglied. Aber ich wollte mir Schumacher anhören. Also fuhr ich mit dem Fahrrad von Miesbach nach Rosenheim. Ich weiß nicht mehr, was der damalige Parteivorsitzende der SPD gesagt hat. Aber der Mann hat mich fasziniert. Im Ersten Weltkrieg den Arm verloren, als Folge von elf Jahren KZ den Unterschenkel amputiert. Und ein unglaubliches

Gesichtsprofil. Von ihm ging eine tiefe Glaubwürdigkeit aus. Die Art und Weise, wie er in jener Zeit immer wieder an den Besatzungsmächten Kritik übte, war beeindruckend. Und sein klares Nein zum Kommunismus war dann der letzte Anstoß, dass ich mich 1950 bei der SPD anmeldete. Damals lebte ich nicht mehr in Miesbach, sondern in München, im Arbeitervorort Freimann.

Also waren es Programm und Person, die Sie zur Sozialdemokratie brachten?

Ja. Geschichte, Programm und Person.

Haben diese drei Dinge gegen die CSU in Bayern gesprochen?

Ich will mich höflicher ausdrücken: Sie haben nicht in dem Maße für die Partei gesprochen, wie das bei der SPD der Fall war. CSU-Repräsentanten waren damals Alois Hundhammer, Hans Ehard und Dr. Josef Müller, genannt der »Ochsen-Sepp«, mein späterer Gegenkandidat bei der Münchner Oberbürgermeisterwahl.

Und auf der Bundesebene gab es natürlich Adenauer.

Von dem war mein Bruder sehr beeindruckt. Aber Adenauers großer Weg begann eigentlich erst 1949, als erster Kanzler der Bundesrepublik, und meine eigene Meinungsbildung war zu diesem Zeitpunkt schon ziemlich abgeschlossen. Als Präsident des Parlamentarischen Rats, der auf Geheiß der drei westlichen Besatzungsmächte eingerichtet worden war, ist er für mich nicht sehr in Erscheinung getreten. Man kannte seinen Namen, aber er war ja damals Unionsvorsitzender nur für die britische Besatzungszone. Auch war er im eigenen Lager nicht unumstritten. Karl Arnold, damals Ministerpräsident von Nordrhein-Westfalen, und andere waren nicht seine Gefolgsleute. Dennoch: Adenauer war ein großer Mann.

Brauchen Politiker Katastrophen und Krisen, um zu reagieren? Wenn eine Energiewende erst nach Fukushima, eine EU-Vertiefung, sollte es eine geben, erst nach den Finanzschulden und der Eurokrise kommt, wenn das Völkerrecht vielleicht erst nach den Aufständen im arabischen Raum wieder Geltung erlangt und der erste grüne Ministerpräsident

erst nach den Demonstrationen und Zusammenstößen im Zusammenhang mit dem Projekt »Stuttgart 21« gewählt wird – dann scheint man diesen Eindruck zu gewinnen.

Sie können doch nicht sagen, dass die Wende in der Energiepolitik erst nach Fukushima kam. Was da kam, war, wie schon besprochen, nur die Wende der Union und der FDP. Wir und die Grünen sind doch schon in den achtziger Jahren für die Wende eingetreten und haben sie 2001 verwirklicht.

Man könnte jetzt einwenden, dass auch die Ersten, die etwas ändern wollten, erst nach Tschernobyl aufgewacht sind.

Auch das ist so nicht richtig. Widerstand gab es längst vor Tschernobyl. Ein sozialdemokratischer Bundestagsabgeordneter, es war Professor Karl Bechert, hat sogar schon in den fünfziger Jahren vor der Kernenergie gewarnt. Und Erhard Eppler hat bereits 1979 einen Beschluss des baden-württembergischen Landesparteitags herbeigeführt, in dem der Ausstieg gefordert wurde. Dem war der schwere Störfall in Three Miles Island vorausgegangen.

Gut, dann haben Sie in diesem Punkt recht. Wie sieht es bei der EU-Vertiefung aus?

Jetzt muss ich Ihnen zustimmen. Es gibt Fälle, bei denen die Politik vorauseilt und entsprechend gestaltet, und es gibt Fälle, bei denen die Politik des Anstoßes bedarf. Helmut Schmidt und Giscard d'Estaing haben keinen gebraucht, sondern haben aus ihrem Nachdenken heraus den Euro vorbereitet. Helmut Kohl hat dann eine Chance genutzt, nämlich die Zustimmung Deutschlands zum Euro als Gegenleistung für das Einverständnis zur Deutschen Einheit erscheinen zu lassen. In anderen Fällen benötigt Politik einen Anstoß, sie ist ja keine göttliche Einrichtung, sondern eine menschliche. Selbst im Privatleben brauchen Menschen manchmal einen Anstoß, bis sie Notwendiges und Richtiges tun. Doch ist in der Politik der Anstoß da und es geschieht trotzdem nichts oder das Verkehrte, so ist ernste Kritik am Platze. Im Übrigen: Es gibt auch Unvorhersehbares. Wer hat denn vorausgesehen, wie Gorbatschow als Generalsekretär agieren würde?

Egon Bahr erzählte mir in einem Gespräch, er hätte es. Im Prinzip hätte Michail Gorbatschow nur seine Politik gemacht, das, was er als Mitglied der Olof-Palme-Kommission begonnen hatte.

Dass Egon Bahr dieser Ansicht ist, nehme ich ihm ab. Aber wer hat denn sonst wirklich gewusst, dass Gorbatschow seine Truppen in der Kaserne lässt? Die Zahl derer, die das alles gewusst haben wollen, hat hinterher rapide zugenommen.

Um noch einmal Habermas heranzuziehen: Er sagte, in bestimmten politischen Momenten der Bundesrepublik hätte es Menschen an der Spitze gegeben, die noch etwas wollten. Adenauer wollte die Westbindung, Brandt die Ostpolitik, Schmidt wirkte als Wegbereiter der europäischen Integration, Kohl gab die Deutsche Einheit und die europäische Einigung vor, jedenfalls den Einigungsweg. Selbst bei Schröder hätte man noch feststellen können, dass er etwas wollte …

Darüber, ob Kohl allein den Einigungsweg vorgab, müsste man streiten. Immerhin habe ich mich im November 1989 im Bundestag noch vor ihm für die Schaffung einer Konföderation als Schritt auf dem Weg zu einer endgültigen Lösung ausgesprochen. Dass Schröder etwas wollte, ist hingegen völlig zutreffend. Er wollte zum Beispiel den Ausstieg und das Nein zum Irakkrieg.

Er hatte aber auch einen Koalitionspartner, der dabei nicht unbeteiligt war. Aber laut Habermas hätte selbst Schröder auch in der zweiten Legislaturperiode mit der Veränderung der Sozialsysteme etwas gewollt. Doch nun vermisse er beim gegenwärtigen politischen Personal ein Ziel, dem es erkennbar zustrebt, selbst in Krisen und Katastrophensituationen.

Die Ziele von Angela Merkel und den führenden Personen der Union haben jedenfalls mehrfach gewechselt. Guido Westerwelle und die FDP wollten lange Zeit eigentlich nur eines – nämlich Steuersenkungen. Wir Sozialdemokraten haben aber Zielvorstellungen, die wir verwirklichen wollen. Sie sind in dem Papier enthalten, das Frank-Walter Steinmeier zur Bundestagswahl 2009 vorgelegt hat. Es ist nur zu wenig bekannt. Warum das so ist, ist eine Frage an uns als Partei, aber auch an diejenigen, die solche Informationen eigentlich weitergeben sollten.

Sie lassen die Kritik somit nur beim politischen Gegner gelten?

Nein. Ich kritisiere, wenn das geboten ist, in angemessener Form auch meine eigene Partei. Und habe das ja soeben und auch in anderen Teilen unseres Gesprächs getan. Außerdem hat Sigmar Gabriel die Diskussion über einen neuen Fortschrittsbegriff eröffnet. Darin könnte man sogar eine gewisse Selbstkritik der Sozialdemokratie sehen.

Können Sie mir sagen, für welches große Projekt die Sozialdemokratie heute steht?

Heute spricht man ja von einem Markenkern – ein schreckliches Wort. Aber unser Markenkern ist neben der Freiheit nach wie vor die soziale Gerechtigkeit und die Verringerung der Kluft zwischen Arm und Reich.

Nachdem die SPD – Entschuldigung, wenn ich das einschiebe – erst einmal dafür gesorgt hat, dass die soziale Gerechtigkeit für eine ganze Weile mit gesetzgeberischen Maßnahmen außer Kraft gesetzt worden ist und die Kluft vertieft wurde.

Ich habe ja schon zugegeben, dass man über Einzelheiten der Agenda 2010 und gewisse Deregulierungen durchaus kritisch urteilen kann.

Wir können es ja mal andersrum machen: Was war gut daran?

Insgesamt hat die Agenda 2010 die Kluft auch verringert, indem sie die Zahl derer, die wieder arbeiten konnten, erhöht hat. Die Agenda 2010 hat dazu durchaus beigetragen.

Ja, zu einem geringeren Lohn, wie Gewerkschaften immer wieder betonen.

Das stimmt. Aber ist Arbeit zu einem geringeren Lohn schlechter, als wenn man von ALG 2 lebt?

Fragen Sie die Kassiererin an der Kasse eines Supermarkts, die ihren Job verloren hat und dann wieder von einer Leiharbeiterfirma eingestellt wurde, mit einem wesentlich geringeren Gehalt.

Wer kämpft denn gegen Leiharbeit? Wer kämpft denn für Mindestlöhne? Wer hat denn schrittweise ...

Der Rest von der Opposition, mit Verlaub.

Aber haben die Sozialdemokraten bei diesen schwierigen Verhandlungen über das Paket, das das Bundesverfassungsgericht veranlasst hat, nicht in der Leiharbeit und in der Mindestlohnfrage einiges durchgesetzt?

Jetzt ja.

Die Behauptung, dass es besser ist, wenn die Leute arbeitslos sind, als dass sie mit einem relativ geringen Lohn eingestellt werden, die kann ich mir nicht zu eigen machen. Allerdings sollten diese Löhne nicht unter den von uns geforderten und teilweise auch schon durchgesetzten Mindestlöhnen liegen.

Es geht mir nur um die Kritik, die am Markenkern der SPD geäußert wird.

Es soll jeder von seiner Hände Arbeit sich und seine Familie ohne Zuschüsse ernähren können – deswegen auch der Mindestlohn. Arbeit ist aber auch für das Selbstwertgefühl der Menschen von zentraler Bedeutung. Selbstverständlich ist damit eine materielle Seite verbunden.

Die letzten Wahlergebnisse der SPD, mit Ausnahme der Hamburger Bürgerschaftswahl 2011, haben vielleicht damit zu tun, dass die Menschen das, was Sie gerade als Kern bezeichnet haben, in den letzten Jahren so nicht mehr erkannt haben. Vielleicht haben sie das Gegenteil darin gesehen. Was denken Sie?

Eine genauere Betrachtung der Wahlergebnisse fällt etwas differenzierter aus. Da ist der Übergang zum Fünfparteiensystem. Weiter die Tatsache, dass Energie und Umwelt, das grüne Urthema, so stark in den Vordergrund gerückt ist. Über die ungenügende Kommunikation der Agenda 2010 sprachen wir schon. Vergessen dürfen Sie auch nicht: Die Abnahme der Prozentsätze für die sogenannten Volksparteien ist kein Problem, das allein die SPD betrifft.

Aber es ist ein Problem, das die SPD am meisten beschäftigt – das muss man mal festhalten.

Richtig. Aber deutliche Rückgänge der Prozentzahlen musste auch die CSU hinnehmen.

Bei solchen Aussagen frage ich mich: Sind Sie jetzt Parteisoldat oder tatsächlich von innen überzeugt?

Soldat war ich zwei Jahre im Krieg und seitdem nicht mehr.

Dennoch habe ich das Gefühl, dass Sie die Fehler der eigenen Partei in einem milderen Licht sehen als die Fehler der anderen.

Vielleicht lasse ich in der sprachlichen Formulierung eine gewisse Zurückhaltung erkennen, aber nicht in der sachlichen Aussage. Zudem: Ich gehöre nun eben einmal zu der geringer gewordenen Zahl von Menschen, die manches in der Politik auch gut finden und das sogar öffentlich aussprechen.

Soziale Gerechtigkeit, dieser Markenkern, wie ist er denn definiert?

Das steht im Grundsatzprogramm der Partei, da ist es wunderbar definiert, da habe ich sogar ein bisschen mitgeholfen. Es steht auch in dem erwähnten Steinmeier-Papier. Darf ich den entsprechenden Text kurz vorlesen? Im Grundsatzprogramm von 2007 lautet die Definition wie folgt: »Gerechtigkeit gründet in der gleichen Würde jedes Menschen. Sie bedeutet gleiche Freiheit und gleiche Lebenschancen, unabhängig von Herkunft oder Geschlecht. Also meint Gerechtigkeit gleiche Teilhabe an Bildung, Arbeit, sozialer Sicherheit, Kultur und Demokratie, gleichen Zugang zu allen öffentlichen Gütern.«

Ein Prüfstein bei der Umsetzung ist für mich die Wiedereinführung der Vermögenssteuer – darüber haben wir auch schon gesprochen. Ich sehe keinen vernünftigen Grund, warum es in Deutschland keine Vermögenssteuer geben soll. In anderen Ländern ist sie selbstverständlich. Sie wird ebenfalls im Grundsatzprogramm gefordert.

Sie wollen, dass die Geschichte der Partei wieder stärker in den Vordergrund gestellt wird. Warum?

Weil hier die Wurzeln unserer Kraft liegen, weil dieser Blick in die Geschichte Ermutigung bedeutet und den heutigen Sozialdemokraten Zuversicht geben kann. Zur Geschichte gehört ihr Kampf in der Bismarckzeit, ihr Widerstand gegen den Nationalsozialismus, ihr Nein zum Ermächtigungsgesetz vom 23. März 1933, gehört die Ostpolitik, gehört die Mitbestimmung. An all das sollte sie sich, aber auch unser Volk sich immer wieder einmal erinnern. Und mit Sicherheit wird das im Jahr 2013 geschehen, da wird die Partei nämlich 150 Jahre alt. Das zeigt dann auch: Sie ist die älteste und erfahrenste der demokratischen Parteien überhaupt.

Es gibt ja aber auch nicht nur die SPD als linke Kraft …

Ja. Die Linke behauptet das. Sie macht gegenwärtig einen Prozess durch, bei dem dies deutlich wird. Sie ist mit Problemen konfrontiert, die man eigentlich voraussehen konnte. Wissen Sie, ich habe noch immer die Vorstellung, dass sich eine demokratische Partei nicht auf Dauer links von uns halten kann. Da erinnere ich an die Geschichte: 1916 kam es zu einer Abspaltung innerhalb der SPD, die ein Jahr später zur Gründung der USPD führte, der Unabhängigen Sozialdemokratischen Partei. Die war vorübergehend eine Massenpartei. Aber 1922 kam der Kern dieser Partei zu uns zurück. Die Übrigen gingen zur KPD. Ansätze zu einer solchen Entwicklung sehe ich in den gegenwärtigen internen Auseinandersetzungen der Linken.

Wie lange dauert es diesmal?

Sie halten mich offenbar für einen Wahrsager.

Ah, Sie merken das schon. Was glauben Sie?

Im Moment kommt es darauf an, wie Die Linke mit ihren inneren Problemen fertig wird und ob sie ihre weit auseinanderliegenden Strömungen zusammenbringen kann. In Berlin und Brandenburg und in vielen Gemeinden in den neuen Bundesländern sind Realisten mit in der Verantwortung. Sie haben harte Sparmaßnahmen mitgetragen und an der Umsetzung der Agenda 2010 mitgewirkt. In Dresden haben sie sogar der Veräußerung des gemeindlichen

Wohnungsbestands zugestimmt. Hingegen sind die Linken in der alten Bundesrepublik ein sehr gemischtes Nebeneinander verschiedener Zirkel und Richtungen. Deshalb waren die letzten Landtagswahlen dort für sie auch enttäuschend.

Aber was kann die SPD da tun? Wie kann sie dem Wähler verständlich machen, dass die Sozialdemokraten auf Länderebene mit der Linkspartei koalieren, aber auf keinen Fall im Bund?

Die Koalitionen in Berlin und in Brandenburg zeigen, dass mit den Linken auf Landesebene eine Zusammenarbeit möglich ist. Dort vertreten sie aber auch keine irrealen Forderungen. Das sind eben die Realisten. Natürlich muss man sich diese Leute von Land zu Land anschauen.

Aber im Bund – wo ist da das Problem? Die SPD hat zu einer Zeit mit den Grünen koaliert, als diese Partei sich noch für den Austritt aus der NATO stark machte und für Benzinpreise einsetzte, die bei fünf D-Mark lagen. Und die SPD hat gesagt: »Wir koalieren trotzdem, vielleicht werden sie sich ändern.«

Das war in der Zeit der ersten Landeskoalitionen. Bei der rotgrünen Bundeskoalition von 1998 haben die Grünen das nicht verlangt. Sie haben sogar unverzüglich dem Kosovoeinsatz zugestimmt.

Bei den Linken verneinen Sie eine Koalition auf Bundesebene, weil Sie wissen, dass die sich nicht ändern?

Wenn es Leute sind, die einen Weg zum Kommunismus suchen, sehe ich keine Möglichkeit. Wenn es jedoch Leute sind, die so arbeiten, wie es Die Linke in Berlin und in Brandenburg tut, wenn sie bestimmte Forderungen aufgibt und in ihrem neuen Grundsatzprogramm den Austritt aus der NATO streicht, wenn sie keine unfinanzierbaren und deshalb irrealen sozialen Forderungen vertritt, dann kann sich eine neue Situation ergeben. Aber das kann erst 2013 entschieden werden. Gegenwärtig bleibe ich beim Nein.

Über Bürgerbeteiligung, Parteien als geschlossene Clubs und antidemokratische Tendenzen

Noch einmal zurück zur Politikverdrossenheit und zur unzureichenden Kommunikation zwischen Politikern und Bürgern, siehe »Stuttgart 21«. Es gibt unter anderem von André Brie, der als Politiker der Linken jetzt nicht unbedingt für Sie stellvertretend sein muss, aber auch von Jürgen Habermas den Befund, dass schwierige Themen in der Politik nicht mehr prinzipiell diskutiert werden – und sie werden dann auch nicht mehr zur Wahl gestellt. Der Grund dafür, so die Analyse, ist unterschiedlicher Natur. Da heißt es, man möchte sich eher an der Stimmungslage in der Bevölkerung orientieren, man möchte sich nicht mehr die Mühe machen, komplexe Sachverhalte zu debattieren. Wie sehen Sie das? Glauben Sie, es gibt eine Faulheit, gar eine Angst vor dem Wähler?

Also – bisher galten Verfahren, die in den letzten zwanzig oder dreißig Jahren in der Republik zu vernünftigen Ergebnissen geführt haben. Und auch die Kritik der Medien an diesen Verfahren hat sich bis vor kurzem in überschaubaren Grenzen gehalten. Jetzt ist das Interesse der Bürger an großen Projekten deshalb gewachsen, weil sie stärkere Spannungsverhältnisse auslösen, zum Beispiel zwischen ökonomischen Vorteilen und Umweltbeeinträchtigungen. Deshalb beginnt die Politik einzusehen, dass Information und Bürgerbeteiligung nicht ans Ende eines Entscheidungsprozesses gehören, wenn die Verwaltungen ihre grundsätzlichen Beschlüsse schon getroffen haben, sondern viel weiter nach vorne. Das sind jedenfalls Lehren, die aus dem Streit über »Stuttgart 21« gezogen werden sollten.

Vielleicht kann man sich da ein bisschen an den Schweizern orientieren: Haben die große Projekte, wird in einem sehr frühen Stadium über die allgemeine Richtung durch Plebiszit, durch Bürgerentscheid abgestimmt. In der Regel votieren sie dann später ein zweites Mal über das konkrete Projekt und seine Finanzierung.

Generell zu behaupten, dass alle Politiker Angst haben oder sich nach der Laune der Bevölkerung richten, geht mir zu weit. In meiner politischen Zeit haben wir Münchner Großprojekte wie U-Bahn, S-Bahn, Fußgängerbereich oder neue Stadtviertel mit den Menschen kommuniziert, mit ihnen geredet und sie ihnen erklärt. Und das haben meine Nachfolger ebenso getan. Vielleicht ist es notwendiger denn je, dieses Erklären. Hinzu kommt noch ein anderer Aspekt: Es gibt Dinge, die nicht in der nationalen Zuständigkeit liegen, und das erschwert Bürgern, manchmal sogar Politikern, den Durchblick, wer eigentlich die Verantwortung hat und entscheidet.

Das sind zwei Themenbereiche, ich möchte jetzt aber bei den Volks-, bei den Bürgerentscheiden bleiben. Sie sind dafür, diese auf Bundesebene einzuführen?

Dafür kämpfe ich seit Jahrzehnten.

Warum hat dies so wenig Resonanz gefunden? Warum ist das nicht längst passiert?

1992/93 hatten wir dafür in der Gemeinsamen Verfassungskommission eine absolute Mehrheit, erreichten aber nicht die notwendige Zweidrittelmehrheit. 2002 wiederholten wir den Antrag, der Entwurf wurde ebenfalls abgelehnt. Zur Sache selbst: Ich lebe seit 1949 in Bayern, also in einem Land, in dem der Volksentscheid dank des Sozialdemokraten Wilhelm Hoegner von Anbeginn an in der Verfassung stand und auch praktiziert wurde. Das bayerische Volk hat auf dieser Grundlage Positionen der mit absoluter Mehrheit regierenden CSU immer wieder korrigiert. Das hat der Demokratie gutgetan. Als Beispiel nenne ich die Ersetzung der Bekenntnisschule durch die christliche Gemeinschaftsschule, die Sicherung der Rundfunkfreiheit, die Aufnahme des Umweltschutzes in die Verfassung, die Einführung des Bürgerentscheids auf kommunaler Ebene und zuletzt die klare und strenge Regelung des Rauchverbots. Alle Bundesländer haben inzwischen auf ihrer Ebene Volksentscheide ermöglicht.

Nun frage ich mich, warum das, was in allen Bundesländern

praktiziert wird, auf Bundesebene unmöglich sein soll. Der Volksentscheid soll ja nicht das Parlament ersetzen, sondern die Gesetzgebungsmöglichkeit nur ergänzen. Außerdem besagt Artikel 20 des Grundgesetzes ja, dass alle Staatsgewalt vom Volke ausgeht und dass es sie durch Wahlen und Abstimmungen ausübt. Der Parlamentarische Rat hat die Abstimmungen auf die Änderungen von Landesgrenzen beschränkt, weil er Missbräuche nach Art der in der Weimarer Zeit von den Nationalsozialisten im Zusammenhang mit der – übrigens gescheiterten Volksbegehren – betriebenen Hetze befürchtete. Aber eine solche Befürchtung kann doch heute, also fünfundsiebzig Jahre später, nicht mehr den Ausschlag geben. Deshalb ist es hoch an der Zeit, mit dem Artikel 20 des Grundgesetzes Ernst zu machen.

Das ist ein Appell, aber diesmal an die Regierenden und an das Parlament.

Ein Appell an die CDU, an die Union. Neuerdings habe ich ja einen wichtigen Bundesgenossen. In einer Talkshow, ich weiß nicht mehr in welcher, sagte Edmund Stoiber, ehemals bayerischer Ministerpräsident, er sei früher gegen das Plebiszit auf der Bundesebene gewesen, für das sich Herr Vogel eingesetzt habe. Jetzt teile er dessen Meinung. Vogel habe recht.

Jetzt, wo er nicht mehr regiert. Schade, schade!

Ja, aber seine Stimme hat doch in seinem Umfeld noch immer Gewicht.

Aber was würden Sie alles zur Abstimmung stellen? Hätten Sie die Einführung des Euro zur Abstimmung gestellt?

Das Parlament kann nicht Dinge zur Abstimmung stellen. Das muss aus der Mitte der Bürgerschaft betrieben werden. Wenn seinerzeit Leute beantragt hätten, den Euro abzulehnen, dann wäre das eine Initiative gewesen. Wären die entsprechenden Quoren erreicht worden, wäre anschließend ein Volksbegehren und danach ein Volksentscheid zustande gekommen. Das hätte mehrere Monate gedauert. Es wäre also genügend Zeit geblieben, das Für und

Wider zu erörtern und die Gründe zu erläutern, die für den Euro sprechen. Da hätte auch ein Mann wie Helmut Schmidt Gehör gefunden. Manchmal wird nämlich so getan, als würde ein Volksentscheid, den man heute verlangt, morgen stattfinden. So ist das nicht. Es wird monatelang diskutiert. Und wenn gesagt wird, das Volk könne sich doch irren, dann sage ich, dass sich weiß Gott auch Parlamente geirrt haben. Und wenn andere behaupten, das Volk wisse nicht genügend Bescheid und sei zu emotional, dann könnte man mit diesem Argument ebenso die Wahlen in Frage stellen.

Allein diese Veränderung – ein Volksentscheid auf Bundesebene – würde dazu beitragen, dass der Bürger wieder das Gefühl hätte, er könne mitentscheiden, mitbestimmen? Sind Sie davon überzeugt, dass man mit dieser Möglichkeit die Politikverdrossenheit bekämpfen kann?

Es wäre ein Beitrag dazu, nicht das Allheilmittel.

Wieso nutzt die Regierung, die Politik nicht viel stärker das Internet als Kommunikationsmittel mit dem Bürger? Ohne das Internet hätte Guttenberg vermutlich noch heute sein Amt. Nur so kam schnell heraus, wie viel tatsächlich kopiert wurde. Anders gesagt: Es gibt einen Beteiligungswillen der Bürger, er ist erkennbar, er manifestiert sich unter anderem in den Medien, die nicht kontrolliert werden – und dazu gehört das Internet. Trotzdem tut man weiterhin so, als ob man große Entscheidungen in Hinterzimmern treffen könnte, im Zweifel vielleicht auch noch im Kabinett, aber nicht mehr unbedingt im Parlament. Warum ist das Ihrer Meinung nach so?

Zunächst einmal: Dass wichtige Vorhaben erst formlos vorbesprochen, dann in den Fraktionen erörtert und anschließend im Kabinett behandelt werden, ist doch völlig normal. Neu und für mich bedenklich ist der Umgang mit dem Parlament.

Das hat sich beim ersten Rettungsschirm gezeigt, beim zweiten Rettungsschirm, auch bei der Aussetzung der Wehrpflicht. Norbert Lammert, der Präsident des Bundestags, hat den Umgang mit dem Parlament in diesen Fällen ausdrücklich kritisiert. Dieser Kritik schließe ich mich an. Und ich dehne sie auf den Umgang mit den Atomgesetzen aus. Allerdings kann es Situationen geben, wo der Fristendruck aufgrund der konkreten Situation so stark ist, dass man mit den Entscheidungen nicht Wochen und

Monate warten kann. Welche Rolle bei alldem für die Unterrichtung der Menschen und den Meinungsaustausch das Internet spielt, vermag ich – das erwähnte ich schon – als internetabstinenter Laie nicht zu beurteilen. Wahrscheinlich wächst seine Bedeutung auch in diesem Fall. Und für einen Textvergleich wie im Falle zu Guttenberg ist es allemal hilfreich.

»Alle Staatsgewalt geht vom Volke aus« – nie war die Chance so hoch wie heute, das auch tatsächlich umzusetzen, und es wird nicht genutzt. Jedenfalls nicht ausreichend, gemessen an den Mitteln und Möglichkeiten, die man hat. Ich gebe Ihnen noch ein weiteres Beispiel, die Kandidatenkür: Als Steinmeier Spitzenkandidat der SPD wurde, als man sich für Herrn Stoiber und gegen Frau Merkel als Kanzlerkandidat(in) entschied, wie Horst Köhler letztlich als Bundespräsident ausgewürfelt wurde – all dies findet eigentlich ohne die Beteiligung der Bürger statt. Die dürfen nur noch abnicken. Die Parteien könnten doch ganz leicht die Kandidatenkür zu einer öffentlichen Sache machen, so wie es die Amerikaner auch tun. Der politische Wettkampf zwischen Hillary Clinton und Barack Obama hat dazu beigetragen, dass die Menschen sich wieder für Politik interessierten – und wir entscheiden so etwas in einem Einfamilienhaus in Wolfratshausen.

Dieses Verfahren, das Sie so kritisieren, hat immerhin Leute wie Adenauer, Brandt, Kohl, von Weizsäcker oder Schmidt und zuletzt Gerhard Schröder hervorgebracht. Auch alle anderen bisherigen Bundespräsidenten haben ihre Aufgabe sehr anständig erfüllt.

In einer anderen Zeit.

Aber die Vorgehensweise, die Sie kritisieren, gab es damals doch auch. Sind die Herren, die ich genannt habe, in Vorwahlen ermittelt worden? Haben die erst in der Partei mit einem anderen konkurrieren müssen?

Ich frage ja nur, ob man Dinge vielleicht ändern kann.

Man kann immer fragen. Aber so tun, als ob dieses Verfahren von vornherein versagt hat, ist falsch. Wenn es jetzt der Kritik ausgesetzt ist, dann muss man das ernst nehmen und muss es prüfen. Ob man das amerikanische Verfahren übernehmen kann, dazu müsste ich es mir ganz genau ansehen.

Es ist schwierig, es taugt als Ganzes nicht dafür.

Auch deswegen nicht, weil da jeder, also selbst Anhänger der populistischen Tea Party, plötzlich Einfluss darauf nehmen kann, dass bei den Demokraten der schwächere Kandidat aufgestellt wird. Das sind ganz merkwürdige Sachen.

Aber die SPD könnte sagen: »Nun gut, es gibt mehrere exzellente Kandidaten, wir lassen jetzt die SPD-Mitglieder entscheiden, ob Peer Steinbrück antritt oder Frank-Walter Steinmeier.« Damit würden die Sozialdemokraten den politischen Prozess eventuell beleben. Wäre das eine Überlegung wert?

Eine Überlegung ist es wert. Es hat positive wie auch negative Seiten. Sigmar Gabriel und Andrea Nahles haben darüber und über die Mitwirkung von Nichtmitgliedern eine Diskussion eröffnet. Da sollte man unter anderem auch prüfen, was es bedeutet, wenn ein solcher Wettbewerb damit endet, dass der eine Kandidat 55 Prozent und der andere 45 Prozent bekommt. Da könnten die anderen Parteien immerhin sagen: »Schaut her, den nominierten Kandidaten wollen nicht mal 45 Prozent der eigenen Leute.« Aber ein endgültiges Urteil ist das, was ich da gerade von mir gegeben habe, nicht. Sicher wäre es gut, den demokratischen Prozess zu beleben.

Jedoch könnte man in einem Punkt sofort etwas tun. Das ist meine alte Forderung, dass man bei der Bundestagswahl mit der Zweitstimme nicht eine Partei, sondern einen der auf der Liste vollständig aufgeführten Kandidaten wählen kann. Bislang ist es so, dass man mit der Zweitstimme auf Bundesebene nur eine Liste wählt und damit Leute, die man gar nicht kennen kann, weil bei den großen Parteien auf dem Wahlzettel nur die ersten fünf Namen stehen. Das könnte man sofort korrigieren. Übrigens gibt es noch immer die Möglichkeit, dass der Bürger in einer Partei mitarbeitet. Das ist ganz altmodisch, aber auch ein Weg, sich stärker einzubringen.

Die Parteien erscheinen einem doch als geschlossene Clubs.

Das ist ein ungerechtes Urteil. Kommen Sie mal in meinen Ortsverein. Ich lade Sie dazu ein.

Wie viele Menschen sind da anwesend, im Vergleich zu der Zeit, in der Sie noch aktiv waren?

Ich kenne den Ortsverein erst, seitdem ich im Augustinum wohne. Somit kann ich die Frage nicht beantworten. Das letzte Mal waren zwanzig Leute da, die lebhaft diskutierten. Vor sechzig Jahren in Freimann waren es auch nicht sehr viel mehr.

Sehen Sie gar keinen Neuerungsbedarf in der Art und Weise, wie Parteien zu gestalten sind?

Es gibt kaum ein Gebiet, wo ich nicht Erneuerungsbedarf sehe. Auch auf diesem Gebiet gibt es ihn. Aber eine generelle Deklassierung der Menschen, die sich in Parteien engagieren, als seien das alles Leute, die mit dem wirklichen Leben nichts zu tun haben, die andere fernhalten wollen und nur eigene Interessen verfolgen – das kann ich nicht nachvollziehen. Ortsvereine sind keine geschlossenen Vereine. Sie freuen sich sogar über jeden, der neu zu ihnen kommt.

Das habe ich auch nicht behauptet.

Wer ist dann der geschlossene Verein?

Die politischen Parteien präsentieren sich – und das gebe ich jetzt in der Tat als eine persönliche Einschätzung wieder – als sehr geschlossene Gesellschaften. Jedenfalls wirken sie nicht einladend, sie kommen nicht mit ausgebreiteten Armen auf den Bürger zu.

Es gab Zeiten, in denen die Einladung von der konkreten Situation ausging. Das war insbesondere bei Willy Brandt so, von 1969 bis 1972/73. Das schlug sich damals auch in den Beitritten nieder. Aber solche Zeiten lassen sich nicht einfach wiederholen. Es gibt eben auch Zeiten, in denen sich äußere Einflüsse anders auswirken. Und dieses generelle Urteil über die Parteien, dass sie geschlossene Clubs seien, kann ich nicht akzeptieren. Jeder kann ihnen beitreten, jeder kann sich zu Wort melden. Er kann – wenn er das anstrebt – schon bald als Delegierter auf einem Unterbezirksparteitag zum Beispiel seine Meinung äußern. Natürlich müssen die Parteien ihre Arme immer wieder ausbreiten. Aber kritische Fragen richte ich auch an diejenigen, die abseits bleiben, nur kritisieren und von diesen Armen gar keinen Gebrauch machen wollen.

Und am Ende kann man im Fernsehen erleben, wie die Fraktionsdisziplin dazu führt, dass der Abgeordnete seine Stimme nur so und nicht anders abgeben darf …

Wollen wir jetzt im Einzelnen über Fraktionsdisziplin reden? Dann muss ich wieder konkret werden. Zunächst stört mich, dass in den Medien stets von Fraktions»zwang« geredet wird. Haben Sie schon mal die Geschäftsordnung einer Fraktion gelesen? Die von der SPD zum Beispiel?

Da steht nichts von Zwang drin, das ist richtig.

In der Geschäftsordnung ist zu lesen, dass jemand, der eine Meinung hat, die von der der Mehrheit abweicht, mit dem Vorsitzenden reden soll. In der Praxis ist das jedenfalls zu meiner Zeit immer wieder geschehen. Es gab kaum eine Abstimmung ohne Abweichler. Was habe ich mit denen geredet! Ich habe gesagt: »Lieber Freund, handelt es sich bei der Sache um etwas, was im Wahlprogramm in Aussicht gestellt und versprochen worden ist?« Hatte es nichts mit dem Wahlprogramm zu tun, entfiel dieses Argument. Dann fragte ich: »Kannst du dir eine Situation vorstellen, wo du daran interessiert bist, dass alle mit dir stimmen?« Im Übrigen: Gegen die Währungsunion haben fünfundzwanzig Sozialdemokraten gestimmt, gegen den Einheitsvertrag dreizehn Unionsabgeordnete. Da kann man doch nicht sagen, überall Zwang und Disziplin. Dass eine Regierungspartei überlegt, was es bedeutet, wenn eine Gesetzesvorlage dieser Regierung wegen abweichender Stimmabgaben ohne Mehrheit bleiben würde – das ist doch naheliegend.

Wenn wir das Gefühl hätten, die Parteien seien attraktiv genug, müssten wir nicht darüber reden. Meine Beobachtung ist, dass die Anziehungskraft der Parteien in den letzten Jahren aus unterschiedlichen Gründen abgenommen hat. Einmal, wie schon gesagt, weil der Markenkern für viele nicht mehr erkennbar war, für die Sozialdemokraten war

die soziale Gerechtigkeit verloren gegangen, und bei der CDU wurde gerade in der jüngsten Vergangenheit gegen einige der konservativen Grundpfeiler verstoßen. Bei der FDP war ein Markenkern vor der Bundestagswahl 2009 nur im Sinne einer Verengung auf die Steuersenkung noch zu erkennen, mittlerweile wissen deren Wähler auch nicht mehr, wofür die Liberalen in der Regierung sind. Das ist der eine Punkt. Der zweite Punkt betrifft in der Tat die Möglichkeit, innerhalb der Parteien Einfluss nehmen zu können. Viele Parlamentarier beklagten sich über das Zustandekommen von Entscheidungen, darüber, dass die Chancen, sowohl im Parlament als auch in der Fraktion oder innerhalb der Parteigremien mit neuen Ideen nach vorne zu kommen, eingeschränkt sind. Wäre das nicht so, gäbe es einen Mitgliederüberschuss bei allen Parteien und nicht einen Rückgang.

Den Mitgliederüberschuss gibt es nicht, das räume ich ein, und das ist bedauerlich. Das hängt übrigens auch mit der demografischen Situation zusammen. Auch ist generell die Neigung gesunken, sich langfristig zu binden. Lieber engagiert man sich für oder gegen ein konkretes Projekt.

Ist die »Stuttgart 21«-Bewegung, die sich explizit außerhalb von Parteien manifestiert, nicht ein Hinweis dafür, dass es einen Erneuerungsbedarf gibt?

Ich will einmal versuchen, Ihre Kritikpunkte einzeln durchzugehen. Es stimmt, es gab Zeiten, in denen Parteien strahlender wirkten und mehr Anziehungskraft hatten, das ist nicht zu bestreiten. Aber solche Schwankungen sind ebenso in anderen Lebensbereichen nicht völlig auszuschließen. Sie sagten auch, die Leute glauben, sie könnten in der Partei nicht mitreden. Wie lang ist Manuela Schwesig Parteimitglied? Seit 2003. In acht Jahren schafft man es durch tüchtige Arbeit und durch entschlossenes Engagement, erst Ministerin und dann stellvertretende Parteivorsitzende zu werden. Auch Hannelore Kraft, Ministerpräsidentin in Düsseldorf, ist noch nicht sehr lange Parteimitglied.

Dann haben Sie behauptet, es würde alles in Hinterzimmern – im journalistischen Sprachgebrauch müsste jetzt noch von den »verschlossenen Türen« geredet werden – ausgemacht. Das ist in dieser allgemeinen Form ebenfalls nicht richtig. Entscheiden tun in wichtigen Fragen bei uns auf den verschiedenen Ebenen noch immer die Parteitage.

Und wenn Sie auf Schröder anspielen und die Markenkernverletzung – ich habe ja angedeutet, dass die Kommunikation in der Sache Agenda 2010, wie er selbst meinte, nur suboptimal war. Dann wäre sie – beispielsweise von den Gewerkschaften – auch nicht in Bausch und Bogen verdammt worden. Aber was ist denn mit dem Schröder, der nicht in den Irakkrieg gegangen ist? Was ist mit dem Schröder, der als Bundeskanzler den Atomausstieg vorangebracht hat? Ist das nicht anziehend?

Ich merke, an der Stelle kommen wir nicht richtig weiter.

Es besteht die Gefahr, dass wir uns wiederholen.

Dann wenden wir uns einem anderen Thema zu: Teilen Sie die Beobachtung, dass in den neunziger Jahren der Rechtsextremismus vor allem auf der Straße ein Problem war und dieses Gedankengut heute in vielen europäischen Ländern Eingang in die Regierungsarbeit gefunden hat und dort zum Problem wird?

Für die Bundesrepublik fällt mir kein konkretes Beispiel ein. Im Gegenteil, die demokratischen Kräfte sind einhellig gegen alle rechtsextremistischen Parolen und Aktivitäten. Auf der europäischen Ebene kann ich das nur punktuell beurteilen. So wird behauptet, dass der französische Präsident Nicolas Sarkozy solche Ideen in seine Aktionen deshalb aufgenommen hätte, um bei diesem Personenkreis Sympathien zu gewinnen. Und es ist nicht zu übersehen, dass in Frankreich rechtsorientierte Parteien, die ich nicht einfach mit der NPD vergleiche, neuerdings bei Wahlen zunehmen. Das ist dort schon länger der Fall.

In Ungarn hat dies bei den Wahlen 2010 zu einer Zweidrittelmehrheit der National-Konservativen unter Viktor Orbán geführt. Und zusätzlich erhielt die rechtsextremistische Jobbik-Partei 16,7 Prozent. Das hatte schon Wirkungen in der Gesetzgebung. Die Ungarn gaben sich eine neue Verfassung, wobei ich zögere, Dinge zu beurteilen, die ich nicht im Original gelesen habe. Aber die Meinung über einen Rechtsruck ist da ziemlich einheitlich.

Und nicht zuletzt hat der Ausgang der Wahlen 2011 in Finnland überrascht. Dass diese rechtspopulistische Partei, die Wahren Finnen unter Timo Soini, mit anti-europäischen Argumenten auf rund 19 Prozent kamen, das ist bei einem doch eher unaufgeregten Volk sehr erstaunlich. Das muss man im Auge behalten. Ebenso die in Dänemark verhängten schärferen Grenzkontrollen.

Dann zur Bundesrepublik: Bei uns würde ich sagen, dass wir verdammt wachsam bleiben müssen. Denn die Rechtsextremisten sind nach wie vor auf der Straße präsent. Sie versuchen seit einiger Zeit aber ebenso, in die Gesellschaft und ihre Institutionen einzudringen, und geben sich für diesen Zweck neuerdings nach außen hin gut bürgerlich. Auch sitzen sie noch in zwei Länderparlamenten, nämlich in Mecklenburg-Vorpommern und zum zweiten Mal in Sachsen. Gelegentlich sollte man sich auch daran erinnern, dass die NPD bei der Bundestagswahl 1969, also noch in der alten Bundesrepublik, insgesamt 4,3 Prozent erhalten hat und in sechs Landesparlamenten saß. Das muss man im Kopf behalten. Und man sollte nicht nur vom Staat fordern, dass er etwas gegen die Rechtsextremisten tut, sondern man sollte selbst etwas dagegen unternehmen. Aber erfreulich viele Bürger versammeln sich bei Gegendemonstrationen. Und ich bin nach wie vor der Meinung, dass man die Voraussetzungen für einen Verbotsantrag schaffen sollte. Denn dass diese Leute durch die Parteienfinanzierung und auch in den Landtagen Steuergelder bekommen, das geht mir schon auf die Nerven. Bei unserer Geschichte müssen wir besonders sensibel und allergisch sein in dieser Richtung.

In den anderen europäischen Ländern nährt sich dieser rechtspopulistische Impuls aus der anti-europäischen Haltung. In Deutschland war das bisher nicht der Fall. Sehen Sie eine Entwicklung, in der sich die anti-europäische Haltung auch in Deutschland verstärken könnte? Wenn sich möglicherweise die Wohlstandsfrage anders stellt?

Zunächst verweise ich noch zusätzlich auf Holland. Bei den letzten Wahlen konnte dort die ausländerfeindliche Partei des Rechtspopulisten Geert Wilders beachtliche Erfolge verzeichnen.

Auch in Frankreich gibt es dieses Problem. Es hat unter anderem dazu geführt, dass Jean-Marie Le Pen, Gründer der rechtspopulistischen Front National, 2002, bei der vorletzten Präsidentenwahl, gegen Jacques Chirac, in die Stichwahl kam.

Und seine Tochter, Marine Le Pen, die ein völlig anderes Auftreten hat, wird vielleicht sogar noch weiter kommen.

Das darf man nicht leichtnehmen, und diese Situation gehört zum Thema Europa. Meiner Ansicht nach ist hierbei noch ein anderer Umstand von Bedeutung, auf den ebenfalls Jürgen Habermas hingewiesen hat. Er hat gesagt, dass wir noch viel zu wenig europäische Öffentlichkeit haben. Das Europäische Parlament, das durchaus sinnvolle Arbeit leistet, ist in der Wahrnehmung der Menschen nicht präsent. Und infolgedessen gibt es auch zu wenig Erwiderung auf diese von uns jetzt gerade kritisch betrachteten Kräfte, die die Euroskepsis schüren. In dieser Hinsicht herrscht eine Lücke. Immerhin gibt es den interessanten Gedanken von zwei Listen für die Europawahl, eine nationale und eine europäische. Ich würde mir gern näher anschauen, ob das helfen könnte.

Jetzt zu Ihrer Frage: Ja, aufpassen muss man auch hierzulande, denn bisher gingen diese europäischen Rettungsvereinbarungen mit einem Wachstum der Wirtschaft einher. Noch geht es den Menschen in Deutschland insgesamt besser, als sie es zur Zeit der Finanzkrise erwartet haben. Wenn sich dies verändert und wenn anstelle der Bürgschaften tatsächlich Zahlungen geleistet werden müssen, könnte auch bei uns die Stimmung kritisch werden. Nur ist es dann – verdammt noch einmal – Aufgabe aller, die diesen europäischen Weg und damit die Rettung oder die Stabilisierung des Euro unterstützen, zu kämpfen. Was wäre denn die Alternative? Man kann ihnen nur sagen: »Glaubt ihr, es geht euch allen besser, wenn der Euro platzt? Wenn wir wieder eine eigene nationale Währung haben? Könnt ihr wirklich sagen, dass wir einundachtzig Millionen Menschen mit unserer Währung uns dann weltweit gegen den Dollar, gegen den chinesischen Renmimbi behaupten können? Und was bedeutet das alles für unseren Export?«

Können Sie den Impuls verstehen, dass die Menschen angesichts der zunehmenden Zahl der Fragen, die nicht mehr national entschieden werden können, sagen: »Wir wollen das alles nicht. Wir wollen lieber in den kleineren, übersichtlicheren Einheiten leben«?

Dass mehr und mehr Entscheidungen notwendigerweise auf der europäischen, auch auf der globalen Ebene getroffen werden müssen, ist eine ernste Herausforderung. Selbst für politisch interessierte Menschen – ich lasse das auch für mich gelten – ist es dadurch schwieriger geworden, zu sehen, wo die Entscheidungen vorbereitet werden und wer für sie verantwortlich ist. Und es mindert den Einfluss der nationalen Parlamente. Bisher war das nationale Parlament für alle wesentlichen Dinge da. Das nimmt ab, und Wichtiges verlagert sich auf das Europäische Parlament. Weltparlamente haben wir noch nicht, stattdessen den Sicherheitsrat, den Internationalen Währungsfonds, die Weltbank. Das alles zu durchschauen und den Menschen nahezubringen ist eine harte Aufgabe. Ich würde mir wünschen, da bin ich wieder bei Habermas, dass die öffentliche Wahrnehmung der europäischen Institutionen stärker wird. Das ist aber nicht nur eine Aufgabe der Politiker, es ist auch eine der Medien.

Es gibt Fälle, wo die Europäische Kommission Dinge regeln will, die sie in Gottes Namen bleiben lassen sollte. Damit meine ich die berühmten Beispiele, die Edmund Stoiber einmal aufgezählt hat, die freie oder nicht freie Krümmung der Gurken etwa. Wenn der Euro auf Dauer stabil bleiben soll, müssen die Europäische Kommission und das Parlament noch mehr Sachen anpacken. Denn man kann nicht eine gemeinsame Währung erhalten, ohne dass es eine einigermaßen gemeinsame Finanz- und Wirtschaftspolitik gibt. Wir brauchen ebenso eine gemeinsame Außenpolitik, sonst geht manche Entwicklung über uns hinweg. Wir Europäer müssen zudem realisieren, dass wir schon längere Zeit nicht mehr der Mittelpunkt der Welt sind.

Über Revolutionen von oben, eine Liebe zu Griechenland und die Kluft zwischen Arm und Reich

Helmut Schmidt sagt, dass sich die europäischen Institutionen deshalb mit der Krümmung der Gurke beschäftigen, weil sie die großen Probleme aufgrund des Einstimmigkeitsprinzips in Wahrheit überhaupt nicht angehen können.

Wenn er jetzt da wäre, würde ich ihn daran erinnern, wie er selbst nicht ohne Erfolg für die Einschränkung des Einstimmigkeitsprinzips gekämpft hat. Und inzwischen sind ja im Vertrag von Lissabon Felder für Mehrheitsentscheidungen installiert und auch ausgeweitet worden. Helmut Schmidt würde mir zustimmen, dass man eine weitere Reduzierung des Einstimmigkeitsprinzips bei siebenundzwanzig Mitgliedsstaaten nicht mit einem Faustschlag auf den Tisch bewirken kann, sondern dass es dafür Geduld und Zähigkeit braucht.

Haben wir denn die Zeit dafür?

In manchen Dingen ist die Zeit knapper geworden. Aber was ist die Alternative? Zu sagen, wir haben keine Zeit mehr, und deshalb lassen wir es?

Wie wäre es mit einer Revolution von oben?

Wie soll die denn vor sich gehen? Gehen die Regierenden dann mit Gewehren auf die Straße?

Die Regierungen der europäischen Länder könnten sich darüber verständigen, den nationalen Parlamenten Zuständigkeiten wegzunehmen, ihre alleinige Hoheit über die Arbeits- und Sozialpolitik, über die Wirtschafts- und Außenpolitik, vielleicht auch noch die über die Sicherheitspolitik.

Und der damit verbundene Bruch unserer Verfassung wird dabei einfach hingenommen?

Das nicht. Aber man müsste sich daranmachen, sie zu ändern.

Dem schließe ich mich im Ergebnis an.

Und wie wollen Sie etwas verändern?

Die Zuständigkeit des Europäischen Parlaments muss weiter verstärkt werden. Aber das ist ein mühsamer Prozess, weil das die Zustimmung von siebenundzwanzig Ländern braucht. Und nach wie vor gibt es die Möglichkeit, dass ein engerer Kreis von Ländern manches etwas schneller in Gang setzen kann. Aber Sie können den nationalen Parlamenten nicht einfach sagen: »So, jetzt wird Revolution gemacht, ihr habt auf den und den Feldern nichts mehr zu entscheiden.« Sie sind ja schon mit den neuen Vereinbarungen in der Haushaltspolitik ein Stück weit unter stärkerer Aufsicht. Und die Parlamente selbst müssen zu dem Punkt kommen, dass sie den einen oder anderen Bereich abgeben müssen, weil es einfach nicht anders geht.

So, und jetzt sage ich etwas sehr Kühnes: 1867/1871 mussten die vielen bis dahin selbstständigen deutschen Einzelstaaten lernen, Zuständigkeiten an das Reich abzugeben. Das geschah auch. Was den Bayern verdammt schwergefallen ist, obwohl sie einige Sonderrechte behielten. Sie merken: In der Ferne sehe ich eine Europäische Union, die keinen Staatenverbund mehr darstellt, sondern ein Bundesstaat geworden ist. Sie hat sich zu einem föderalen System mit einer Zentralebene entwickelt, die auch wirklich mit einer Stimme spricht. Die heutigen Mitgliedsländer sind dann föderale Einheiten, so wie wir das hier in der Bundesrepublik praktizieren. Eine solche Tendenz wird durch den Druck von außen sogar eher noch zunehmen. Und die Menschen werden stärker als heute erkennen, dass sie ihre Erwartungen und Vorstellungen, wie sie leben wollen, nicht mehr im Wettstreit einer Vielzahl kleiner Nationen, sondern nur noch in einem größeren Verbund verwirklichen können. Ich weiß, dass das Bundesverfassungsgericht kürzlich in einem Urteil dafür eine sehr hohe Schranke aufgestellt hat. Aber sie wird eines Tages überwunden werden müssen.

Der Wirtschaftswissenschaftler Wilhelm Hankel, der zugegebenermaßen von Anfang an ein Euroskeptiker war, sagt, die gemeinsame Währung hat Europa nicht zusammengebracht, sondern auseinanderdividiert, und zwar deshalb, weil mit ihr ein ökonomisches Kriterium verwendet wurde, das über alle Länder gestülpt wurde. Erst dadurch, so argumentierte er weiter, wurden die Unterschiede der einzelnen Nationen sichtbar, Unterschiede, die man bisher als Charaktereigenschaften der einzelnen Völker hingenommen hatte. Doch dadurch, dass auf einmal ökonomisch gemessen wird, werden diese Differenzen viel bedeutsamer und schüren Zwietracht unter den Europäern, und zwar mehr als je zuvor.

Dieses Urteil muss man ernsthaft betrachten, aber ich teile es nicht. Wäre denn das Zusammengehörigkeitsgefühl stärker, wenn es weiterhin siebenundzwanzig getrennte Staaten und wieder siebzehn getrennte Währungen gäbe? Wäre der wirtschaftliche Unterschied in diesem Fall geringer? Nein, diese Auffassung teile ich nicht. Ein Mangel ist existent, und der wird inzwischen auch allgemein anerkannt: Wir haben eine gemeinsame Währung, aber noch keine ausreichend gemeinsame Finanz- und Wirtschaftspolitik. Aber in dieser Richtung wird nun nachgearbeitet. Manchmal würde ich mir die Nacharbeit nur intensiver wünschen.

Welchen Zeitrahmen sehen Sie vor sich? Wann sind wir mit der EU fertig?

Konkrete Zeitprognosen abzugeben – da würde ich mich überheben. Die Entwicklung hängt immer vom jeweiligen Druck ab, dem die europäischen Länder ausgesetzt sind. Gegenwärtig geht es in Richtung härterer Verschuldungsgrenzen, da ist der alte Vertrag zu weich. Auch arbeitet man an einer besseren Abstimmung in der Finanz- und Wirtschaftspolitik. Ebenso an neuen Regeln für den Finanzmarkt, und an mehr Gemeinsamkeiten in der Außenpolitik. Ich kann keine exakten Fristen nennen, aber der Druck ist spürbar. Manchmal würde ich mir noch ein stärkeres Engagement seitens des Europäischen Parlaments wünschen. Martin Schulz, der Vorsitzende der sozialdemokratischen Fraktion im Europaparlament, zu dem ich eine nähere Beziehung habe, sagt das auch. Aber wer nimmt einen Fraktionsvorsitzenden im Europäischen Parlament wahr? Haben Sie schon einmal einen in Ihre Sendung eingeladen?

Martin Schulz.

Martin Schulz war da?

Ja, natürlich.

Aber da sind Sie wieder einmal eine positive Ausnahme. Na gut.

Sie sprachen davon, dass das föderale System Deutschlands auf Europa übertragen wird – gerade das wird doch kritisiert. Diese Entwicklung hätte in Deutschland dazu geführt, dass wir jetzt nur noch drei Geber- und ansonsten Empfängerländer haben. Diese Situation sei für kein Land ein Ansporn, weder für die, die geben, also gut wirtschaften und dann etwas abgeben müssen, noch für die, die empfangen, weil sie wenig Antrieb verspüren, sich zu verbessern. Sie haben ja gesehen, dass sie dann selbst wiederum abgeben müssen.

Langsam. Da muss man den Finanzausgleich im Einzelnen betrachten, den ja jedes föderale System hat. Innerhalb der Bundesrepublik, das ist bekannt, gibt es erhebliche wirtschaftliche Unterschiede. Aber wollen Sie das den Menschen in Mecklenburg-Vorpommern vorwerfen oder den Menschen in Bremen? Das kann man doch nicht. Und weil diese Unterschiede nicht in absehbarer Zeit behoben werden können, benötigen wir einen Ausgleich. Und hat der bisherige Ausgleich wirklich Schäden angerichtet? Ich werde in diesem Fall auch nie müde, an das Beispiel Bayern zu erinnern. Dieses Bundesland war jahrzehntelang ein Nehmerland, auch noch zur Zeit von Franz Josef Strauß. Und Respekt – Bayern ist zum Geberland geworden. Aber heute soll es sich deswegen nicht nur auf die Brust klopfen, sondern soll sagen: »Das, was wir empfangen haben, das geben wir jetzt anderen zurück, denn wir haben durch den Finanzausgleich einen besseren Status erreicht.«

Solidarität sollte also als oberstes Prinzip vorherrschen – auch auf dieser Ebene?

Ja. Und natürlich wäre es schön, wenn noch ein bisschen mehr Geberländer existieren würden ... Aber letztlich ist auch das System des Finanzausgleichs etwas, das immer wieder neu verhandelt werden muss.

Sie erwähnten Martin Schulz – und da wären wir wieder bei der Frage nach den Persönlichkeiten, die Politik braucht, um ein Anliegen nach vorne zu bringen. Habermas konstatierte bei den Politikern einen ähnlichen Impuls wie bei vielen Bürgern. Beide reagieren angesichts der Komplexität der Probleme, angesichts des schrumpfenden eigenen Spielraums nicht mit einem Verhalten, bei dem man dieser Entwicklung Aktionen entgegensetzt, sondern sie werden nur je nach öffentlicher Stimmungslage aktiv. Das ist jedenfalls der einfachere Weg zunächst einmal. Und was die Wahlen angeht, die ja in regelmäßigen Abständen stattfinden, da fühlen sie sich sicherer.

Es wäre in der Tat nicht verkehrt, auch zwischen den Wahlen darauf zu hören, was die Bürger sagen und wünschen. Dazu müsste man mehr mit den Menschen reden. Aber Politiker laufen aus den von Ihnen genannten Gründen Gefahr, passiv zu werden, weil sie der Berliner Politikbetrieb geradezu auffrisst. Dann wird für den Kontakt mit »normalen« Menschen die Zeit zu knapp. Da tritt dann auch eine gewisse Erschöpfung ein. Ich selbst habe das immer vermieden und in diesem Zusammenhang von dem Expander gesprochen, den man ständig auseinanderzieht – irgendwann schnurrt er dann nicht mehr zusammen.

Wir haben über den Wert Nächstenliebe gesprochen, über den Satz: »Was du nicht willst, dass man dir tut, das füg auch keinem andern zu!« Helfen uns diese Vorstellungen in der Politik?

Wir könnten sie etwa im Umgang zwischen Parlamentariern verschiedener Fraktionen und Parteien beherzigen. Grundsätze wie diese würden da gelegentlich hilfreich sein.

Müssen wir Europa lieben, um zu verstehen, dass wir die Griechen mitfinanzieren?

Wir müssen beides tun, lieben und verstehen. Wir müssen durchaus die europäischen Traditionen und ihre Wurzeln im Gedächtnis behalten. Dieses Europa der letzten 2000 oder 2500 Jahre ist ja wahrlich etwas ganz Besonderes. Man darf sich an Plato, Sokrates und an Aristoteles erinnern. Wer will, auch an Alexander den Großen. Oder an den griechischen Freiheitskampf zu Beginn des 19. Jahrhunderts. Das reicht aber allein zur Begründung der Hilfe für Griechenland nicht aus. Da kommen ebenso Gedanken der Solidarität und unserer eigenen Interessen ins Spiel. Was würde denn geschehen, wenn wir Griechenland scheitern lassen? Leidtragende wären dann nicht nur die Griechen, sondern alle Euro-Länder, und insbesondere auch wir.

Wenn Sie den gesellschaftlichen und sozialen Zusammenhalt betrachten – wie würde Ihr Traum von einer funktionierenden Gesellschaft aussehen?

Ich kann versuchen, Ihnen diesen Traum zu schildern. Doch dem von mir erwünschten Zustand kann man sich immer nur nähern, man wird ihn nie absolut erreichen. Also, meine ideale Gesellschaft würde in etwa so aussehen: Sie nimmt ihre Wertordnung ernst und bemüht sich innerhalb ihrer demokratischen Strukturen – auch in kontroversen Diskussionen – immer wieder darum, dass die tatsächlichen Lebensverhältnisse mit dieser Wertordnung übereinstimmen. Sie weiß um ihre internationale Verantwortung. Sie kämpft für den Frieden. In ihr ist es üblich, dass man friedlich miteinander umgeht und einander hilft, man hat Vertrauen zueinander. Misstrauen ist ganz selten. Es ist eine Gesellschaft, in der es weniger Stress und mehr Oasen der Ruhe und des friedlichen, entspannten Miteinanders gibt. In der alle haben, was sie für ein menschenwürdiges Leben brauchen. Vielleicht ist es sogar eine Gesellschaft, in der musiziert, gesungen, getanzt, gespielt, geflachst und gelacht wird. Und Kindern vorgelesen. Und in der alle ihre Chance haben.

Wo ist der Glaube? Kommt der nicht bei Ihnen vor?

Entschuldigung, ich habe einen gesellschaftlichen Zustand beschrieben. Der Glaube gehört in die Abteilung der Begründungen. Er kommt bei mir ins Spiel, wenn wir fragen, warum und auf welchem Weg wir dieses Ideal verwirklichen wollen.

Wie weit sind wir davon entfernt?

Unterschiedlich weit. Von manchen Dingen sind wir ziemlich weit entfernt, von anderen nicht so weit. Das, was meiner Ansicht nach für den Zustand der Gesellschaft aktuell am bedrohlichsten erscheint, ist die ständig wachsende Kluft zwischen Arm und Reich. Und kein Geringerer als Ralf Dahrendorf, Soziologe und seinerzeit Mitglied des englischen Oberhauses, hat uns schon 1985 in seiner berühmten Schrift *The Welfare and Social Cohesion in a Free Society* dargelegt, was es bedeutet, wenn diese Kluft sich erweitert.

Diese Diskrepanz kann eines Tages die Gemeinschaft zerreißen. Dann, wenn es auf der einen Seite eine Gesellschaft der Reichen gibt, die für ihre Sicherheit eingezäunte Wohnviertel bauen lassen. Und auf der anderen eine der Armen, die in Favelas und Slums wohnen. Und diese Kluft hat sich eben in den letzten zehn, zwanzig Jahren deutlich erweitert. Übrigens auch bei uns. Und zwar ganz besonders stark in den Kinderjahrgängen, weil die Kinderarmut überproportional gestiegen ist.

Mitte, Ende des vorletzten Jahrhunderts existierte ebenfalls ein großes Wohlstandsgefälle, woraufhin sich die Sozialbewegungen und -gesetzgebungen entwickelten. Wo war Ihrer Meinung nach in Deutschland das Verhältnis zwischen Arm und Reich idealtypisch ausgeglichen? Waren das die fünfziger, sechziger Jahre?

Unmittelbar nach Ende des Zweiten Weltkriegs war diese Kluft fast ohne Bedeutung, weil es uns allen gleich schlecht ging. Dann öffnete sie sich allmählich, blieb aber unter einer gewissen sozialen Kontrolle. Jetzt wächst sie kontinuierlich.

Aber jene Zeit ist bestimmt nicht ein Idealzustand in Ihrem Sinne?

Das ist richtig. Und in den von Ihnen erwähnten fünfziger, sechziger Jahren hat sich das soziale und wirtschaftliche Gefälle tatsächlich noch nicht so sehr verstärkt, weshalb es in der Diskussion nur begrenzt eine Rolle spielte. Es gab ja einen allgemeinen Aufstieg. Denn nicht nur die, die schon oben waren, stiegen weiter auf, sondern auch die, die sich gesellschaftlich unten befanden, konnten erkennbar höher kommen. In der Zeit, in der die Arbeitslosigkeit stieg – das begann in den späten siebziger Jahren –, vergrößerte sich die Kluft dann deutlich.

Als Helmut Schmidt Kanzler war, hatte er es mit einer weltweiten Wirtschaftsrezession und den Ölkrisen zu tun. 1982 hörte er auf, da kletterte die Zahl der Arbeitslosen zum ersten Mal in Richtung zwei Millionen. Ganz genau waren es 1,8 Millionen.

Das war, als er den berühmten Satz gesagt hat: »Lieber fünf Prozent Inflation als fünf Prozent Arbeitslosigkeit!« Ende der neunziger Jahre erreichte die Arbeitslosigkeit dann einen Wert von 4,4 Prozent. Wobei die deutsche Einheit natürlich auch eine Rolle spielte.

Die Kluft von Arm und Reich zeigt sich aber nicht nur in der Zahl der Arbeitslosen …

Die Arbeitslosigkeit ist dabei ein wichtiger Faktor – und die provozierend hohen Einkommen von nicht wenigen Leuten nicht minder.

Wann hat diese Fehlentwicklung begonnen? An welcher Stelle haben unsere gesellschaftlichen Rahmenbedingungen nicht mehr gegriffen?

Begonnen hat sie schon Ende der siebziger Jahre. Aber geradezu explodiert ist sie dann in der Zeit der Marktradikalität, in der nach weniger Staat geschrien und alles dem freien Spiel der Kräfte überantwortet wurde. Margaret Thatcher, die in den achtziger Jahren britische Premierministerin war, hat dazu einen substanziellen Anstoß gegeben. Ihre Politik, der Thatcherismus, hat auch anderswo Aufmerksamkeit gefunden.

Könnte man nicht sagen, dass ihr Vorgehen eine Reaktion auf den zunehmenden Druck durch die Globalisierung war? Man hätte gar nicht anders handeln können?

Da widerspreche ich. Die Deregulierungen haben die Marktradikalen gefordert – gerade ihres eigenen Vorteils wegen. Oft genug auch mit der Drohung, ihre Investitionen und ihre wirtschaftlichen Aktivitäten in regulierungsfreie Länder zu verlegen. Den

Preis dafür bezahlten wir mit der Krise, und wir zahlen ihn jetzt noch. Und sie hat ebenso bewirkt, dass sich die Kluft erweitert.

In den achtziger Jahren und bis weit in die Neunziger hinein gab es einen breiten Konsens in der Sozial- und Arbeitspolitik. Er wurde getragen von Menschen wie Norbert Blüm, den Sie vorher genannt haben und dessen Wertefundament ebenfalls ein klares christliches ist. Auf der Seite der SPD war da der Sozialexperte Rudolf Dreßler. Die beiden haben, was Arbeit und Soziales betraf, über mehr als ein Jahrzehnt mehr oder weniger gemeinsam gehandelt. Trotzdem ist die gesellschaftliche Kluft größer geworden. Was sagt das?

Manche verweisen auf die Probleme, die sich aus der deutschen Einheit ergeben haben. Die Rentenanpassung wird da ins Feld geführt. Aber die würde ich nicht als Element der Kluftvertiefung ansehen. Im Gegenteil. Es war allein die Marktradikalität, davon bin ich überzeugt. Den Unionsparteitag von 2003 in Leipzig darf man dabei ebenfalls nicht vergessen. Da wurden auch einige Beschlüsse in dieser Richtung gefasst.

Die wirtschaftlichen Reformen wurden nicht verwirklicht.

Aber sie wurden zunächst einmal beschlossen.

Gerhard Schröder war von dieser marktradikalen Richtung durchaus infiziert. Anders kann man doch vieles von dem, was er in der ersten Legislaturperiode gemacht hat – wir sagten es schon: Steuersenkung oder Befreiung der Besteuerung von Kapital –, nicht verstehen. Er hat mit zur Deregulierung beigetragen. Und ich erinnere mich, dass es damals schwierig war, außer Ottmar Schreiner Gesprächspartner in der SPD zu finden, die nicht Anhänger dieses Denkens waren.

Schauen wir einmal genauer hin: Ich bekunde Gerhard Schröder meinen Respekt für die Zeit als Bundeskanzler. Vorher hatten wir häufiger unterschiedliche, sogar gegensätzliche Meinungen. Aber für das, was er als Bundeskanzler insgesamt geleistet hat, erweise ich ihm meinen Respekt. Das schließt nicht aus, dass es einen gewissen Zeitabschnitt gab, der auch mich unruhig gemacht hat. In diesem wurde das Schröder-Blair-Papier entwickelt, ein Positionspapier für einen »Dritten Weg«, das von

»neoliberalen« Gedanken nicht frei war. Diesem Papier habe ich damals in einer Kolumne im *Tagesspiegel* ausdrücklich widersprochen, weil mir der Gedanke der sozialen Gerechtigkeit verletzt erschien. In diesem Zusammenhang spielt jemand eine Rolle, der heute im Medienbereich großen Einfluss hat – nämlich Bodo Hombach.

Ah, ja, Schröders Chef des Bundeskanzleramts.

Ja, er agierte in dieser Richtung. Die Steuermaßnahmen – das sagte ich schon – haben mir ebenfalls nicht gefallen. Aber die Sozialdemokraten haben daraus gelernt und diesen Weg nicht fortgesetzt.

Konnten sie auch nicht, weil sie nicht mehr regiert haben.

Bis 2009 hätten sie in der Großen Koalition doch das eine oder andere noch fortsetzen können. Das wäre durchaus möglich gewesen.

Haben Sie eine Erklärung dafür, warum sich weite Kreise diesem Zeitgeist anschlossen, sogar Sozialdemokraten, die eigentlich ein völlig anderes Wertefundament vertreten sollten?

Die Wahrnehmung von Politikern wie Margaret Thatcher oder Tony Blair, dem Labour-Premier, hat in diesem Zusammenhang eine Rolle gespielt. Bei Blair kamen die hervorragenden Wahlergebnisse hinzu, die er wiederholt erzielte.

Wenn sich eine Gesellschaft insgesamt nach ökonomischen Kriterien ausrichtet – ist das eine Folge des Wohlstands?

Ja, das hat mit dem Zuwachs des Bruttosozialprodukts zu tun. Aber es gab immer warnende Stimmen, etwa von den Gewerkschaften. Dreßler war nicht der Einzige, der den Finger gehoben hat. Ottmar Schreiner von der Parlamentarischen Linken der SPD nannten Sie schon. Aber insgesamt ist es wahr, es war eine weltweite Tendenz. Voran die Vereinigten Staaten, danach folgte England.

War es die Gier? Oder was war die Ursache?

Dass das ganze deutsche Volk plötzlich von der Gier befallen wurde und deshalb marktradikale Tendenzen guthieß, das glaube ich nicht. Es ist aber auch nicht eine Frage an das gesamte Volk, sondern vor allen Dingen an die, die den Ton angeben und die Einfluss besitzen, die in wirtschaftlichen Bereichen etwas zu sagen haben.

Letztlich haben vor allem diejenigen von den Deregulierungen profitiert, die sie selbst gefordert haben.

Ja, im Wesentlichen.

Wenn Sie das Gefälle zwischen Arm und Reich als das größte Problem unserer heutigen Gesellschaft ansehen und wenn sich dieses auch nicht positiv verändern wird, welche Auswirkung hätte das auf den gemeinschaftlichen Zusammenhalt? Revolutionen würde es in unserem Land vermutlich nicht geben?

Da hoffe ich doch sehr, dass in unserem Land keine Politik gemacht wird, die Revolutionen hervorruft.

Was aber wird passieren, wenn sich dieser Zustand nicht ändert?

Das wird eine ganze Reihe von Folgen haben. Die Gesellschaft wird viel stärker zerrissen sein, es wird starke Separierungen geben, mehr soziale Brennpunkte. Ansätze dazu haben wir ja schon.

Es gibt da eine interessante Untersuchung über Lebensqualität aus dem Jahr 2010 von zwei britischen Forschern – Kate Pickett und Richard Wilkinson. In dieser umfassenden Studie wurde untersucht, wie sich die gesellschaftliche Ungleichheit in einundzwanzig Industrieländern auf soziale und auf gesundheitliche Verhältnisse auswirkt. Die beiden Wissenschaftler haben unter anderem Folgendes herausgefunden: Wenn die gesellschaftliche Ungleichheit ein gewisses Maß übersteigt, ist die Zahl der Morde und gewalttätigen Auseinandersetzungen deutlich höher als in einer Gesellschaft, die ein Mindestmaß von Gleichheit bewahrt. Und wissen Sie: Auch das Gemeinschaftsgefühl, das Gefühl, dass man füreinander verantwortlich ist, das nimmt bei einem Übermaß an sozialem Gefälle Schaden. Ungleichheit zersetzt Gesellschaften, das ist das Fazit der zwei Wissenschaftler. Das bedeutet aber nicht, dass ich für Gleichmacherei bin. Verminderung der Kluft ist nicht Gleichmacherei.

Das wäre meine nächste Frage gewesen: Sind Sie für Gleichmacherei?

Nein. Daran kann auch diese englische Untersuchung nichts ändern. Aber ich bin dafür, dass die Kluft verringert wird. Sie wird sich nie völlig schließen, aber man kann etwas dafür tun, dass sie reduziert wird und nicht weiter wächst. Habermas geht ja so weit, dass er sagt, es könne zu direkten Konfrontationen zwischen Arm und Reich kommen. Diejenigen, die die Hoffnung verlieren, die verzweifelt sind, die Desperados, könnten leichter zur Gewalt greifen.

Welche Rolle spielt das Fehlen eines Kommunismus mit seiner radikalen Ideologie der Gleichheit? Dabei ziele ich auf die Grundgedanken von Karl Marx ab, nicht auf das, was in der Realität aus ihnen wurde.

Seine Analysen sind nach wie vor beachtlich und lesenswert. Marx hat die Globalisierung bereits in einer Art und Weise beschrieben, die aus der heutigen Zeit stammen könnte. Dem kann ich zustimmen, nicht aber den Folgerungen, die er daraus zieht. Wenn ich das richtig im Kopf habe, spricht er von einem Absterben des Staates, der dann durch eine Gesellschaft einer gewissen Beliebigkeit ersetzt wird. Nach seiner Vorstellung könnten wir morgens jagen und abends ein bisschen arbeiten, manchmal auch tagsüber und danach zum Angeln gehen. Hier verlässt er meines Erachtens die Realität. Zudem konnte er nicht die technischen Entwicklungen in ihrem ganzen Ausmaß voraussehen und die damit verbundenen Anforderungen für die Produktion und für die Dienstleistungen. Aber hat Marx überhaupt eine absolute Gleichheit verlangt? Ich weiß es nicht genau. Auf jeden Fall hat er von einer absoluten Entwicklungsmöglichkeit des Einzelnen gesprochen.

Das verlangen nicht anders die Sozialdemokraten, wenn sie die Chancengleichheit betonen.

Ja. Sie verlangen auch staatliche Initiativen, um dieses immer weitere Auseinanderklaffen zu erschweren oder sogar umzukehren.

Dann wollen wir doch mal damit beginnen, mit der Veränderung von oben. Würden Sie den Spitzensteuersatz erhöhen?

Ja, und die Vermögenssteuer einführen. Diesen Weg würde ich gehen. Nicht, weil das große Summen ergibt, sondern weil es zeigt, dass der Staat die Gemeinwohlverpflichtung besonders hoher Einkommen ernst nimmt.

Vermutlich würden Sie Gewinne aus Kapitalerträgen höher besteuern, als sie bisher besteuert wurden?

Ich bin kein Steuerexperte, aber ich würde in diesem Fall hinsichtlich der Höhe des erzielten Gewinns einen Unterschied machen und auch berücksichtigen, wem er zugutekommt und wer ihn erwirtschaftet hat. Ein Unternehmen braucht Gewinne, um weiterleben zu können und auch seine Arbeitsplätze zu sichern. Und ein hoher einmaliger Gewinn muss mit Verlusten aus der Vorzeit verrechenbar bleiben. Aber jetzt verliere ich mich im Steuerrecht …

Umverteilung ist ein anderes Stichwort. Diejenigen, die in den letzten Jahren Umverteilung forderten, wurden ganz schnell in eine Ecke gestellt. Würden Sie sich zur Umverteilung bekennen?

Im gewissen Maße ist sie notwendig, um unserer Wertordnung gerecht zu werden und Fehlentwicklungen des Marktes zu korrigieren.

Auch wenn es in die Freiheit des Einzelnen eingreift?

Wo greift das ein?

Wenn Sie besonders hohe Vermögen so besteuern wollen, dass sie nicht noch höher werden.

Ist es ein Eingriff in die Freiheit, wenn der Betreffende sich erst im nächsten Jahr seine dritte Immobilie kaufen kann? Wenn Sie das so sehen, müssen wir über den Freiheitsbegriff reden. Immerhin bleibt dieser Vermögende völlig frei in seiner Entscheidung, wie er künftig leben will, als Arbeitnehmer beispielsweise oder eben als

Verwalter seines Vermögens. Da ist er ganz frei. Aber er hat nicht das Recht zu einer Freiheit, die andere und das Gemeinwesen beschädigt.

Wenn einer viel verdient und ein anderer wenig – gibt es da einen Zusammenhang? Muss man sich für Reichtum schämen?

Nein. Ich verlange nicht, dass sich die Reichen schämen, aber dass sie mit ihrem Reichtum etwas Sinnvolles tun.

Okay.

Ich würde bei der Frage, sich schämen oder nicht schämen, auch berücksichtigen wollen, wie der Reichtum zustande gekommen ist. Wenn ich am Rande der Legalität andere so hineingelegt habe, dass ich daraus einen Riesengewinn gezogen habe, dann würde ich auch sagen: »Dafür musst du dich schämen.« Derjenige, der durch die Entscheidung eines Aufsichtsrats enorme Summen oder Abfindungen bekommt, sollte sich auch schämen, wenn das gewisse Grenzen übersteigt. Aber darüber nachdenken, was er mit dem Geld anfängt, sollte er auf jeden Fall. Und mit der ungerechten Umverteilung sollten sich auch die Aufsichtsräte beschäftigen. Sie entscheiden ja letzten Endes darüber. Im Übrigen sitzen dort in der Regel auch Gewerkschaftsvertreter.

Sie sagten, jeder soll so viel haben, um ein menschenwürdiges Leben führen zu können. Bei der Frage nach Hartz IV – ich weiß, Sie mögen den Begriff nicht – ergab sich dabei ein zentraler Streitpunkt. Nicht wenige Sozialdemokraten sagen: »Wir können denen, die jetzt arbeiten, nicht zumuten, weniger Geld zu verdienen als vorher.« Man könne der kleiner werdenden Mitte nicht noch mehr abverlangen, um den wachsenden Bedarf einer größer werdenden »Unterschicht« zu finanzieren – das sei nicht gerecht.

Zunächst einmal existiert ein Rechtsanspruch auf ein Existenzminimum, der sich aus dem Artikel 1 des Grundgesetzes herleitet. Also nicht nur aus der Sozialstaatsbestimmung, sondern aus der Menschenwürde. Dies hat das Verfassungsgericht festgestellt, und das ist auch einleuchtend und unmittelbar richtig. Und es gilt nicht nur für Leute, die ohne Einkommen sind, sondern das gilt ebenso – und da berühren wir den Bereich der sozialen Sicherung – in kritischen Lebenslagen. Das ist eine Konsequenz, die sich aus der Menschenwürde und aus der zutreffenden Rechtsprechung des Bundesverfassungsgerichts ergibt. Die Frage, wie der Staat sich fähig macht, diesen Anspruch zu befriedigen, ist in erster Linie eine Frage an die Politik und an den Gesetzgeber. Und verstehe ich Sie da richtig? Sie meinen, dass diejenigen, die gerade genug verdienen, um einigermaßen ein erträgliches Leben zu fristen, nicht herangezogen werden sollten? Aber zur Steuer wird man ja bis zu einem gewissen Betrag überhaupt nicht herangezogen. Steuerfreibetrag nennt man das. Das Problem sehe ich für diesen Personenkreis eher bei den Sozialabgaben. Die Sozialversicherungsbeiträge sind hier ein Problem. Ich betone es nochmals: Zu dem berühmten Mittelstandsbauch zählen nicht die, die mit Mühe mehr bekommen als ALG 2. Über den wirklichen Mittelstandsbauch kann man mit mir reden, wenn gleichzeitig oben eine Korrektur angebracht wird. Aber das Problem für diejenigen, die Sie im Auge haben, die Friseurin oder den Krankenpfleger, sind die Sozialversicherungsbeiträge. Da gibt es keine Freibeträge.

Dennoch: Der Bruttolohn in Deutschland hat in den meisten Bereichen entweder nicht zugenommen oder ist sogar gesunken. Eine vierköpfige Familie, in der Vater und Mutter im Niedriglohnsektor arbeiten, kommt mit ihrem gemeinsamen Verdienst und den Ausgaben, die sie hat, sehr nah an das heran, was einer vierköpfigen Familie zur Verfügung steht, wenn sie von Sozialleistung lebt.

Da haben Sie gerade eine glänzende Begründung für das abgegeben, was Sozialdemokraten seit Jahren fordern, nämlich einen Mindestlohn. Der soll gerade diesen Abstand vergrößern.

Werden dann nicht einige, die noch Lohn bekommen, in die Leiharbeit fallen oder in die Arbeitslosigkeit?

Und mit welcher Begründung? Wer leistet dann die Arbeit, die sie geleistet haben?

Beispielsweise die Menschen, die im Leiharbeitssektor bei denselben Stellen wieder anfangen, aber für weniger Lohn. Wir hatten darüber schon gesprochen.

Warum haben dann eine Menge mit uns vergleichbarer Länder einen Mindestlohn? Warum haben die das?

Ich lege Ihnen nur die Argumente der Gegenseite dar.

Gut, das sind Argumente, die ich höre und respektiere, aber nicht akzeptiere.

Dass man Sozialleistungen absenkt, kommt für Sie nicht in Frage?

Es gibt eine absolute Grenze, die sich aus dem Artikel 1 unseres Grundgesetzes ergibt, das haben wir erörtert. Unter diese Grenze kann man nicht gehen. Natürlich wird immer darüber diskutiert werden, wo diese Grenze liegt. Aber die gegenwärtigen Leistungen können wohl kaum gesenkt werden. Wer schlägt das denn vor?

Der Herr Buschkowsky, den Sie schon mehrmals genannt haben, ist der Meinung, dass einige seiner ALG-2-Empfänger offensichtlich zu viel in der Tasche behalten, wenn sie noch in der Lage sind, sich den neuesten Flachbildschirmfernseher zu kaufen.

Ich schätze und kenne Heinz Buschkowsky, ich war selbst Bundestagsabgeordneter in seinem Berliner Stadtbezirk Neukölln, infolgedessen weiß ich, wovon die Rede ist. Doch die Situation in Neukölln auf die gesamte Bundesrepublik zu übertragen, das geht nicht. Wenn Leute dort die Voraussetzungen für ALG 2 nicht erfüllen, wenn sie Schwarzarbeit leisten oder sonst irgendwie Geld hinzuverdienen, muss gegen sie vorgegangen werden, da stimme ich Buschkowsky zu. Aber eine allgemeine Absenkung der ALG-2-Leistungen rechtfertigt das nicht. Das hat er meines Wissens auch nicht verlangt.

Sie meinen, das Niveau, das wir jetzt haben, ist ausreichend?

Das Bundesverfassungsgericht hat es nicht beanstandet. Es hat, wie schon gesagt, die Berechnungsweise beanstandet, aber nicht die Höhe. Nach dem, was ich persönlichen Gesprächen entnehme, kann man – schwierig genug – davon eben gerade leben. Wobei ich uns allen empfehle, einmal zwei Wochen lang mit diesem Geld auszukommen. Dann wissen wir besser, wovon die Rede ist.

Von 364 Euro im Monat. Ihrer Meinung nach sollte dieser Regelsatz keinesfalls gesenkt werden, eher vielleicht noch moderat angehoben, und ein Mindestlohn würde reichen, um das Abstandsgebot zu erfüllen. Nicht zu vergessen die Besteuerung der Vielverdienenden auf der anderen Seite. Würde das reichen, um die Kassen wieder zu füllen? Würde das funktionieren, um die Kluft zwischen Arm und Reich in Deutschland ein wenig zu schließen?

Das alles sind Maßnahmen, die eine erhebliche Bedeutung haben. Aber ich wäre vorsichtig zu sagen: »Wenn man das macht, dann ist die Kluft geschlossen.« Es gibt noch ganz andere Probleme, die für das mangelnde Beieinandersein in dieser Gesellschaft eine Rolle spielen. Dazu gehört etwa die Bildung. Das Auseinanderdriften wird auch dadurch bewirkt, dass bei den sogenannten unteren Schichten die Zahl der Aufsteiger, die Zahl derer, die Hoffnung haben, gesellschaftlich nach oben zu kommen, geringer geworden ist. Da muss neu über das Bildungssystem nachgedacht werden. Und wir haben noch gar nicht in diesem Zusammenhang über die Migranten gesprochen. Die Kluft ist nicht nur eine materielle, sondern ebenso eine sprachliche und eine ethnische Kluft. Wahrscheinlich könnte man noch andere Bereiche aufzählen, aber neben der Lebensexistenz sind Bildung und Integration die wichtigsten Aspekte bei dieser Problematik.

Über die Gier, ein Schlamassel und das Leben mit zu wenig Kindern

Die Linke weist gern darauf hin, dass der Staat viel Geld für Zahlungen aufwenden muss, um beispielsweise – immer noch – Banken zu retten, Landesbanken, es aber an Mitteln für Bildung und Integration fehlt. Für Ihre Vorschläge zu Erhöhung bestimmter Steuersätze würde man Sie bei den Linken willkommen heißen, da bin ich mir ziemlich sicher.

Da bin ich aber gespannt. Aber letztlich sind dies populistische Äußerungen. Glauben Sie denn wirklich, es ginge den Menschen besser, wenn die Banken zusammenbrechen, wenn das Finanzsystem zusammenbricht? Geht es dann denen da unten besser? Ich glaube das nicht. Im Gegenteil: Der Staat wäre in einer Situation, in der sich seine Hilfsmöglichkeiten wahrscheinlich drastisch verringern würden. Und man hat doch Banken nicht geholfen, damit sie weiterhin so verantwortungslos wirtschaften wie bisher.

Aber dann muss man darüber reden, wie Bildung und Integration angesichts unserer Staatsverschuldung finanziert werden sollen.

Herr Schäuble würde darauf antworten: »Mit den unerwarteten Mehreinnahmen und durch Rückzahlungen der Banken.« Allheilmittel kann ich Ihnen jedoch nicht nennen. Aber mir hat imponiert, dass Grün-Rot in Baden-Württemberg die Grunderwerbsteuer anheben will, um etwa den Ausbau von Kinderkrippen zu finanzieren.

Tatsächlich flossen an die Landesbanken schon Zahlungen in Milliardenhöhe. Bei diesen Summen muss die Gerechtigkeitsfrage doch gestellt werden!

Ja. Die Länder mussten als Träger gegenüber ihren Landesbanken durch die Krise notwendig gewordene Verpflichtungen eingehen oder Beteiligungen erhöhen und sogar Geld transferieren. Wie viel davon wieder an die Träger zurückfließen könnte, vermag ich nicht zu beurteilen. Aber auch hier ist zu fragen: Wäre der Zusammenbruch der Landesbanken für die Allgemeinheit die bessere Lösung?

Da Sie ein Optimist sind, glauben Sie also, dass man an dieses Geld herankommt.

Ich habe nicht gesagt, dass ich es glaube. Es ist eher eine Hoffnung. Aber die Landesbanken sind schon ein trauriges Kapitel. Denn der Staat war ja auch in Zeiten der Marktradikalität, als die Landesbanken sich im US-Immobilienmarkt oder in Island des erwarteten hohen Ertrags wegen engagierten, für sie als Träger verantwortlich. Da stehen übrigens auch die Aufsichtsorgane im Feuer.

Also erlag in dieser Zeit auch die Politik der Gier, dem Hunger nach mehr, wenn man schon viel hat?

Das heißt, dass sie sich übergessen hat. Das hatte dann Verdauungsstörungen bis hin zum Durchfall zur Folge.

Die wir jetzt alle ausbaden.

Da gebe ich Ihnen durchaus recht. Bei der Bayerischen Landesbank kommt noch etwas hinzu, nämlich der Kauf dieser merkwürdigen österreichischen Bank namens Alpe Adria. Ob es Gier war oder die Vorstellung, dass das Land Bayern dann in der europäischen Bankenliga mitspielte – letztlich wird beides nicht auszuschließen sein.

Man könnte auch von Größenwahn sprechen.

Man hat sich, höflich gesagt, sehr übernommen und Risiken sträflich unterschätzt.

Jedenfalls war das Vorgehen der BayernLB nicht bescheiden?

Keineswegs. Es stehen ja nicht nur Strafverfahren und Schadensersatzprozesse gegen Vorstandsmitglieder der Bank bevor. Schadensersatz soll auch von dem damaligen Vorsitzenden des Verwaltungsrats und seinem Stellvertreter verlangt werden. Ob ebenfalls Österreich als Staat herangezogen werden kann, ist offenbar Gegenstand von Verhandlungen. Der Verdacht, dass Repräsentanten der Alpe Adria sogar betrogen haben, besteht jedenfalls.

Ein Schlamassel.

Richtig, ein Schlamassel. Und das ist milde ausgedrückt.

Wird der Sozialstaat, wie wir ihn kennen, überhaupt Bestand haben? Abgesehen von der Beschleunigung auf der Kapitalseite beziehe ich jetzt die demografischen Veränderungen mit ein. Die Rechnung ist einfach: Es sind nicht genügend Nachkommen da, und von den vorhandenen kann man nicht erwarten, dass sie die immer mehr, immer älter werdenden Menschen finanzieren.

Die demografischen Veränderungen sind eines der großen Probleme der Zukunft, national, aber – wie ich schon sagte – alsbald auch global, allerdings in der entgegengesetzten Richtung. Auf der nationalen Ebene muss man wissen: Die Menschen über sechzig oder fünfundsechzig nehmen prozentual zu, was aber nicht nur damit zu tun hat, dass ihre Lebensdauer steigt. Es hängt ebenso damit zusammen, dass die Zahl der jährlichen Geburten seit langem sinkt. Hätten wir noch die Geburtenhäufigkeit der sechziger Jahre …

… hätten wir kein Problem.

Es wäre vielleicht immer noch ein Problem, aber ein viel kleineres. Aber bei den demografischen Ursachen wird meist nur hervorgehoben, dass die Alten so verdammt alt werden.

Nein, nein. Häufig genug heißt es, dass wir Frauen viel zu wenig Kinder bekommen haben, besonders in meiner Generation.

Sie schildern es so, als würde es wie ein Vorwurf klingen.

Nicht von Ihnen. Noch nicht.

Manche äußern sich so, ich jedoch nicht. Noch etwas: Wenn wir nicht die Migranten hätten, dann wäre der Anteil der über Fünfundsechzigjährigen noch wesentlich höher. Denn Migranten sind insgesamt jünger, und Migrantinnen bekommen mehr Kinder als Frauen – wie es so schön heißt – aus der angestammten Bevölkerung.

Einschub?

Ja.

Thilo Sarrazin hat das auch sehr ausgiebig analysiert und gelangte zu der Schlussfolgerung, dass die falschen Frauen in Deutschland die Kinder bekommen. Er geht sogar noch weiter und sagt, er könne sich vorstellen, dass eine Akademikerin …

… fünfzigtausend Euro erhält, wenn sie …

… ein Kind bekommt, bevor sie dreißig oder fünfunddreißig ist.

Mit Sarrazin haben wir uns an anderer Stelle eigentlich schon ausgiebig genug beschäftigt.

Aber seinen konkreten Vorschlag kann ich Ihnen nicht ersparen. Die Frage, die er aufwirft, ist doch, ob man demografische Probleme auch dadurch steuern kann, dass man finanzielle Anreize zum Kinderkriegen gibt?

Da ist ja schon einiges geschehen. Die mühsam erkämpfte Anrechnung der Kindererziehungszeiten bei den Renten zum Beispiel. Oder das Elterngeld. Auch in einzelnen Ländern die Befreiung von Kita-Gebühren.

All das hat nur nicht dazu geführt, dass mehr Babys geboren wurden. Deswegen frage ich, funktionieren solche Maßnahmen überhaupt?

Wahrscheinlich wäre ohne diese Maßnahmen die Geburtenrate noch geringer. Weitere wird man sich überlegen müssen. Wir müssen aber auch sehen: Solange die Mehrzahl der Frauen daheim war und sich vornehmlich um den Haushalt kümmerte, war die Kinderzahl höher. Das hat sich geändert, als immer mehr Frauen auch die berufliche Gleichberechtigung erkämpft haben. Für die Gleichberechtigung bin ich stets eingetreten. Und das tue ich weiterhin. Übrigens: Die SPD hat unter meinem Vorsitz 1988 als erste der herkömmlichen Parteien eine Frauenquote in Höhe von 40 Prozent eingeführt, die inzwischen als Geschlechterquote gelegentlich auch schon von Männern in Anspruch genommen wird. Aber jetzt die Frauen mit hohen Geldzahlungen – und das nur bei Akademikerinnen – zu längeren Berufsunterbrechungen und zu mehr Kindern zu bewegen, das halte ich für einen bedenklichen Vorschlag. Besser wäre es, die Männer dafür zu gewinnen, dass sie in solchen Fällen ihre Berufstätigkeit ebenso häufig und in gleichem Maße unterbrechen, wie man das von den Frauen erwartet. Das Elterngeld und die dort vorgesehenen Vätermonate sind ja ein Schritt in diese Richtung.

Jetzt aber zum eigentlichen Problem. Es stimmt: Wenn man sich nur die Beitragszahler der Rentenversicherung anschaut, erreichen wir in nicht allzu ferner Zeit ein Verhältnis von eins zu eins, ein Beitragszahler, ein Rentner. Wir sind jetzt schon bald bei 1,3. In diesem Zusammenhang hat die SPD einen sehr vernünftigen Vorschlag gemacht: nämlich die Einführung einer Bürgerversicherung, bei der nicht nur die, die in bezahlter Erwerbsarbeit stehen, Beiträge leisten, sondern alle, die ein Einkommen haben. Also auch Selbstständige. Gäbe es diese Bürgerversicherung, dann sähe es schon besser aus.

Dass die starre Altersgrenze von fünfundsechzig nicht mehr der Realität entspricht, darüber haben wir schon gesprochen. Wir haben heute nicht mehr drei Abschnitte im Leben, sondern vier. Jugend, volle Erwerbstätigkeit, die jungen Alten und die alten Alten. Ich bin natürlich ein alter Alter. Unter den jungen Alten gibt es viele, die gern noch aktiv sind. Das setzt aber voraus, dass sie Arbeit bekommen. Neuerdings höre ich, dass Unternehmen bereits nach älteren Facharbeitskräften suchen. Immerhin!

Sprechen wir weiter über die Art und Weise, wie wir leben wollen und welchen Anteil die Politik dabei haben kann. Bei der Familiengründung haben wir gesehen, welche Möglichkeiten des politischen Handelns es gibt. Mit der Anrechnung der Kindererziehungszeiten auf die Rente bis zum Elterngeld und den Vätermonaten ist eine Menge passiert. Aus finanziellen Gründen wird man das momentan nicht ausdehnen können, aber vielleicht später einmal. Trotzdem ist die Geburtenrate nicht wesentlich gestiegen – kann man da im Umkehrschluss sagen, die Politik kann sich hier eigentlich ganz zurückziehen, da sie das nicht beeinflussen kann, es geht um andere Ursachen?

Wenn der Staat nicht gehandelt hätte, wäre die Zahl der Kinder, die auf die Welt kommen, noch niedriger. Deshalb muss man an diesen Maßnahmen festhalten. Und man muss sorgfältig überlegen, wo man – etwa bei der Kinderbetreuung und deren Kosten für die Eltern – noch deutlich verbessern kann. Einen Kernbereich nannte ich schon. Gefordert sind auch die Betriebe. Sie sollten Frauen in der Zeit der Schwangerschaft und vor allem danach Erleichterungen schaffen, beispielsweise durch Betriebskindergärten oder Arbeitszeitkonten, die dann später wieder ausgeglichen werden können. Oder durch Erleichterungen für den Wiedereinstieg.

Nur am Rande: Allein schon aus demografischen Gründen werden wir weiterhin eine gewisse Zuwanderung brauchen. Denn ich sehe nicht, wie wir ein erträgliches Leben führen können, wenn unsere Einwohnerzahl von knapp zweiundachtzig Millionen auf gut sechzig sinken und gleichzeitig unser Durchschnittsalter weiter steigen würde.

Aber Zuwanderer sind keine Deutschen, beklagt Thilo Sarrazin, deswegen schafft sich Deutschland ja ab.

Auch da irrt er. Die Zahl derer, die sich in der zweiten und dritten Generation von den hier Ansässigen kaum oder gar nicht mehr unterscheiden – also im Grunde Deutsche geworden sind –, ist viel größer, als man annimmt.

Aber Deutsche nur dem Pass nach, nicht im Herzen.

Aber man kann doch nicht leugnen, dass man im täglichen Leben immer häufiger Menschen mit türkischen oder anderen ausländischen Namen begegnet, die flüssig Deutsch, ja, sogar einen bayerischen oder einen anderen Dialekt sprechen. Kann man da wirklich sagen, dass sie nicht auch Deutsche im Herzen geworden sind?

Ist eine zu niedrige Geburtenrate nicht auch ein klassisches Feld für Werte und Weltbilder? In islamischen Ländern ist zu sehen, dass es eine Korrelation zwischen gläubigen Familien und Kinderreichtum gibt. In Israel ist das Ziel, möglichst viele Kinder zu haben, beinahe Staatspoli-

tik. Fast könnte man meinen, dass dies nicht nur eine private, sondern auch eine ideologische Frage ist. Wir hatten das auch in Deutschland, im »Dritten Reich« – und haben uns dann mit einer berechtigten Skepsis davon abgewendet.

Gehen wir etwas weiter zurück, ins Mittelalter oder bis zum Beginn des 19. Jahrhunderts. Da war nicht nur der christliche Glaube ein Grund für die größere Kinderzahl, sondern die Vorsorge für das eigene Alter. Es gab ja keine sozialen Sicherheitssysteme, also musste man sich an die Kinder halten. Sie sollten die Eltern, wenn sie nicht mehr arbeiten konnten, ernähren. Und haben das ja auch getan. Außerdem gab es keine Mittel zur Empfängnisverhütung.

Forsche ich bei meinen eigenen Vorfahren nach, so waren da sechs Kinder oder sogar acht selbstverständlich. Zu Beginn des 20. Jahrhunderts ging die Zahl deutlich zurück, selbst im katholischen Bereich waren es oft nur zwei, drei Nachkommen. Ganz unabhängig davon, ob es wirklich eine Korrelation zwischen Religion und Kinderzahl gibt – es ist eine der höchstpersönlichsten Entscheidung des Menschen, ob Kinder gewollt sind oder nicht. Aber den Gedanken, dass vom Vorhandensein von Kindern und deren Zahl auch heute die Sicherheit der eigenen Generation und der eigenen Existenz abhängt, den sollte man sich gelegentlich durch den Kopf gehen lassen.

Diesen Gedanken haben wir an den Staat delegiert, nicht wahr? In dem Moment, wo der Staat Geld von den Kindern nimmt und anschließend an die Älteren verteilt – ich spreche da vom Generationenvertrag –, hat man dem Einzelnen die Verantwortung genommen.

Das ist mir zu generell. Wahr ist, dass von der Kinderzahl die Finanzierung des Rentensystems abhängt. Auch kann und soll der Einzelne für sein Alter durchaus einiges selbst tun. Der Staat fördert das ja.

Aber als Einzelner kann ich mich immer aus der Affäre ziehen, indem ich sage, dass die anderen ja Kinder bekommen, ich selbst muss dies ja gar nicht.

Das könnte eine höhere Belastung Kinderloser rechtfertigen.

Die Familie und ihr damit verbundenes Bild waren einst eher eine konservative Domäne, junge Linke konnten mit »Vater, Mutter, Kind« am wenigsten etwas anfangen. Die Glorifizierung von Kinderreichtum und der Rolle der Mutter hat dadurch enorm abgenommen. Wäre auch auf diesem Gebiet eine Renaissance angebracht, welcher Art auch immer? Hätten Sie da eine Idee?

Weiten wir das Thema etwas aus: Die Frage nach der Familie ist ebenso eine Frage nach der Ehe, nach Lebensgemeinschaften, nach der Haltbarkeit von Partnerschaften. Das ist ein Feld, das sich kaum in wenigen Sätzen abhandeln lässt. Aber ich will es versuchen. Natürlich ist in erster Linie der Einzelne gefordert, wenn es darum geht, wie er sein Leben gestalten will, und der Staat lässt ihm ja auch diese Freiheit. Dass der Staat hier eingreift und sagt: »Das musst du so und nicht anders machen«, das lässt unser Grundgesetz nicht zu. Aber wir sollten uns durch die Kirchen und durch andere Gemeinschaften zum Nachdenken anregen lassen. Und wenn wir schon über Kinder reden: Ist für den Einzelnen ein Kind nicht eine der größten Freuden, die er im Leben haben kann?

Das kann ich als Mutter nur bejahen.

Und wenn ich mir vorstelle, dass dieses Kind eines Tages nicht nur mir, sondern ebenso anderen helfen wird, dann erhöht das die Freude. Ich nehme ja für mein Wohlergehen auch die Leistungen der Kinder anderer in Anspruch. Das sind Gedanken, die ich in diesem Zusammenhang zur Diskussion stellen möchte. Im Übrigen: Wenn ein katholisches Paar streng nach den Regeln der Kirche leben und entsprechend der Enzyklika »Humanae vitae« Pauls VI. auf die Pille und andere Verhütungsmittel verzichten würde, dann würde sich die Zahl der Kinder deutlich vermehren.

Diese Enzyklika wird doch auch Pillenenzyklika genannt, oder?

Ja, das ist richtig. Aber die deutschen Bischöfe haben in ihrer Königsteiner Erklärung von 1968 – sie erging kurz nach Veröffentlichung der Enzyklika »Humanae vitae« – den Gläubigen zugebilligt, im einzelnen Fall nach ihrem Gewissen zu entscheiden. Und dem stimme ich zu.

Grundsätzlich könnte man sich aber darauf einigen, dass es Wertfundamente gibt, die ein Familienbild stärker befördern als andere?

Darauf kann man sich einigen. Für mich ist die Familie nach wie vor die soziale Einheit, die für die Entwicklung eines Menschen, für seine Sozialisation die größte Bedeutung hat. Und diese Kernaufgabe einschließlich der Erziehung zur Eigenverantwortung sollte auch bei der Familie bleiben.

Nur am Rande gefragt: Für wie wichtig halten Sie die Vorbildfunktion einer Ministerin wie Ursula von der Leyen, die sieben Kinder hat, oder einer Frau wie Kristina Schröder, der ersten schwangeren Ministerin in einem Bundeskabinett, die inzwischen ihr Kind bekommen hat?

Das finde ich gut. Sie geben Beispiele.

Haben wir uns davon verabschiedet, diesen Frauen vorzuwerfen, eine Rabenmutter zu sein?

Jede Mutter – nicht nur Mütter, die Politikerinnen sind – sollte individuell entscheiden dürfen, wie sie Beruf und Kind vereinbart. Aber dass man sogar in hohen politischen Ämtern eine Mutterschaft nicht mehr ausschließen muss, das ist eine positive Entwicklung. Mir hat auch gefallen, wie Andrea Nahles und ihr Ehemann dies mit ihrem Kind geregelt haben – der Mann ging da in Elternzeit.

Es gibt aber Leute, die sagen: Na gut, die gibt das Kind dann nach der Elternzeit des Mannes an die Großeltern ab, die auf dem Land in der Nähe von Bonn leben, und sie selbst arbeitet und wohnt in der Woche in Berlin. Andrea Nahles hat selbst berichtet, wie viel böse Briefe sie bekommen hat, mit dem Vorwurf, sie ordne der Karriere das Wohl der Familie unter.

Sollte man lieber keine Kinder bekommen, weil man nur am Wochenende daheim sein kann? Man muss allerdings das Wochenende dann entsprechend einrichten. Wie ist es bei Ihnen?

Für meinen Mann und mich gibt es kein klassisches »Wochenende«. Wir sind Freiberufler und arbeiten dann, wenn es etwas zu tun gibt. Dafür nehmen wir uns dann zum Beispiel im Sommer mehr freie Zeit, als andere Familien haben.

Dann lassen wir das so stehen.

Ich möchte noch einmal auf die Kluft zu sprechen kommen. Die gibt es natürlich nicht nur innerhalb unseres eigenen Volkes. Ein gewaltiges Auseinanderdriften gibt es ebenfalls auf der globalen Ebene. Manchmal staune ich, dass Menschen so viel klagen und jammern können. Ich sage dann: »Ist euch eigentlich klar, dass an die zwei Milliarden Menschen von rund einem Euro am Tag leben? Stellt euch mal bitte vor, wie es wäre, wenn ihr das selbst müsstet!« Diese Kluft zwischen armen und reichen Völkern ist eine zentrale Herausforderung. Sie kann nicht nur durch das Geld geschlossen werden, das man an die jeweiligen Regierungen transferiert. Da weiß man oft nicht, ob die Mittel auch dort ankommen, wo sie hingehören. Viel wichtiger ist die Hilfe zur Selbsthilfe. Da gibt es die uralte Erfahrung: Es ist etwas Gutes, jemandem einen Fisch zu schenken, aber jemandem eine Angel zu schenken – das ist viel besser und kann sein Leben verändern. In diese Richtung muss die Hilfe zur Selbsthilfe gehen. Dem früheren Bundespräsidenten Köhler habe ich immer hoch angerechnet, dass er wieder und wieder auf Afrika hingewiesen hat. Letzten Endes gibt es da auch ein Eigeninteresse: Denn wenn die Schließung der Kluft nicht gelingt, wird sich die Zahl derer, die nach Europa streben, vervielfachen. Das wäre eine ganz normale menschliche Reaktion. Also: bitte diese globale Kluft ebenso im Auge behalten.

Natürlich gibt es gute Beispiele dafür, dass sich betroffene Länder selbst bemühen, die Kluft zu verringern. China hat inzwischen erkannt, dass sich durch diese rasante Entwicklung Arm und Reich im eigenen Land voneinander entfernen, also eine innere Kluft entsteht. Nicht anders Indien oder Brasilien. Das Ganze bewirkt aber neue Herausforderungen: Denn bei steigendem Wohlstand wollen die Menschen in China, Indien oder Brasilien so leben wie wir, mit einem Auto und einem hohen Stromverbrauch. Und das belastet wiederum die Umwelt. Dies darf jedoch keine Begründung dafür sein, dass wir Europäer, wir Deutschen sagen: »Jetzt bleibt mal lieber auf eurem früheren Niveau!« Nein! Ein weltweiter Ausgleich und eine weltweite Senkung der Umweltbelastung sind nötig.

Warum soll man in die Ferne schweifen, wenn man bei Rumänien anfangen könnte?

Rumänien hat insofern einen großen Vorteil, als das Land der Europäischen Union angehört und aus deren Mitteln unterstützt wird. Wichtig sind jetzt Kontrollen, um beispielsweise den Rechtsstaat zu etablieren und Korruption zu verhindern. Warum drängen denn beispielsweise Montenegro, Kroatien oder Mazedonien so in die EU? Weil sie sehen, dass sie dort besser aufgehoben sind. Sie strengen sich auch an, den EU-Standards gerecht zu werden.

Ich sehe seit ein paar Jahren Rumänen, die im Ausland mit großen Autos fahren, doch kommt man nach Rumänien, sind die Pferdewagen noch zahlreich. Es wird selbst im eigenen Land noch lange dauern, bis die Verhältnisse einigermaßen angeglichen sind.

Das ist richtig. Aber die Europäische Union kann da durchaus eingreifen.

Ein Deutscher könnte sich jetzt die Frage stellen: »Warum soll ich von meinem Wohlstand etwas abgeben? Damit die Rumänen mehr bekommen?« Da stößt man vermutlich wieder an die Grenzen der Nächstenliebe.

Es ist eine Verpflichtung, anderen Menschen, die in Not sind und denen es schlechter geht, zu helfen. Dabei ist der Nächste nicht nur der in der unmittelbaren Nähe. Es gibt, wie im Evangelium nachzulesen ist, auch den Nächsten in der Ferne. Neben diesem Argument gibt es aber noch ein zweites: Es ist doch ebenso unser Vorteil, wenn das Land Rumänien für uns ein wirtschaftlicher Partner werden kann, wenn Rumänien in immer stärkerem Maße deutsche Exporte abnimmt. Der finanzielle Transfer ist keine Einbahnstraße.

Über Lebenszufriedenheit, Menschenpflichten und Wahlhilfe mit dem Schlagstock

Seit dem 1. Mai 2011 ist es jedem EU-Bürger möglich, in Deutschland zu arbeiten, davon ausgenommen sind bislang nur die Rumänen und die Bulgaren. Nicht alle hierzulande begrüßen diese Entwicklung, haben keine von Nächstenliebe getriebenen Empfindungen, sondern Angst um die eigenen Arbeitsplätze und damit um den persönlichen Wohlstand. Was denken Sie: Wird auf dem Weg der europäischen Angleichung, von der Sie gesprochen haben, der Lebensstandard in Deutschland zwangsläufig absinken?

Das muss nicht der Fall sein. Viele Menschen aus den osteuropäischen EU-Ländern konnten schon vor sieben Jahren nach England, Irland oder anderen EU-Ländern zuwandern – und man hat von keinem dieser Länder gehört, dass das dort zu besonderen Problemen geführt hätte. Ein Teil dieser Leute wird ja auch bei uns geradezu sehnsüchtig erwartet, für die Spargelernte oder die Obsternte zum Beispiel. Ich glaube, das ist ein zu bewältigendes Problem. Aber wenn wir es mit dem Übergang vom Bruttosozialprodukt zu mehr Lebensqualität ernst meinen, wenn wir die Kriterien wirklich ändern wollen, dann kann das durchaus zu einer Stagnation des materiellen Wachstums führen. Darauf muss man sich einstellen. Man kann den Menschen nicht vormachen, dass der materielle Aufzug dennoch immer weiter nach oben geht. Im Gegenteil: Er wird zumindest stehen bleiben.

Wenn quantitatives Wachstum, wenn Wohlstandsvermehrung nicht mehr die wichtigste Bedeutung hat – was sollte dann an deren Stelle treten?

Ich ersetze hier den Begriff »Bruttosozialprodukt« durch »Lebensqualität«. Dazu gibt es eine interessante Studie vom Institut für Demoskopie in Allensbach. Danach geben 76 Prozent der befragten Deutschen an, dass ihnen am wichtigsten eine intakte Familie ist, dass sie die Möglichkeit haben, Freundschaften zu pflegen. Verbunden wurden damit Werte wie Geborgenheit, Solidarität und Verantwortung für den anderen. Danach folgten Angaben wie »nicht so viel Stress«, »mehr Spaß«, ein »erfüllender Beruf«. Und eine spezielle Umfrage unter Berufstätigen – sie wurde 2011 von Emnid durchgeführt – ergab noch Erstaunlicheres: Nur 34 Prozent der Befragten sagten, ein höheres Einkommen sei für sie ein wichtiges Kriterium für ihre Zufriedenheit. Aus diesen Ergebnissen, die ich jetzt nicht verabsolutieren will, lassen sich bestimmte Schwerpunkte ableiten. Zum Beispiel, wie sich die Sicherheit, die Bildungsteilhabe, die Lebenszufriedenheit entwickeln könnten. Sicher, das Bruttosozialprodukt wird man weiterhin im Auge behalten. Aber für die Beurteilung des Wohlergehens der Menschen wird es weniger ausschlaggebend sein.

Umfragen stellen nur punktuell etwas fest, das Bruttosozialprodukt hat jedoch den Vorteil, dass es eine klare Messlatte ist.

Es lässt sich aber ebenfalls die Zahl der Gewalttaten feststellen, die Zahl der Arbeitslosen, die Zahl derer, die aus welchen Gründen auch immer unter dem Mindestlohn leben. Es lässt sich feststellen, wie viele obdachlos sind und deswegen betreut werden müssen. Es lässt sich feststellen, wie viele pflegebedürftig sind und wie es ihnen ergeht. Anwendbare Kriterien existieren also durchaus schon außerhalb des Bruttosozialprodukts.

Jetzt packe ich drei von den Kriterien, die Sie genannt haben, zusammen und sage: »Der Deutsche sehnt sich nach einer 35-Stunden-Woche in einem Beruf, den er sicher hat und der ihm Spaß macht.«

Ja, und? Das wäre auch ein Kriterium.

Lässt es sich unter den Bedingungen der Globalisierung aber realisieren?

Es lässt sich anstreben, davon bin ich überzeugt. Und nochmals: Nächstenliebe ist das eine, aber wenn es 80 Prozent der Menschen auf der Erde besser geht als vorher, wenn viele ihr Elend hinter sich lassen, dann ist das doch auch für uns etwas Gutes. Und ich muss es wiederholen: Die europäische Entwicklung, die ja zu einer solchen Angleichung geführt hat und weiter führen soll, hat mit bewirkt, dass wir im heutigen Bereich der Europäischen Union seit sechzig Jahren keinen Krieg mehr haben. Es ist nicht so, dass Frieden selbstverständlich ist. Sie reden hier mit einem Menschen aus einer Generation, für die der Krieg selbstverständlich war.

Dieses Mal hauen Sie sogar mit der Faust auf die Stuhllehne ... Trotz aller neuen Lebensqualität bleibt die Arbeitswelt wichtig. Und diese entwickelt sich nicht gerade in Richtung großer Wohlfühlfaktor und Zufriedenheit. Es ist feststellbar, dass junge Menschen in hoher Zahl in befristeten Verhältnissen arbeiten und mit niedrigerem Lohn leben müssen. Man könnte noch die wachsende Zahl derer hinzuzählen, die in der Arbeitswelt krank werden, unter psychischen Belastungen zu leiden haben. Das alles sind Entwicklungen, die wir im Moment gerade erleben.

Völlig tatenlos bleibt die Politik da ja nicht. Für das Problem der befristeten Arbeitsverträge existieren zum Beispiel ganz konkrete Vorschläge. Es soll aber auch Arbeitnehmer geben, die mit ihrem Arbeitsplatz sehr zufrieden sind, die von den Fortbildungsmöglichkeiten während des Anstellungsverhältnisses Gebrauch machen. Zudem bin ich der Ansicht, dass hier nicht nur der Staat, sondern ebenso die Gewerkschaften gefordert sind. Sie engagieren sich auf diesen Gebieten, aber ihr Gewicht hängt davon ab, dass man ihnen nicht erst beitritt, wenn man Streikgeld braucht. Das sagt einer, der seit achtundfünfzig Jahren Gewerkschaftsmitglied ist.

Die Gewerkschaften sind in den letzten Jahren schwächer geworden. Glauben Sie an deren Wiedererstarken?

Ja. Die IG Metall konnte 2011 erfreuliche Zahlen über Neubeitritte melden. Ich selbst war in der ÖTV, der Gewerkschaft für Öffentliche Dienste, Transport und Verkehr, jetzt ver.di genannt, da ist es immer noch etwas schwieriger. Es werden aber auch dort konkrete Anstrengungen unternommen. Ohne die Gewerkschaften hätte man jedenfalls die recht beachtlichen Lohnerhöhungen nach der Finanzkrise nicht erreicht. Oder wie sehen Sie das?

Gar keine Frage. Nur: Wie viele Menschen profitieren von diesen Lohnerhöhungen?

Alle, für die Tarifverträge gelten.

Viele Menschen werden mittlerweile außertariflich bezahlt.

Was schlagen Sie denn vor, um das zu verhindern?

Halt! Ich bin hier nicht diejenige, die antwortet. Ich stelle die Fragen. Und meine Frage an Sie lautet: Wie kann man den Arbeitsmarkt, der sich in einer Abwärtsspirale befindet, wieder in den Griff bekommen?

Es gibt durchaus Vorstellungen, wie man das Anwachsen der befristeten und kurzfristigen Arbeitsverträge besser regeln kann. Einzelheiten kann ich nicht nennen, weil mir die Unterlagen dazu fehlen. In letzter Zeit steigt auch wieder die Zahl der Arbeitsplätze, und es ist da und dort ein ganz neuer Zustand eingetreten: Man findet auf einmal nicht mehr genügend Arbeitskräfte. Hier geht die Spirale nach oben. Einbeziehen muss man bei all den Überlegungen ebenfalls, dass sich die gesamte Arbeitswelt verändert hat. Die Produktion benötigt viel weniger Arbeitskräfte als früher, und die Zahl der Arbeitskräfte, die im Dienstleistungsbereich gebraucht werden, wächst ständig. Das hat auch mit der technischen Entwicklung zu tun.

Nicht zu vergessen: Europaweit neidete man uns die von Olaf Scholz bewirkte Kurzarbeiterregelung und die flexiblen Arbeitszeitmodelle. Denn sie hatten zur Folge, dass die Finanz- und Wirtschaftskrise bewältigt werden konnte, ohne dass die Menschen massenhaft in die Arbeitslosigkeit fielen. Während in anderen Ländern die Zahl der Arbeitsplätze sank und die der Arbeitslosen zunahm, haben wir inzwischen einen Stand erreicht, den wir das letzte Mal 1991 hatten. Natürlich hat die Kaufkraft nicht in dem Maße zugenommen. Deswegen stellten die Gewerkschaften ja die hohen Lohnforderungen, um den tarifgebundenen Arbeitern – sie sind nach wie vor die Mehrheit – mehr zukommen zu lassen. Von einer Abwärtsspirale möchte ich deshalb gegenwärtig nicht reden. Mein Hauptproblem ist unverändert die soziale Kluft.

Heiner Geißler oder Norbert Blüm werden nicht müde zu sagen, dass dieser Erfolg mit einer Zunahme an unterbezahlten Arbeitsplätzen erkauft ist.

Ja, den Zusammenhang gibt es. Und deshalb ist die Forderung nach ausreichenden Mindestlöhnen so wichtig. Wäre es besser gewesen, die Arbeitslosenzahlen wären gleich geblieben?

Ganz und gar nicht. Sie müssen sich nur mit dem Argument auseinandersetzen, dass die Lebenszufriedenheit in dem Maße abnimmt, wie die Arbeitsverhältnisse prekär werden.

Das ist sicher richtig. Und wir müssen uns darum kümmern. Aber wie sieht es da zahlenmäßig aus? Kann man wirklich von einem generellen Abwärtstrend sprechen? Ich glaube das gegenwärtig nicht.

Haben wir in den kommenden zehn Jahren eher den Mangel an Fach- und Arbeitskräften zu verarbeiten oder die hohe Arbeitslosigkeit?

Die Senkung der Arbeitslosigkeit wird ein Dauerthema bleiben. Jedenfalls wird aber der Bedarf an Fachkräften weiter steigen, weil sich auch in Zukunft Produktionsweisen und Dienstleistungsformen weiter kontinuierlich ändern werden. Es werden höhere Ansprüche gestellt, und da ist die Bildung, gerade die berufliche Bildung, gefordert. Immerhin geschieht doch auch da einiges. Es gibt immer mehr Abiturienten. Anfang der achtziger Jahre lag die Abiturientenquote in Deutschland noch bei unter 22 Prozent eines Altersjahrgangs. Heute ist sie bei 42 Prozent – das ist ein beachtlicher Anstieg in den letzten dreißig Jahren. Ich bin eben ein merkwürdiger Mensch, ich freue mich über gute Veränderungen und erwähne sie auch.

Das sollten Sie nicht verlieren.

Ich komme deshalb vielleicht sogar in die Verlegenheit, dass ich gewisse Aktivitäten der gegenwärtigen Regierung lobe.

Warum gibt es trotzdem in Deutschland einen so großen Sockel an Langzeitarbeitslosen? 2010 waren es in Deutschland 47,4 Prozent – bezogen auf den Anteil von allen Arbeitslosen, die über zwölf Monate

ohne einen Job sind – und damit 1,9 Prozent mehr als im Vorjahr. In Dänemark waren es 2010 19,1 Prozent, in Schweden 17,4 Prozent. Bei uns haben sich die Zahlen nicht einmal jetzt, in Zeiten des sogenannten Job-Booms geändert. Woher kommt das?

Jede dieser Zahlen ist zu hoch. Da haben Sie recht: Um diese Menschen muss man sich kümmern. Das scheint mir aber nicht primär eine Frage des Geldes zu sein, sondern eine, die die Arbeitsagenturen und ihre örtlichen Einrichtungen betreffen. Die dort arbeitenden Menschen haben nicht die Kraft und nicht genügend Zeit, sich ausreichend um jeden einzelnen Fall intensiv zu kümmern, das heißt, mit den Betroffenen zu reden und mit ihnen gemeinsam nach Wegen zu suchen. Wenn jemand vier, fünf Jahre arbeitslos ist, hat das eine persönliche Veränderung zur Folge, die aufgefangen werden muss.

Es existieren einige beispielhafte Modelle, die ich sehr der Aufmerksamkeit empfehle. Da gibt es in München etwa den Verein »BISS e.V. – Bürger in sozialen Schwierigkeiten«, der jedes Jahr mit einer gewissen Zahl von Obdachlosen feste Arbeitsverträge abschließt, aufgrund derer sie die dann die gleichnamige Zeitung verkaufen und wieder den Weg zurück in »normale« Verhältnisse finden. So etwas sollte man sich anschauen. So sollte man helfen.

Noch einmal zu dem vorherigen Punkt.

Da gibt es das Problem der steigenden Anforderungen an Arbeitskräfte auf vielen Gebieten, sodass Langzeitarbeitslose mit jedem Jahr, in dem sie draußen stehen, weiter zurückbleiben. Man hilft ihnen nicht, wenn man sie am Schalter abfertigt, man muss sich mit ihnen immer wieder zusammensetzen und die Möglichkeiten zur Aktivierung und zur Fortbildung durchgehen. Sie vielleicht auch zu einem der Unternehmen, die Arbeitskräfte suchen, begleiten. Und natürlich muss man gelegentlich sagen: »Du, hör mal, du hast gegenüber dem Gemeinwesen auch Pflichten.«

Darauf wollte ich hinaus. Warum müssen wir denn Spargelstecher aus Polen holen, wenn wir so viele Langzeitarbeitslose haben?

Der Grund ist der: Die Spargelanbauer wissen, wer zu ihnen kommt, sie wissen, dass diese Leute aus Polen oder Lettland erfahren sind und ihren Job gut machen. Sie wollen nicht immer neue Kräfte anlernen.

Andersherum gefragt: Gibt es in Deutschland eine Anspruchsmentalität? Und wenn ja, wie groß schätzen Sie die Zahl derer, die gemeinhin als – ich benutze einmal ein Wort, das ich in der *Bild*-Zeitung gelesen habe – Sozialschmarotzer bezeichnet werden?

Selbstverständlich gibt es Leute, die nicht gern arbeiten, das hat es immer gegeben. Doch man sollte sich anstrengen, auch diese Menschen zur Arbeit zu motivieren – notfalls muss man aber mit den vorgesehenen gesetzlichen Mitteln eingreifen. Sozialschmarotzer als ein generelles Problem zu betrachten, als Menschen, die schon ihrer Zahl wegen die sozialen Systeme gefährden, da schüttle ich den Kopf. Das tun sie nicht. Es ist übel, wenn man einen Menschen wie den »Florida-Rolf« in einer Weise medial präsentiert, als ob er für alle ALG 2-Empfänger typisch wäre.

Es ist gelegentlich so dargestellt worden, als ob das Wertempfinden in der sogenannten Unterschicht – ich versuche es jetzt mal ganz vorsichtig zu formulieren, denn ich weiß, dass Sie sonst sofort wieder hochgehen …

Ich sitze doch noch.

… also, als ob das Wertempfinden in der sogenannten Unterschicht einer gewissen Erosion ausgesetzt war, auch aufgrund der Tatsache, dass es leichter geworden ist, ohne Arbeit einen gewissen Lebensstandard zu halten. Ist das ein Problem, das in der letzten Zeit gewachsen ist?

Dieses Problem gibt es, das ist nicht zu bestreiten. Ich kann es aber nicht quantifizieren, und ich bitte vor allem zu sehen, dass es genügend Menschen in dieser Situation gibt, die es als demütigend empfinden, dass sie keine Arbeit haben und dass sie so leben müssen. Auf die verweise ich auch diejenigen, die meinen, sie können es sich da in der sozialen Hängematte bequem machen. Und wie gesagt, es gibt Gesetze gegen diejenigen, die sich verweigern, und die muss man eben anwenden.

Doch man sollte sich stets bewusst sein: Man kann an Werten verzweifeln, wenn man selbst in demütigenden Umständen leben muss. Glücklicherweise haben wir für diesen Lebensbereich bürgerschaftliche Hilfsinitiativen. Die »Tafeln« zum Beispiel, aber auch andere Einrichtungen, in denen sich Menschen ehrenamtlich engagieren. Ich kann jeden nur dazu ermutigen, sich einer solchen Sache anzuschließen, allein schon deswegen, weil man selbst ein gutes Gefühl dabei hat. Es geht nicht darum, sich in die Brust zu werfen, aber man ist mit sich eher im Reinen – und das ist ein Vorteil, wenn auch kein materieller, aber einer, der fürs eigene Leben eine Rolle spielt.

Sie halten das Problem des Werteverfalls jedenfalls nicht für allzu groß, für Sie ist es eher eine gesellschaftliche Verwerfung, die wir einfach konstatieren müssen?

Wie gesagt, das Problem ist nicht wirklich neu, das gab es schon im 19. Jahrhundert. Und wenn die Arbeitslosigkeit insgesamt zurückgeht und auch die Langzeitarbeitslosen davon profitieren, dann wird das in dem Bereich spürbar werden, über den wir gerade reden.

Es gibt Sozialforscher und Politiker, die hinter vorgehaltener Hand sagen, dass es im Prinzip immer eine bestimmte Anzahl von Menschen gab, die durch nichts zu erreichen sind. In Zeiten der Sozialhilfe hat man sie zwar verwaltet, aber man hat sie in Ruhe gelassen; sie konnten dann in Würde in Armut leben. Die Agenda 2010 hätte jedoch dazu geführt, dass alle für potenziell arbeitsfähig erklärt werden, womit man aber einen Teil der Gesellschaft, der aus verschiedenen Gründen nicht arbeitsfähig ist, überfordere. Gleichzeitig tue man denjenigen Unrecht, die noch arbeitsfähig sind, doch unter denselben Sanktionen zu leiden haben.

Die monatlichen Leistungen für Menschen, die in ALG 2 gekommen sind, sind doch deutlich höher als ihr bisheriges Sozialgeld. Im Gegensatz zu denen, die Sie zitieren, finde ich es richtig, jeden Einzelnen zu fragen: »Kannst du arbeiten?« Oder: »Kannst du mit deiner Behinderung, deiner Krankheit einige Stunden arbeiten?« Und dass für die Sozialhilfe nur noch diejenigen übrig bleiben, die arbeitsunfähig sind, das halte ich für eine vernünftige Lösung.

Helmut Schmidt hat einmal angeregt, dem Katalog der Menschenrechte einen Katalog der Menschenpflichten anzufügen. Ihm ist viel zu viel betont worden, was der Mensch alles darf und kann, und viel zu wenig, was er soll und muss. Würden Sie dem zustimmen?

Ja. In diesem Katalog, der 1997 auf seinen Anstoß hin vom sogenannten InterAction Council – das ist ein Kreis ehemaliger Staatsmänner aus der ganzen Welt, der sich regelmäßig trifft – ausgearbeitet wurde, finden sich achtzehn konkret artikulierte Menschenpflichten. Vielleicht sollte ich zwei Beispiele nennen. So heißt es in Artikel 8: »Jede Person hat die Pflicht, sich integer, ehrlich und fair zu verhalten.« Und im vorhergehenden Artikel 7 – ich lese das einfach einmal vor: »Alle Menschen haben die Pflicht, Luft, Wasser und Boden um der gegenwärtigen Bewohner und der zukünftigen Generationen willen zu schützen.«

Als Verfassungsnormen würden sich solche Formulierungen wohl nicht eignen. Und auch als eine förmliche Ergänzung der Menschenrechtserklärung dürfte der Katalog in den Vereinten Nationen, wenn überhaupt, nur sehr schwer realisierbar sein. Aber es ist gut, die Menschen immer wieder an ihre Pflichten und damit an ihre Verantwortung zu erinnern.

Als der erste grüne Ministerpräsident, Winfried Kretschmann, sagte, die Leute sollten gefälligst kleinere Autos fahren, Autos, die nicht so viel Sprit verbrauchen, war das negative Echo groß, man sprach sogar von einer »dirigistischen Verwaltungsbürokratie kommunistischer Prägung«.

In diesem Fall würde ich nicht »man« sagen, es sind bestimmte Personen, die das sagen. Dazu zählen einige, aber bei Weitem nicht alle Repräsentanten der Autoindustrie in Baden-Württemberg. Manche haben aber auch hinzugefügt – das mildert ihren Aufschrei etwas –, dass sie alles tun werden, um so bald wie möglich ein klimafreundliches Auto anbieten zu können.

Gibt es nicht ein paar Bereiche, die durchaus diktatorische Maßnahmen vertragen?

Was verstehen Sie denn unter diktatorischen Maßnahmen?

Ein Verbot von Autos, die zu viel Sprit vergeuden. Sie schaden nicht nur der Umwelt, sondern sind zudem reine Energieverschwender. Warum sollte man nicht Autos ab einem bestimmten Hubraum verbieten?

Ich müsste da nachsehen, aber ich glaube, die Verfassung würde das nicht verbieten. Grundsätzlich wäre das wohl ab einer gewissen Grenze zum Schutz der Umwelt vor Schadstoffen möglich. Zum Beispiel gibt es Autos mit 400 PS, mit denen man schon jetzt nicht mehr in die Innenstadt fahren darf. Andere dürfen das nur, wenn sie eine bestimmte Umweltplakette haben.

In Deutschland ist in dieser Hinsicht kaum etwas verboten, es gibt ja nicht einmal ein Tempolimit bei uns.

Leider. Um das habe ich lange gekämpft. Man hielt mich für verrückt, weil ich mich an den Antrag, den wir stellten – nämlich auf der Autobahn nur 100 Stundenkilometer zu fahren –, selbst gehalten habe.

100 Stundenkilometer? Das ist aber hart.

Wenn ich im Auto einschlief, fuhr mein Fahrer allerdings wieder über 100.

Sie haben gesagt, dass unsere Gesellschaft unter einer Deregulierung und Ökonomisierung gelitten hat, der einzige Hebel sei die Gesetzgebung, um das wieder rückgängig zu machen. Klare Vorgaben greifen aber in freies Wirtschaften ein, wenn man der Autoindustrie etwa vorschreibt, welche Modelle sie zu bauen hat. Und das halten Sie …?

Man schreibt ihr nicht vor, welche Modelle sie zu bauen hat, man schreibt ihr vor, eine gewisse Höchstgrenze beim Schadstoffausstoß zu beachten. Das ist kein Vorschreiben einzelner Modelle, das regt vielleicht sogar die Fantasie und die Entwicklungsaktivitäten an.

In einer *Stern*-Umfrage vom Mai 2011 wurden Deutsche nach den größten Problemen des Landes befragt. Das Ergebnis fand ich sehr beachtlich, so sehr, dass ich es zitieren möchte. Der Spitzenwert bei dieser Umfrage, er lag bei 35 Prozent, galt der Unzufriedenheit mit den Politikern und den Parteien – er rangierte noch vor der Angst vor Arbeitslosigkeit (26 Prozent) oder vor der Frage des Atomausstiegs (24 Pro-

zent). Warum sind die Menschen unzufrieden mit der Politik? Weil sie die Politiker als sprunghaft und unberechenbar erleben? Sie selbst haben zugegeben, dass Politiker in dieser globalisierten Welt leicht überfordert seien – müssen wir jetzt hinnehmen, als eine Folge der Globalisierung, dass die Politik nicht mehr so stringent erscheint oder auch ist, wie wir es gewohnt sind?

Es ist tatsächlich beunruhigend, dass bei dieser Umfrage die Unzufriedenheit mit der Politik einen ersten Platz erreicht hat. Das ist für ein Gemeinwesen alarmierend. Was die Gründe angeht, ist es für mich nicht leicht, sie im Einzelnen zu konkretisieren. Da spielt zunächst eine Rolle, dass es immer schwieriger wird, Verantwortung und Entscheidung den verschiedenen Ebenen zuzuordnen. Ich habe ja schon gesagt: Es gibt immer mehr Probleme, die man nicht auf nationaler Ebene, sondern auf europäischer, ja nur auf der Weltebene lösen kann. Und das ist nicht nur für die Menschen, die das verfolgen, sondern auch für den Politiker, der handeln soll, ein neuer Zustand. Da erscheint dann manches als unberechenbar. Auch die Sprunghaftigkeit hat als Begleiterscheinung der Akzeleration leider zugenommen. Dennoch: Auch Politiker sind nur Menschen, und der Gedanke, dass man an Politiker zehnmal so hohe Maßstäbe anlegen sollte wie an andere Akteure oder sogar an sich selbst, ist eine Übertreibung. Diesem Gedanken muss man widersprechen. Dann sollen die Kritiker Roboter wählen und nicht Menschen.

Zwei Persönlichkeiten sind in höhere Ämter aufgestiegen. Der eine ist ganz jung und ist FDP-Chef geworden, Philipp Rösler; der andere ist nicht mehr ganz so jung und ist neuer Ministerpräsident in Baden-Württemberg und heißt Winfried Kretschmann. Diese beiden Politiker sind so unterschiedlich, dass man nicht daraus ableiten kann, wer denn des Deutschen liebster Politiker ist. Wie sehen Sie das? Freut Sie dieser Tatbestand?

Im Grunde bin ich über jeden erfreut, der sich politisch einbringt und wirklich engagiert. Zwischen Rösler und Kretschmann gibt es aber einen deutlichen Unterschied. Letzterer ist Ministerpräsident geworden nach jahrzehntelangem politischen Engagement und einer Wahl, bei der die Menschen sich für ihn entschieden haben. Ersterer ist Parteivorsitzender nach einigermaßen komplizierten Verhandlungen in einem sehr engen Kreis geworden. Rösler wird seine Bewährungsprobe erst noch zu bestehen haben. Aber dass einer mit achtunddreißig eine solche Aufgabe übernimmt, das freut mich. Ich darf vielleicht noch einmal daran erinnern: Ich war auch gerade mal vierunddreißig, als ich zum Oberbürgermeister von München gewählt wurde – aber eben gewählt!

Und bei Kretschmann, da leugne ich nicht, dass er, nach allem, was ich über ihn gelesen habe, auch meine persönliche Sympathie besitzt. Ein Grüner, der im Zentralkomitee der deutschen Katholiken sitzt, der in seiner Kirchengemeinde präsent ist, ein paar Mal Krach mit seiner eigenen Partei hatte, weil er glaubte, es sei realitätsfern, was da zu bestimmten Zeiten propagiert wurde – ja, ich habe Sympathie für diesen Mann und wünsche ihm, dass er die Aufgaben, die jetzt in großer Zahl auf ihn zukommen werden, zusammen mit dem auch noch sehr jungen Nils Schmid bewältigt. Das wäre ermutigend für die Demokratie.

Sie selbst waren gerade zehn Jahre in der SPD, waren zwei Jahre tätig im Stadtrat, als Sie zum Oberbürgermeisterkandidaten gekürt wurden – heute würde man das eine Blitzkarriere nennen, oder?

Ja, wobei ich tatsächlich zunächst die heute geschmähte Ochsentour absolviert habe. Ich bin zwar kein Ochse, ich bin ein Vogel, aber ich habe in meinem Ortsverein in München-Freimann angefangen, in dem hauptsächlich Arbeiter vom früheren Reichsbahnausbesserungswerk Mitglieder waren. Und ich muss Ihnen sagen, in meinem ganzen politischen Leben hat mich kaum etwas so befriedigt und stolz gemacht wie die Tatsache, dass ich innerhalb von zwei Jahren das Vertrauen dieser Menschen erworben habe. Der Sektionsvorsitzende wurde damals schwer krank, und dann kamen die auf mich zu und haben gesagt: »Das musst du machen!« Dieser Vertrauensbeweis gegenüber einem Akademiker, einem praktizierenden Christen zumal, war in der Sozialdemokratie damals schon etwas durchaus Unübliches. Ja, und dann war ich Kreisvorsitzender, arbeitete von 1955 bis 1958 in der Staatskanzlei bei dem Sozialdemokraten Wilhelm Hoegner, dem bislang einzigen Ministerpräsidenten Bayerns nach dem Zweiten Weltkrieg, der nicht der CSU angehörte.

1958 brauchte man einen Rechtskundigen für das Rechtsreferat der Landeshauptstadt. Die Sache mit der Kandidatur als Oberbürgermeister war dann für mich zunächst eine große Überraschung. »Meint ihr das wirklich ernst?«, fragte ich die maßgebenden Leute. Mein Gegenkandidat Dr. Josef Müller war ein auch in München bekannter Landespolitiker und deutlich über sechzig, ich war fast dreißig Jahre jünger. Thomas Wimmer, mein Amtsvorgänger, war knapp vierzig Jahre älter als ich. Aber sie blieben bei ihrer Meinung: »Wir wollen es mit dir versuchen.« Erstaunlicherweise hatten sich auch ein paar bekannte Zeitungsleute in diesem Sinne geäußert, hier denke ich zum Beispiel an Werner Friedmann, damals Chefredakteur der *Süddeutschen Zeitung*. So ermutigt, sagte ich dann: »Wenn ihr das meint, ich trau mir die Arbeit zu.«

In diesem Zusammenhang muss ich aber noch eine kleine Geschichte erzählen. Ich bin vor einiger Zeit gebeten worden, mich an einem kleinen Büchlein mit einer kurzen Bemerkung zu beteiligen, es trägt den Titel *Zeitreise Bonn*. In dem Buch spielt infas, das Bonner Institut für angewandte Sozialwissenschaft, eine Rolle. Während der Zeit meiner Kandidatur als Oberbürgermeister war es gerade gegründet worden, und diejenigen, die sich innerhalb der SPD um meine Wahl kümmerten, hatten mit infas Verbindung aufgenommen. Sie bekamen die Empfehlung, sie sollten um Gottes willen kein Porträt von mir als Wahlplakat aufhängen, das würde die Leute schockieren. Überall würde man auf den Plakaten alte, gefestigte Kandidaten sehen – und dann dieser junge Kerl. Das sollte man besser nicht tun. Diesen Ratschlag befolgten wir aber nicht, und mein Konterfei hat die Leute nicht schockiert, sondern offenbar eher günstig beeinflusst.

Haben Sie sich eigentlich immer älter gefühlt im Vergleich zu den Gleichaltrigen?

Ein bisschen schon, ja. Im Krieg teilten meine Alterskameraden und ich die gleichen Lebenserfahrungen, aber anschließend war bei mir schon alles verdammt dicht. Mein Studium absolvierte ich in zweieinhalb Jahren, die zweite Staatsprüfung machte ich auch sehr schnell, dann war ich im Bayerischen Justizministerium, danach Amtsrichter in Traunstein, schließlich arbeitete ich – wie schon erwähnt – in der Staatskanzlei. Und zwar an der Bereinigung des Bayerischen Landesrechts. Dort suchte ich – natürlich mit anderen zusammen – aus 172 Bänden die Vorschriften heraus, die seit 1806 erlassen worden waren und jetzt noch gebraucht wurden. Die füllten dann nur noch vier Bände. Bei dieser Gelegenheit habe ich eine Menge gelernt.

Sehen Sie, das war alles sehr dicht, und dadurch habe ich mich etwas erfahrener gefühlt. Und die politischen Erfahrungen, die ich als junger Sozialdemokrat machte, taten ihr Übriges dazu. Ich traf auf Menschen wie Waldemar von Knoeringen, der für die bayerische SPD nach dem Krieg eine zentrale Rolle spielte. Er war eine der Persönlichkeiten – und jetzt verwende ich einmal das Wort –, die wirklich ein besonderes Charisma besaßen. Und er hat sich um junge Leute wie mich wirklich gekümmert. Waldemar hat mich unglaublich beeindruckt, besonders dann, wenn er aus der Emigration erzählte oder aus der Zeit unmittelbar vor 1933. Er hatte auch eine bildhafte Sprache und sah weit in die Zukunft. Ich muss mich jetzt in Gedanken vor ihm verneigen. Er war übrigens der Erste, der mir einen Brief schrieb, in dem stand, ich müsse eines Tages Parteivorsitzender der SPD werden.

Von wann ist der datiert?

Den hat er mir in der zweiten Hälfte der sechziger oder Anfang der siebziger Jahre geschrieben.

Ein Visionär.

Na ja. Sicher war es ein Zeichen seiner Wertschätzung für mich.

Das bestimmt auch. – Sie waren damals ein junger Mann, offensichtlich strebsam und fleißig und von einem sehr hohen Ernst getrieben. Da fragt man sich, wo war denn die Zeit der Unvernunft, des Sich-Gehenlassens, des Ausprobierens, der jugendlichen Ausschweifungen? Haben Sie eine Jugend dieser Art eigentlich vermisst?

Eigentlich nicht. Denn sehen Sie, für all das war ja schon im Krieg kaum Gelegenheit gewesen.

Danach aber hätte man …

Danach standen existenzielle Fragen im Vordergrund. Und vor dem, was Sie sonst angedeutet haben, hat mich auch bewahrt, dass ich schon 1950 das erste Mal heiratete. Dann, nach einem Jahr, kam bereits das erste Kind, ein Sohn. Eine Phase, wie Sie sie gerade beschrieben, habe ich deshalb weder gehabt noch vermisst.

Was haben die Wähler wohl in Ihnen gesehen? Was waren die Eigenschaften, die Sie, den relativ jungen, noch relativ unbekannten Politiker, dann ins höchste Amt in München gebracht haben?

Im Einzelnen will ich das nicht analysieren, sonst würde ich wohl als Lobredner meiner selbst erscheinen. Aber ich denke, dass ich den Menschen sympathisch und dass ich glaubwürdig war. Das, was ich ihnen vortrug und was ich in meinem kurzen Programm geschrieben habe, nahm sie offenbar für mich ein. Ich habe es dann in München ja auch verwirklicht. Es lag auch ein bisschen an der Konkurrenz. Der von mir persönlich sehr respektierte Dr. Josef Müller – genannt der »Ochsen-Sepp«, weil er als Bub mit einer Ochsenkarre auf den Acker fuhr – hatte, oft im Streit mit Alois Hundhammer, wesentlich dazu beigetragen, dass aus der katholischen Bayrischen Volkspartei der Weimarer Zeit die Christlich-Soziale Union wurde, in der evangelische Mitglieder genauso mitarbeiteten wie katholische. 1959/60 war er aber aufgrund von Schwierigkeiten – auch persönlicher Art – schon längst nicht mehr Parteivorsitzender und auch nicht mehr Justizminister. Von diesem Amt – in dem er übrigens meine erste Ernennungsurkunde unterschrieb – musste er sogar während einer laufenden Legislaturperiode zurücktreten. Er war einer, der schon am Ende seiner politischen Laufbahn stand.

Da haben die Münchner und Münchnerinnen eben gemeint, man sollte es wohl lieber mit dem jungen Kandidaten versuchen als mit einem, der sich eigentlich schon im »Austrag« – so nennt man das in Bayern – befand. Der eine oder andere erkundigte sich auch nach meiner Familie, und da konnte ich mit dem Stadtbaurat Arnold Zenetti dienen, der in den siebziger Jahren des 19. Jahrhunderts den Münchner Schlacht- und Viehhof gebaut hat und der zusammen mit dem Chemiker und Hygieniker Max von Pettenkofer die erste Kanalisation in der Landeshauptstadt schuf. Ein anderer aus der Zenetti-Familie war Abt von Sankt Bonifaz. Ein solcher Urgroßonkel war für einen Sozialdemokraten damals eher ungewöhnlich. Ich habe das nicht irgendwie plakatiert, aber wenn gefragt wurde, gab ich Auskunft – und das sprach sich herum.

Und noch etwas: Sie wissen ja, dass in München der Salvatoranstich auf dem Nockherberg, der mit dem verbunden ist, was man in München einen Politiker »derbleck'n« nennt, eine große Rolle spielt. 1960 war der Anstich etwa zehn oder vierzehn Tage vor der Wahl. Die Veranstalter hatten sich deshalb etwas Besonderes einfallen lassen. Sie sagten sich: »Wir laden die vier Kandidaten ein« – also den »Ochsen-Sepp« von der CSU, dann den Adolf Hieber von der Bayernpartei, meine Wenigkeit und noch einen Außenseiter, den Dr. Dr. Dr. Hans Keller, der parteifrei war. Es wurden vier Bierfässer aufgestellt, danach folgte ein Wettanzapfen. Und dieses Wettanzapfen habe ich dank glücklicher Umstände und weil ein mir offenbar Zugeneigter mir etwas aus dem Hintergrund zugerufen hatte, gewonnen.

Was hat er denn gerufen? Links schlagen?

Das weiß ich nicht mehr. Aber er hatte befürchtet, ich würde einen Fehler machen, weil ich die Instrumente verkehrt hielt. Dass ich da den ersten Platz errang, ermutigte mich doch sehr. In dieser Zeit wurde auch ein Theaterstück aufgeführt, das *Die Brautschau* hieß. Es ging dabei um einen Bauern, der eine sehr hübsche und tüchtige Tochter hatte, das war die Stadt München, um die drei Bewerber buhlten. Ernie Singerl hat da mitgespielt, auch die Liesl Karlstadt. Das Stück war ein Riesenerfolg, und natürlich hat der gewonnen und die Braut und den Hof bekommen, der mich auf der Bühne repräsentierte.

Das nennt man Wahlhilfe, oder?

Ja – allerdings eine, die die Partei selbst organisiert hatte. Und jetzt kommt noch etwas. Das Theaterstück hatte später ein kleines Nachspiel. Damals wandte die Polizei zunächst noch ihre alten Methoden an, so wurde zum Beispiel nach dreimaliger Aufforderung der Schlagstock benutzt. Und während der Schwabinger Krawalle 1962 wurde derjenige, der mich in dem Brautschau-Stück dargestellt hatte, während einer der Demonstrationen ordentlich verhauen.

Und Sie waren für das Eingreifen der Polizei verantwortlich gewesen, nicht wahr?

Ja, freilich, da war die Polizei in München noch kommunal. Der Mann hat sich dann bitter beschwert.

Zu Recht.

Ja. Wir haben aus den Krawallen Konsequenzen gezogen und die Münchner Linie entwickelt, mit der Folge, dass wir mit den Vorgängen 1968 besser zurechtkamen als andere Städte. Es bedarf einer Krise, um Veränderungen durchzusetzen, das haben wir ja schon besprochen.

Zurück zu Ihrer Wahl: In dem Moment, wo klar war, dass Sie gewonnen hatten, spürten Sie da Stolz auf sich selbst?

Jetzt gebe ich Ihnen ein weiteres Beispiel für meine Pedanterie: Für diesen Wahlabend hatte ich drei Erklärungen vorbereitet. Eine für den Fall, dass ich gewinne, eine, wenn es eine Stichwahl gibt, und eine, wenn ich verlieren sollte. Und beinahe hätte ich noch die verkehrte Erklärung herausgezogen. Mein Gefühl in diesem Moment könnte ich so beschreiben: Nun hast du eine schwere Verantwortung zu tragen. Aber sicherlich empfand ich auch große Freude.

Ich hatte nach Stolz gefragt. Das Schwierige bei Ihnen ist, dass Stolz nichts ist, was man mit Ihnen verbindet, was man mit Ihnen bestimmt auch nicht in Verbindung bringen soll. Aber trotzdem hätte ich die Vermutung …

Stolz in dem Sinn, dass ich besser bin als die anderen, das war mir an diesem Abend eher fremd. Es überwog die Freude, dass man eine solche Prüfung – und das war es ja – anständig bestanden hatte. Aber besonders präsent war eben dieses Gefühl, dass ich eine schwere Verantwortung übernommen hatte und die Menschen, die mir das Vertrauen geschenkt hatten, nicht enttäuschen durfte. Na, es hat ja auch mit 64 Prozent geklappt. 1966, bei der ersten Wiederwahl, waren es sogar 78 Prozent, und das war dann ein weiterer Anlass zur Freude – und in diesem Fall nun auch für einen gewissen Stolz.

Und ich hätte jetzt gesagt, das war ein stolzes Ergebnis. Ich frage Sie jetzt etwas ganz anderes: Haben Sie ein Lieblingsnachbarland, ein Land, das Ihnen in Europa besonders am Herzen liegt?

Ganz persönlich gilt meine Sympathie einem südlichen Nachbarn, nämlich Südtirol. Südtirol ist eine der erfolgreichsten Regionen in ganz Europa mit den geringsten Arbeitslosenzahlen. Und auch sonst hervorragenden Lebensbedingungen. Kompliment für die Beteiligten! Südtirol hat inzwischen eine Autonomie erreicht, die weltweit als Vorbild dienen kann. Aber meine Liebe gilt gar nicht in erster Linie den wirtschaftlichen Zahlen, sondern den Bergen und den Menschen. Ich denke aber auch gern an die Länder und Gegenden, in denen meine Frau und ich gelebt oder die wir des Öfteren besucht haben. An Berlin, an die Mark Brandenburg, an die Insel Rügen und an einige der sogenannten Ostsee-Bodden. Aber wenn Sie mich so speziell fragen, dann ist meine Antwort Südtirol.

Haben Sie viel Urlaub in Griechenland, Frankreich oder Spanien gemacht?

Jetzt kommt wieder dieser merkwürdige Mensch zum Vorschein, der ich wohl manchmal bin. Meine Frau und ich haben eigentlich nur zwei Urlaubsorte gehabt: In den geraden Jahren waren wir in Südtirol und in den ungeraden auf der englischen Kanalinsel Guernsey. Da hat man sich ausgekannt, da war man sofort zu Hause, wenn man wiederkam. Selbstverständlich haben wir uns auch woanders umgeschaut, etwa in Griechenland oder in Burgund. Aber Urlaub haben wir in Oberbozen, also in Südtirol, und auf Guernsey gemacht.

Haben Sie nie eine Reise mit einem großen Schiff irgendwo weit weg unternommen?

Einmal sind wir mit der Hurtiglinie entlang der Fjorde Norwegens gereist und dann bis nach Spitzbergen gekommen. Aber da gerade von Reisen die Rede ist: Es gab eine, die für mein Leben ganz wichtig war, eine Studienreise. Ende der fünfziger Jahre hatten die Amerikaner ein Programm für sogenannte *hopeful young men,* also für hoffnungsvolle junge Menschen. Für dieses Programm meldete ich mich Ende 1958 an, und eines Tages wurde mir mitgeteilt, ich solle mich zu einer Prüfung einfinden. Während dieser hat ein amerikanischer Beauftragter länger mit mir geredet, damals war ich schon berufsmäßiger Stadtrat in München. Das Ergebnis dieser Unterredung war eine Einladung zu einer sechswöchigen Reise durch die Vereinigten Staaten. Diese war großartig organisiert. Ich kam in Washington an, und die ersten drei Tage wurde ich »gebrieft«, wie ich die nächsten Wochen zu bewältigen hätte. Jeder von den Eingeladenen erhielt eine Liste mit Privatadressen, und dann reiste man selbst los und wurde in den jeweiligen Städten von Familien aufgenommen, immer für zwei oder drei Tage. So gelangte ich nach San Francisco, New Orleans und New York. Auf diese Weise lernte ich das Land sehr gut kennen. Seit dieser Zeit bin ich auch ein wenig zum Spezialisten für den Amerikanischen Bürgerkrieg geworden, weil ich einige Schlachtfelder besuchen konnte.

Das klingt nach Abenteuer.

Bevor die Olympischen Spiele 1972 in München stattfanden, flog ich als Vizepräsident des Organisationskomitees auch nach Mexiko, nach Australien, nach Japan und in viele andere Länder. Und 1992 habe ich im Auftrag der Sozialistischen Internationalen eine Reise durch die vierzehn Nachfolgerepubliken der Sowjetunion unternommen.

Hatten Sie einmal die Sehnsucht, woanders zu leben?

Nein. München ist zu meiner Heimat geworden.

Wir haben schon über den guten Zustand unserer Gesellschaft gesprochen. Sie hatten gesagt, dass man die Lebensqualität nicht allein am materiellen Wachstum messen kann, dass dieser wirtschaftliche Maßstab mit einem dicken Fragezeichen versehen werden muss. Sie sagten, um Lebensqualität zu messen, könne man verschiedene Aspekte heranziehen: Zufriedenheit der Menschen, Gesundheit, Frieden, keine inneren Konflikte, kein Terror, Arbeit, sinnvolle Arbeit, Familie und ein Lebensumfeld, in dem man sich geborgen fühlt, Heimatverbundenheit, Freiheit der Meinung, des Denkens, Religionsfreiheit. Das alles waren für Sie Kriterien …

… die man schwer quantifizieren kann.

Wenn ich Sie richtig verstehe, könnte ein gültiger Maßstab nur durch eine Vergleichbarkeit hergestellt werden, wenn man einen Index »Lebensqualität« hätte. Einen Index über den Krankenstand der Deutschen zu errechnen, ist natürlich viel einfacher, zumal es da verwendbare statistische Daten gibt. Aber wie misst man Unzufriedenheit am Arbeitsplatz, soziale Konflikte, innere Auseinandersetzungen? Reichen Umfragen über Geborgenheit, um die Zufriedenheit der Menschen zu erfassen?

Insgesamt sind die Vorgehensweisen heutiger Meinungsforscher stabiler und belastbarer, als sie es etwa in den Anfangszeiten waren Im Gegensatz zu Gesundheitsdaten wird man Zufriedenheit nie mit objektiven Fakten messen können. Jemand meinte einmal, man könnte, um die Zufriedenheit der Bürger festzustellen, die Zahl derer ermitteln, die psychische oder Suchtprobleme haben. Aber dies wäre nicht genug, um darüber zu entscheiden, ob wir wirklich in einem uns einigermaßen befriedigenden Zustand leben oder nicht. In Zukunft wird es immer wichtiger, zu erkennen, dass es Dinge gibt, die nicht mehr wachsen dürfen, weil der Schaden, der dadurch ausgelöst wird, größer ist als der Nutzen.

Zum Beispiel der Energiehunger?

Ja. Hier muss in den Vordergrund treten, dass die Energie besser ausgenutzt, dass sie effektiver wird. In meinen Vorträgen und öffentlichen Reden habe ich oft gesagt: »Überlegt einmal, die Natur hat die fossilen Vorräte Öl und Gas in Hunderten von Millionen Jahren angesammelt, und wir haben diese Vorräte in nicht einmal zweihundert Jahren zu einem wesentlichen Teil verbraucht. Das erinnert ein bisschen an Leute, die das Vermögen ihrer Vorfahren in kurzer Zeit verprassen.« Manche Zuhörer sind durch diesen Gedanken nachdenklich geworden. Man muss ihn im Auge behalten, wenn man von weiterem Wachstum redet.

Über acht Jahre Latein, die Erinnerung an das NS-Gewaltregime und Dominosteine

Ist das Bildungsniveau in Deutschland seit Ihrer Schulzeit gesunken?

Da muss ich jetzt vorsichtig sein. Zwar erinnere ich mich gut an meine eigene Schulzeit und auch an die meiner Kinder. Aber ich habe nur einen kleinen Einblick in die Schulwirklichkeit meiner Enkel und Enkelinnen. Obwohl ich in der Nazizeit zur Schule ging, bin ich rückblickend mit dem damaligen Bildungsniveau zufrieden. Das Gymnasium, das ich von 1935 bis 1943 in Gießen besuchte, war von der NS-Ideologie relativ unberührt. Wenn ich heute unsere Abiturzeitung lese – ich war damals eine Art Chefredakteur –, staune ich, was wir uns darin an kritischen und doppeldeutigen Bemerkungen leisten konnten.

Ich bin heute noch der Meinung, dass acht Jahre Latein gut und sechs Jahre Griechisch nicht schlecht waren. Meine Enkel wissen – schon wegen des Internets – eine Menge mehr als wir damals. Ob das ebenso für Geschichte oder die alten Sprachen gilt, bezweifle ich. Aber Bildung darf nicht nur Wissen vermitteln, damit der Produktionsfaktor Mensch für seine wirtschaftliche Verwendbarkeit optimiert wird. Bildung ist auch Bildung der Persönlichkeit, Bildung sollte Orientierung geben, Kriterien darlegen. Man sollte ebenso darüber reden, was Menschen tun können, um mit sich selbst im Reinen zu sein. Inwieweit das tatsächlich im heutigen Religions- oder Ethikunterricht erfüllt wird, das kann ich im Einzelnen nicht beurteilen.

Die Schulzeit ist kürzer geworden, dafür ist aber die Menge dessen, was man wissen müsste, gestiegen – alle fünf Jahre verdoppelt sich angeblich das weltweit verfügbare Wissen. Wie bringt man das mit der Tatsache der Schulzeitverkürzung zusammen? Das kann doch gar nicht funktionieren.

Die Verkürzung war angesichts des internationalen Vergleichs notwendig. Auch aus diesem Grund muss man Kindern nicht immer weitere Wissensgebiete einverleiben. Wichtiger wäre, ihnen beizubringen, wie man Wissen auf einem bisher nicht bekannten Gebiet erwerben kann. Es geht eher um die Methode, wie man sich auf einem neuen Gebiet etwas aneignet, als das Gebiet selbst noch rasch mitzunehmen.

Aber passen acht Jahre Latein und sechs Jahre Griechisch noch zusammen mit dem, was man heute macht?

Ich trete nicht dafür ein, weiterhin sechs Jahre Griechisch zu lehren. Aber ich sehe es gern, dass da und dort Griechisch als Leistungskurs angeboten wird. Meine Enkelin hat sich zu einem solchen angemeldet, aber ganz von sich aus, nicht auf mein Zureden hin.

Wo haben Sie Latein gebraucht?

Latein ist eine Grundlage für viele andere Sprachen, und außerdem ist es eine ungeheuer disziplinierende Sprache.

Genau das wollte ich hören.

Nehmen Sie einen lateinischen Text und übersetzen Sie ihn ins Deutsche. Wenn Sie beide Texte nebeneinander legen, sehen Sie, dass Latein höchstens zwei Drittel der Seite braucht, die man im Deutschen benötigt. Das hat mich immer wieder beeindruckt.

Ich wage mal zu sagen, Latein ist etwas für Pedanten.

Nicht nur für Pedanten. Ich könnte auch Nicht-Pedanten nennen, die sich sehr freundlich über das Latein geäußert haben.

Das war eine unqualifizierte Bemerkung meinerseits; ich bin wegen einer Fünf in der elften Klasse am Latinum gescheitert. Können Sie heute noch Gedichte aufsagen, die Sie in der Schule gelernt haben?

Kaum. Mein Vater konnte von Homers *Odyssee* einen ganzen Gesang auswendig, ich nur die ersten Worte: »*Andra moi ennepe, Mousa, polytropon, hos mala polla planchthe, epei Troies hieron pto-*

liethron epersen.« Schillers *Das Lied von der Glocke* habe ich mal gelernt.

Können Sie es noch?

Nicht mehr, aber ich kann Ihnen Lieder von Paul Gerhardt aufsagen, dem barocken Kirchenlieddichter, mit allen Strophen – vierzehn sind es manchmal. Aber die habe ich mir erst später angeeignet.

Wie wichtig ist es überhaupt – und darüber wird viel diskutiert –, Friedrich Schillers »Glocke« in der Schule auswendig lernen zu lassen? Müssen wir Goethes Werke bis zu einem gewissen Grad kennen, um etwas zu erhalten, was man den kulturellen Schatz eines Landes nennt?

Dieses Auswendiglernen ist im 19. und noch zu Beginn des 20. Jahrhunderts übertrieben worden – aber ein gewisses Maß würde ich sehr befürworten, jedenfalls deshalb, weil man sich die Bilder, die mit diesen Werken verbunden sind, jederzeit ins Bewusstsein rufen kann. Das schafft eine gewisse Nähe zu den Texten, auch zu Schiller oder Goethe. Leiert man es von vorne bis hinten runter, ergibt sich daraus keine Nähe. Bei Paul Gerhardt heißt ein Sommerlied: »Geh aus, mein Herz, und suche Freud.« Und wie gesagt, ich kann Ihnen die ganzen vierzehn Strophen aufsagen …

Aus eigenem Antrieb, aber nicht, weil die Schule es Ihnen vorgeschrieben hat; das ist vielleicht eine unterschiedliche Motivation.

Als Katholik hätte ich in meinem Religionsunterricht nicht die Aufforderung erwarten können, Paul Gerhardts Lieder auswendig zu lernen. Gerhardt war ein evangelischer Theologe.

Mitglieder der von Ihnen 1993 mitgegründeten Vereinigung »Gegen Vergessen – Für Demokratie« gehen an Schulen, bieten unter anderem Einheiten für den Geschichtsunterricht an, zum Beispiel über die DDR-Zeit, aber auch über die Nazi-Zeit – herrscht da so ein Mangel, dass ein privates Projekt aushelfen muss?

Ich möchte noch erwähnen, dass zu den Mitbegründern auch Heinz Westphal zählte, der damals Bundestagsvizepräsident war, und Heinz Putzrath, ein NS-Verfolgter, der wegen seiner jüdischen Abstammung ein hartes Schicksal hinter sich hatte. Wir haben dieses Projekt 1993 ins Leben gerufen, also in einem Jahr, in dem uns schwere rechtsextreme und ausländerfeindliche Ausschreitungen in Mölln, Solingen, Hoyerswerda und Rostock-Lichtenhagen alarmierten. Wir sagten uns, da können wir nicht nur an den Staat appellieren, da müssen wir selbst etwas tun. Und dazu gehört dann, dass man an das NS-Gewaltregime, seine Verbrechen, seine Täter, seine Opfer und an den Widerstand, aber insbesondere auch an seine Ursachen und dann auch an die zweite Diktatur auf deutschem Boden erinnert. Warum? Um jungen Menschen, um den heranwachsenden Generationen vor Augen zu führen, wohin es in unserer Geschichte geführt hat, wenn man die Menschenwürde mit Füßen tritt, wenn man die demokratischen Prinzipien beiseite wirft und einem lange bejubelten »Führer« Allmacht und Allwissenheit in gotteslästerlicher Weise zuschreibt. Für all das muss man sich Beispiele aus der Geschichte in Erinnerung rufen. In diesem Zusammenhang kann ich immer nur Lessing zitieren: »Erinnern heißt nicht, das Gedächtnis zu belasten, sondern den Verstand zu erleuchten.« So kann man sich gegen neuerliche rechtsradikale Entwicklungen und Tendenzen wappnen und dann etwas dagegen tun.

Diejenigen, die das »Dritte Reich« erlebt haben und darüber noch erzählen können, werden in nicht allzu ferner Zukunft nicht mehr Auskunft geben können. Was dann?

Das ist wahr. Gegenwärtig sind wir da in einem Umbruch. Noch gibt es einige, die die Hitler-Diktatur erlebt haben, aber es werden immer weniger, die aus ihrem Leben berichten können. Zu denen, die es noch fabelhaft können, zähle ich Max Mannheimer. Mit seinen einundneunzig Jahren schildert er seine Erlebnisse in Auschwitz, in Buchenwald, in Dachau und in anderen Lagern. Ohne mich nur entfernt mit ihm vergleichen zu wollen, versuche auch ich aus meiner NS-Vergangenheit zu berichten – und das findet bei jungen Leuten durchaus Aufmerksamkeit.

Der Umbruch muss dadurch bewältigt werden, dass wir die

Bilder und Erzählungen in Ausstellungen gegenwärtig halten. Wichtig sind ebenso die Gedenkstätten, ich denke da an Buchenwald, aber auch an Dachau oder Flossenbürg. Sie müssen es dann hauptsächlich leisten, die NS-Geschichte zu vermitteln. Als Orte, an denen man sich konkret erinnern kann, wie dies in Berlin ja schon das Stelenfeld mit seinem Informationszentrum und die »Topographie des Terrors« ermöglichen. Es sind noch weitere Anstrengungen notwendig, aber es ist ein diskutabler Weg. Eines Tages wird dieses Problem auch in Bezug auf die DDR-Geschichte auf uns zukommen.

Die zweite Diktatur, die Diktatur der DDR, ist ein weiterer Schwerpunkt Ihrer Arbeit in dem Projekt »Gegen Vergessen – Für Demokratie«. Egon Bahr hat bei einem Festakt für Brandenburgs Ex-Landeschef Manfred Stolpe im Mai 2011 einen kleinen Eklat verursacht und das Wort »Schlussstrich« zwar nicht in den Mund genommen, aber in seiner Rede klang dies durch. Er sagte, die Stasi-Unterlagenbehörde hätte in einem gerüttelten Maß Schuld daran, dass der Stolz der Ostdeutschen verletzt und geduckt wurde, und er hat Marianne Birthler, der ehemaligen Stasi-Unterlagen-Beauftragten, ganz offen mangelnden Versöhnungswillen vorgeworfen. Bahr kritisierte, dass sie Versöhnung nicht als politische Kategorie, sondern als eine persönliche definiert hätte. Bei seiner Rede hatte man das Gefühl, als würde er sagen wollen: »Jetzt hört mal auf damit, das hat Unfrieden gestiftet und der inneren Einheit geschadet.« Können Sie dem zustimmen?

Ich respektiere Egon Bahr sehr, und seine großen Leistungen für die Ostpolitik sind unvergessen. Aber in diesem Punkt würde ich gern etwas gründlicher mit ihm diskutieren. Es ist ja so, dass nach wie vor Menschen bei dieser Behörde anfragen – und zwar gerade Menschen, die in der DDR gelebt haben. Warum soll man denen heute verkünden: »Jetzt ist Schluss, jetzt könnt ihr nicht mehr nachfragen.« Außerdem: Wie soll das praktisch gehen? Ich weiß, eines Tages werden sämtliche Unterlagen dem Bundesarchiv übergegeben – aber wenn jemand persönlich betroffen ist, kann er dann dort nachfragen.

Letztlich geht es aber nicht nur um die einzelnen Stasiaktivitäten, sondern um die Frage, wie es zu dieser zweiten Diktatur gekommen ist. Was hat diese Diktatur bewirkt? Hierbei könnte es sinnvoll sein, sich an einen Abschnitt aus der Weimarer Geschichte zu erinnern. Damals sagten die Kommunisten: »Unsere Hauptfeinde sind nicht die Nationalsozialisten, sondern die Sozialdemokraten. Sie sind Sozialfaschisten.« Diese Haltung hat zum Untergang der Weimarer Republik beigetragen und später bis zur Zwangsvereinigung der SPD mit der KPD in der DDR fortgewirkt.

Bahr sagte in seiner Laudatio: »Wir versöhnen uns eher mit unseren Nachbarn als mit uns selbst.« Hat er recht?

Das kann ich quantitativ nicht abschätzen. Aber gibt es bei uns denn nicht schon viele Opfer, die sich mit denen versöhnt haben, die ihnen Leid zufügten? Und sind die Letzteren nicht auch in einiger Zahl auf die Opfer zugegangen?

Vergebung läge somit bei den Opfern. Kann man ihnen das nahelegen?

Im Einzelnen kann ich das nicht beurteilen, aber nach dem, was ich aus evangelischen Gemeinden höre, ist das kein Ausnahmezustand.

Vielleicht ist das eine Generationenfrage. Wo genau waren Sie eigentlich am 9. November 1989?

Im Laufe der damaligen Entwicklung hatte ich immer wieder verlangt, dass im Kanzleramt ein Gespräch des Bundeskanzlers mit allen Fraktionsvorsitzenden im Sinne eines Runden Tisches stattfindet. Ich war davon überzeugt, dass man die bislang erkennbaren Geschehnisse nicht allein mit den üblichen parlamentarischen Verfahrensmethoden zwischen Regierung und Opposition behandeln könne, sondern dass wir uns zusammensetzen sollten. Und insoweit konnte ich an diesem 9. November einen Teilerfolg verzeichnen. Denn an diesem Tag gab es nachmittags im Bundeskanzleramt ein solches Treffen. Allerdings war Helmut Kohl nicht dabei. Er war zu einem Staatsbesuch nach Polen geflogen. Seine Abwesenheit war aber kein Grund, die Gesprächsrunde abzusagen, weil er von Rudolf Seiters, dem damaligen Kanzleramtsminister, vertreten wurde. Weiter waren Alfred Dregger, seinerzeit

Vorsitzender der Unionsfraktion, und Wolfgang Mischnik, der Vorsitzende der FDP-Fraktion im Bundestag, zugegen. Ebenso jemand von der CSU. In dieser Runde habe ich dann als Vorsitzender der SPD meine Gedanken vorgetragen.

Während darüber diskutiert wurde, machte Herr Ackermann, ein für die Presse Zuständiger und Vertrauter Helmut Kohls, die Tür auf, kam herein und sagte: »Hier ist eine Meldung, dass die Mauer geöffnet wird.« Ich sagte: »Das ist ja unglaublich« und bat ihn, diese Information noch einmal prüfen zu lassen. Während er dies tat, erhielten wir von Annemarie Renger, der amtierenden Vizepräsidentin des Bundestags, die Nachricht, dass man die Sitzung im Bundestag unterbrechen werde, weil man sich mit der Öffnung der Mauer beschäftigen müsse. Alle sollten sofort kommen. In diesem Moment kehrte Ackermann zurück und sagte: »Ja, es gibt eine Bestätigung dafür, dass die Mauer offen ist.«

Gemeinsam gingen wir hinüber in den Plenarsaal – wegen Umbauarbeiten tagte der Bundestag im benachbarten ehemaligen Wasserwerk. Herr Seiters sagte etwas für die Bundesregierung, Herr Dregger sprach für die Union, ich für uns Sozialdemokraten. Willy Brandt saß nur drei Meter vom Rednerpult entfernt. Ich sagte zu ihm gewandt, dass das gerade für ihn ein ganz besonderer Tag sein müsse, denn als Regierender Bürgermeister von Berlin hätte er den Tag des Mauerbaus miterlebt, und jetzt sei die Mauer gefallen. Da hatte er schon Tränen in den Augen.

Und Sie nicht?

Nein, Tränen hatte ich nicht, aber es hat mich unglaublich bewegt. Sechs Monate lang war ja auch ich Regierender Bürgermeister von Berlin gewesen, 1981, und war aus diesem Grund mit der Teilung der Stadt und den damit verbundenen Problemen sehr vertraut. Wir waren alle überwältigt. Und dann gab es eine Szene, die ich noch in deutlicher Erinnerung habe: Ein oder zwei Kollegen von der Union stimmten die dritte Strophe des Deutschlandlieds an, die meisten haben mitgesungen, die meisten Grünen nicht. Ich fand es ziemlich demokratisch, dass selbst in einer solchen Situation der Unterschied in der Beurteilung deutlich wird. Willy hat mitgesungen, und ich habe ebenfalls mitgesungen. Bei uns in der SPD waren es vor allem die Älteren.

Ein schöner Moment, dessen Energie bis heute nicht mehr anhält, würde man meinen, oder?

Ich muss etwas dazu ergänzen. Am nächsten Tag war die berühmte Berliner Kundgebung vor dem Schöneberger Rathaus, auf der Willy wohl nicht zum ersten Mal, aber jedenfalls allgemein hör- und wahrnehmbar den berühmten Satz sagte: »Jetzt wächst zusammen, was zusammengehört.« Als das vorbei war, fuhren wir zum Übergang Invalidenstraße. Wir waren verabredet mit Repräsentanten der neu ins Leben gerufenen SPD in der DDR, mit denen wir schon vorher Kontakt hatten. Einen Tag nach der Gründung in Schwante, in der Nähe von Berlin, das war am 8. Oktober 1989, erfuhren wir davon. Und wir hatten das in einer Presseerklärung vom gleichen Tage ausdrücklich begrüßt. Da standen wir nun am Übergang, und der Grenzoffizier war in Verlegenheit, weil er nicht wusste, was er mit uns machen sollte. Er telefonierte wieder und wieder und tat so, als wenn er Willy Brandt nicht erkennen würde. Uns kamen zu Tausenden die Menschen aus Ostberlin entgegen, die in den Westen hinübergingen, und ich habe selten in meinem Leben so freudige und fröhliche Gesichter gesehen, als sie dann Willy Brandt wahrnahmen. Es war unglaublich. Schließlich sagte der Grenzoffizier: »Sie können einreisen.«

Die Amerikaner wären in der Lage gewesen, aus einem solch bedeutsamen Moment nationaler Geschichte ein Ritual zu entwickeln, eine Erinnerungskultur zu bauen – das war uns nicht gegeben. Wir wählten zum Feiern einen anderen Tag, konnten uns wohl nicht zu Formen durchringen, die dann tatsächlich auch jeden einzelnen Bürger erreichten. Ist unsere Zurückhaltung ein Manko?

Zwei oder drei Bemerkungen dazu. Eine Zeit lang verfolgte man in den entsprechenden Bundestagsgremien den Gedanken, dass der 9. November nationaler Feiertag werden sollte. Dieser Tag fand aber keinen genügenden Widerhall. Es wäre auch ein schwieriger Nationalgedenktag geworden. Der 9. November steht ja für das Ende des Kaiserreichs 1918, für den Hitler-Ludendorff-Putsch 1923 und für den Beginn der Novemberpogrome 1938. Auch das gescheiterte Bombenattentat von Georg Elser fand übrigens 1939 an einem 9. November statt. Und schließlich fiel ja die Mauer an einem 9. November. Nun gut, jetzt haben wir den 3. Oktober, um die Deutsche Einheit zu feiern. Es stimmt, wir haben aus dem Ereignis bisher nichts so Symbolisches oder sogar Rituelles ableiten können, wie es die Amerikaner in einem solchen Fall wohl getan hätten. Erwähnen kann ich in diesem Zusammenhang nur die Veranstaltung zum 20. Jahrestag des Mauerfalls. An diesem 9. November 2009 hatte man in Berlin über tausend überdimensional große Dominosteine beim »Fest der Freiheit« vor dem Brandenburger Tor aufgebaut. Sie wurden von Jugendlichen und von ausländischen Gästen aus der ganzen Welt umgestoßen. Das hat mich schon beeindruckt.

Damals wurde der Showcharakter des Spektakels kritisiert.

Aber wenn ein einziger Dominostein angestoßen wird und danach alle anderen fallen, dann entspricht das genau der seinerzeitigen geschichtlichen Realität. Einer der ersten Steine wurde übrigens von Lech Wałęsa umgeworfen. Deshalb hat es mir gefallen.

Würden Sie sich mehr von dieser Art Erinnerungskultur wünschen, die möglicherweise auch einen Zusammenhalt in der Gesellschaft schafft?

Es soll dieses Denkmal zur Deutschen Einheit geben. Kennen Sie es?

Nein. Es steht ja noch nicht.

Aber doch sicher den Entwurf? Man hat sich für eine goldene Waagschale entschieden, die in Berlin aufgestellt werden soll. Besucher können darauf klettern, und dann senkt es sich nach der einen oder anderen Seite, je nach dem Standort der Menschen. Ich kann da einen verständlichen Zusammenhang zum Zustandekommen der Deutschen Einheit nicht erkennen. Im Übrigen gibt es immer wieder im Deutschen Historischen Museum in Berlin Ausstellungen zu diesem Thema.

Ein Museum, ein Denkmal – fällt uns nichts anderes ein? Braucht man diese Einrichtungen, um gleichsam den nationalen Überschwang, die Emotionen, die es ja gibt, nicht zu sehr zu betonen?

Mir geht es nicht in erster Linie um Überschwang. Viel wichtiger wäre es mir, dass ein Gefühl der Dankbarkeit deutlich wird. Denn wir haben allen Anlass, für die Entwicklung im Jahr 1989 unseren Dank zu bekunden. Es ist eine Entwicklung, die in diesem Tempo niemand vorausgesehen hat. Es ist eine Dankbarkeit gegenüber den Menschen, die aufgestanden sind und sagten: »Wir sind das Volk!« Und gegenüber allen, die das Zustandekommen der Einheit ohne Blutvergießen ermöglicht haben.

Das wäre doch jedes Jahr mehr als ein Feuerwerk wert, wenn nicht gar etwas anderes. Meinen Sie nicht, dass da etwas fehlt?

Ja. Diese Lücke müsste man in geeigneter Weise füllen. Und eben gerade auch mit Aktivitäten, die Freude und Dankbarkeit zum Ausdruck bringen.

Es gibt ein anderes Element, durch das Zusammengehörigkeit gegenüber dem Vaterland ausgedrückt werden sollte – so war es jedenfalls einmal gedacht gewesen –, und das war die Wehrpflicht. In der Form, wie wir sie kannten, existiert sie nicht mehr. Sind Sie ein Anhänger davon, dass die Wehrpflicht abgeschafft wurde?

Wenn wir von Wehrpflicht reden, müssen wir auch den Zivildienst einschließen, das gehört zusammen. Ich selbst glaube, dass die Abschaffung der Wehrpflicht unvermeidlich war, weil es zunehmend verfassungsrechtliche Probleme gab. Da nur noch 20 oder 25 Prozent eines Jahrgangs eingezogen und die Befreiungstatbestände immer größer und umfangreicher wurden, wäre es rechtlich außerordentlich schwierig gewesen, die Wehrpflicht aufrechtzuerhalten. Man kam nicht darum herum, sie abzuschaffen. Allerdings hätte ich mir das bei ihrer geschichtlichen Bedeutung doch etwas anders gewünscht, als es jetzt geschah. Die Regierung hat nämlich einfach gesagt: »Die setzen wir nun aus – und das Parlament beschäftigen wir später damit.« Und dabei den Eindruck erweckt, das geschehe vor allem aus finanziellen Gründen.

Ich selbst unterstütze das, was Helmut Schmidt mehrfach gefordert hat, nämlich ein allgemeines soziales Jahr als Alternative zur Wehrpflicht. Zurzeit gibt es das als ein Angebot für Freiwillige. Aber es wäre gut, wenn alle Männer und Frauen – es muss ja kein ganzes Jahr, meinetwegen kann es auch ein Dreivierteljahr sein – für das Gemeinwesen tätig sind und Lebenserfahrungen auch auf Gebieten sammeln, die ihnen sonst wahrscheinlich verschlossen bleiben. In unserem Altenwohnheim kann ich beobachten, wie junge Menschen, die in der Pflege für alte Menschen ein halbes oder Dreivierteljahr tätig waren, etwas für ihr Leben gelernt haben. Ich weiß, man diskutiert darüber, ob man das ebenfalls für Frauen verbindlich machen kann. Meine Meinung ist hierbei ganz klar: Gleichberechtigung bedeutet auch gleiche Verpflichtung.

Da Frauen aber immer noch diejenigen sind, die bei der Kindererziehung den größten Teil übernehmen, auch bei der Pflege der älteren Familienmitglieder, sagen einige, zur allgemeinen Dienstpflicht sollten nur die jungen Männer herangezogen werden, die Frauen würden später sowieso ihren Part übernehmen.

Aber es ist der Prozess angestoßen worden, dass Familienaufgaben auch stärker von Männern bewältigt werden, etwa mit den Vätermonaten. Und dieser Prozess muss weitergehen, da bin ich sehr dafür, das sagte ich schon. Deshalb sollten alle junge Menschen, egal ob Männer oder Frauen, eine längere Zeit für das Gemeinwesen arbeiten.

Über den Waffeneinsatz am Hindukusch, die RAF und Versöhnung

Sie waren in einer Zeit Soldat, in der man nicht Soldat sein wollte, Sie haben einen Krieg mitmachen müssen. Dennoch die Frage, so absurd sie Ihnen vielleicht erscheinen mag: Haben Sie als Soldat eine Erfahrung gemacht, die Ihnen im Nachhinein als hilfreich für Ihr Leben erschienen ist?

Ja, die Erfahrung, unter schlimmsten Umständen existieren zu können.

Das ist eine Kriegserfahrung.

Das ist eine Kriegserfahrung. Unter harten Kriegsbedingungen, vorne an der Front, habe ich jeweils nur kurze Zeit gelebt. Dennoch wurde mir klar, dass ich mit vielen Situationen zurechtkam. Dies ist eine Erfahrung, die man mitnimmt.

Von manchen Soldaten wurde später die Kameradschaft betont.

Die gab es. Und das habe ich vor allem in der Gefangenschaft erlebt. Da kümmerte man sich gegenseitig umeinander und stützte den anderen ein bisschen, wenn er verzweifelt war oder keine Zigarette mehr hatte.

Mit welcher Begründung schicken wir junge deutsche Männer an den Hindukusch, wo sie immer weniger willkommen sind und immer öfter ihr Leben lassen?

Darüber wurde gerade im Zuge der Bundeswehrreform lebhaft diskutiert. Peter Struck hat, damals noch als Verteidigungsminister, den berühmten Satz gesagt: »Deutschland wird auch am Hindukusch verteidigt.« Der ist nicht so falsch, wie manche behaupten, denn es ging um al-Qaida und die Taliban, die mit diesem weltweiten Terrornetzwerk in Verbindung stehen. Hätten die Taliban Afghanistan weiter beherrscht, so wäre dieses Land ein idealer Raum für die Vorbereitung von weltweiten Anschlägen geworden. Die hätten sich durchaus auch gegen uns richten können. Deshalb – und ebenso, weil es einen entsprechenden Beschluss des UN-Sicherheitsrats gibt – halte ich unseren dortigen Einsatz grundsätzlich für gerechtfertigt. Dabei müssen wir auch die Situation in Pakistan im Auge behalten.

Auch mit der Waffe in der Hand?

Ja.

Auf nationaler Ebene ist das einleuchtend, dann, wenn Angreifer und Angegriffene deutlich voneinander zu unterscheiden sind. Das gestaltet sich international etwas komplizierter, zumal wenn es noch unterschiedliche Völker betrifft. Dennoch sehen Sie durchaus eine Aufgabe darin, dass sich die Jugend Deutschlands im bewaffneten Kampf engagiert?

In jedem Fall braucht man tragfähige Beschlüsse des Weltsicherheitsrats. Aber jeder Einsatz muss auch unter nationalen Aspekten und unter Bündnisgesichtspunkten geprüft werden. Die endgültige Entscheidung trifft dann ja erst der Bundestag.

Im Weltsicherheitsrat befinden sich auch Länder, deren Bonität man in diesen Fragen durchaus in Zweifel ziehen kann. Zwar nicht gerade Libyen …

In welchen Fällen haben solche Länder, die nicht Veto-Mächte sind, einen derartigen Beschluss des Sicherheitsrats erst möglich gemacht oder verhindert?

Ist China ein unbescholtener Ratgeber?

Aber es ist eine Veto-Macht und trotz aller menschenrechtlichen Kritik doch nicht mit den von Ihnen erwähnten Ländern vergleichbar.

Nein, aber darf man fragen, ob China in Menschenrechtsfragen …

Das darf und muss man natürlich erörtern. Aber man sollte auch einmal den Weg betrachten, den China auf diesem Gebiet seit der sogenannten Kulturrevolution Mao Zedongs zurückgelegt hat. Damals starben Millionen von Menschen.

Ich könnte auch die Russische Föderation nennen. Muss man die Frage stellen, mit welchem Recht, mit welcher Autorität diese Länder über Menschenrechtsfragen in anderen Staaten bestimmten?

Weil sie seit der Gründung der Vereinten Nationen aufgrund deren Satzung ständige Mitglieder des Sicherheitsrats sind.

Ihr Freund Helmut Schmidt sprach von Nichteinmischung …

In diesem Fall bin ich nicht ganz seiner Meinung. Es gibt doch Situationen, die wirklich Völkermord bedeuten. Und dann prinzipiell zu sagen: »Das interessiert uns nicht, da greifen wir nicht ein«, das wäre auch ein gewisser Widerspruch zu dem Vertrag, der den Weltgerichtshof in Den Haag und seine Zuständigkeit begründet hat und dem wir zugestimmt haben. Dieser Gerichtshof ist ja eingerichtet worden, um Völkermörder und Menschenrechtsverbrecher zu bestrafen. Also ist der Grundgedanke, dass Menschenrechte universal geschützt werden sollen, einmal mehr artikuliert. Dass der Sicherheitsrat ihn nun in einzelnen Fällen als Rechtfertigungsgrund für einen militärischen Einsatz gelten lässt, kritisiere ich nicht. Das wird aber noch ein langer Prozess werden.

Wie groß ist denn noch unser Bedarf, am Hindukusch tätig zu sein, nachdem der Kopf der al-Qaida getötet wurde?

Es lässt sich nur schwer beurteilen, welche Auswirkungen das Verschwinden von Osama bin Laden hat. Man wird sehen, ob die Zahl der Anschläge abnimmt. Es ist sogar prophezeit worden, dass deswegen die Zahl der Attentate zunehmen wird. Einige Leute sagen, man hätte ihn weiter in Ruhe leben lassen sollen – okay, das sind Dinge, die ich gern mit den Vertretern dieser Meinung diskutieren würde.

Sie sprechen von einem »Verschwinden« – das ist eine interessante Formulierung. Nicht wenige sind der Meinung, dass dies eine Hinrichtung gewesen sei, andere sprechen von einer gezielten Tötung. Wie stehen Sie zu einem solchen Vorgehen, das die Frage nach völkerrechtlichen Kriterien aufkommen lässt?

Ich hätte Tötung sagen sollen. Ich verwendete das Wort »Verschwinden«, weil ich in diesem Moment an die Seeversenkung dachte. Also, die Tötung wirft zweifellos erhebliche rechtliche Probleme auf. Wäre sie auf deutschem Boden geschehen, dann wäre die rechtliche Beurteilung wahrscheinlich gar nicht sehr schwierig. Nur gibt es Fälle – wir hatten schon einmal darüber gesprochen –, bei denen jemand aus Gewissensgründen rechtliche Normen verletzt. In diesen Fällen muss gefragt werden, welches Gewicht diese Gewissensgründe haben. Dass ein amerikanischer Präsident für eine solche Gewissensentscheidung eine Menge Gründe anführen konnte, das liegt auf der Hand.

In Ihrem Leben hatten Sie eine Phase, in der auch Sie sich mit Terrorismus auseinandersetzen mussten, selbst wenn der gar nicht mit dem von heute zu vergleichen ist. Es war in der RAF-Zeit. Als Sie von der Tötung von Hanns Martin Schleyer, Siegfried Buback oder Gerold von Braunmühl erfuhren, was waren damals Ihre Überlegungen? Was hätten Sie damals gemacht, wenn es die Möglichkeit gegeben hätte, mit einer gezielten Aktion möglicherweise Leben zu retten?

Ich beschränke mich in meinen Bemerkungen jetzt auf den Herbst 1977, da ging es um Leben oder Tod von Hanns Martin Schleyer und um Leben oder Tod von etwa neunzig Menschen an Bord der *Landshut*. Die zentrale Persönlichkeit war damals Helmut Schmidt, der seine Entscheidungen nach gründlichen Aussprachen in der alle Parteien und Fraktionen umfassenden Krisenrunde mit besonnener Entschlossenheit traf. Ich hatte verfassungsrechtliche und andere juristische Argumente beizusteuern. Und das war schon eine Belastung besonderer Art. Eine Situation, in der man Schleyer dadurch hätte retten können, dass ein anderer unter Verletzung des geltenden Rechts getötet worden wäre, habe ich nicht in Erinnerung. Ich hätte das auch entschieden abgelehnt. Die Herausforderung der RAF ist damals eben im Rahmen des Grundgesetzes und des geltenden Rechts überwunden worden. Das darf man immer wieder einmal in Erinnerung rufen. Geschossen wurde von der GSG9, einer Antiterroreinheit, bei der Erstürmung des Flugzeugs in Mogadischu. Dabei wurden drei der vier palästinensischen Terroristen getötet; die vierte Person, eine Frau, wurde schwer verletzt. Aber das war rechtlich gesehen Notwehr – oder jedenfalls Nothilfe.

Will man das mit Blick auf Osama bin Laden weiter vertiefen, so könnte man sich fragen, ob sich der Begriff der Notwehr auch auf diesen Fall ausdehnen lässt. Hat er etwa zu dem fraglichen Zeitpunkt weitere konkrete Anschläge geplant? Von welchem Planungsstadium an greift die Notwehr? Und hätte Verhaftung nicht den Vorrang vor Erschießung haben müssen?

Eine Notwehrsituation wäre gegeben, hätte bin Laden zu einer Waffe gegriffen. Er soll aber unbewaffnet gewesen sein. Und hätte man ihn gefasst, hätte man auch die Ausführung der Pläne verhindern können.

War man sicher, bin Laden lebend abtransportieren zu können?

Wäre es Ihnen lieber gewesen, man hätte ihn wie die RAF-Mitglieder vor Gericht gestellt?

Verneint man das Vorgehen, das bei bin Laden praktiziert wurde, ist der Prozess die einzige Alternative. Aber ein solcher hätte wahrscheinlich wieder Gefahren ausgelöst, die zu berücksichtigen sind. Ich bleibe dabei: Juristisch gesehen gibt es durchaus Einwände. Es war aber jedenfalls eine Gewissensentscheidung, und zwar die von Barack Obama – und die will ich nicht kritisieren.

Noch einmal zurück zur RAF. Hatten Sie Augenblicke, in denen man selbst verzweifelt?

Solche Momente gab es, weil alle Bemühungen, Hanns Martin Schleyer zu finden, über Wochen hinweg vergeblich blieben. Zudem hatte ich täglich telefonischen Kontakt mit Hanns-Eberhard Schleyer, dem Sohn des Entführten. Dadurch ist mir das alles sehr nahegegangen.

Und es gab diese furchtbaren Aufnahmen.

Die waren für diejenigen, die mit Schleyer befreundet waren, noch schlimmer. Helmut Kohl hat unter der Videobotschaft, zu der die

Entführer Schleyer zwangen und die wir uns in der Krisenrunde gemeinsam ansahen, besonders gelitten, weil er mit ihm befreundet war.

Hatten Sie da nicht den Impuls, zu sagen, man müsse auf die Forderungen der Terroristen eingehen?

Ich selbst nicht. Dafür war die Erinnerung an den Fall Lorenz zu präsent.

Aber wurde die Erfüllung der Forderungen in der Krisenrunde kurz erwogen?

Das ist kurz erwogen, aber sofort abgelehnt worden. Werner Maihofer, damaliger Bundesinnenminister, war in dieser Frage zu Beginn etwas zögerlich. Dann aber schloss er sich bald der allgemeinen – und insbesondere von mir vertretenen – Meinung an. Diese stützte sich auf die Erfahrungen in dem Präzedenzfall Peter Lorenz. Er war Spitzenkandidat der CDU für die unmittelbar bevorstehenden Wahlen zum Berliner Abgeordnetenhaus gewesen und wurde Anfang 1975 von der »Bewegung 2. Juni« entführt und in einem Berliner Kellerraum festgehalten. Für seine Freilassung verlangten die Erpresser im Austausch die Freilassung von fünf inhaftierten Terroristen. Diese Forderung wurde – gegen meinen Widerspruch – erfüllt, und die Freigepressten wurden in den Jemen ausgeflogen. Danach blieben sie aber nicht passiv, sondern beteiligten sich erneut an Morden oder Mordversuchen. Hätte man nun bei Schleyer wiederum nachgegeben, so wäre dadurch erneut das Leben einer größeren Zahl von Menschen aufs Spiel gesetzt worden. Denn auch in diesem Fall hätten die Freigepressten ihre terroristischen Aktivitäten wieder aufgenommen. Außerdem hätte es für die RAF einen großen Triumph bedeutet. Und einen unglaublichen Anreiz für weitere Entführungen. Mit welchen Begründungen hätte man dann noch Freilassungen ablehnen können?

In welchem Moment wurde Ihnen klar, dass das Leben von Hanns Martin Schleyer verwirkt war?

Dass es in hohem Maße gefährdet war, wusste ich schon deshalb von Anfang an, weil die Freilassungen ja abgelehnt wurden. Dass es verwirkt war – diesen Eindruck habe ich nie gehabt. Ich habe bis zuletzt gehofft, er könne gefunden und befreit werden.

Ich frage auch in diesem Fall nach Vergebung und Versöhnung. Haben Sie diese Frage für sich selbst beantworten können?

Es gibt von mir einen Brief an die Ehefrau Waltrude Schleyer, den ich wohl am Tage der Trauerfeier an sie und die Familie geschrieben habe. Darin äußerte ich mein Mitgefühl und mein Verständnis dafür, dass sie die von mir vertretene Position für falsch hielten und deshalb bekämpft haben. Darauf gab es eine Reaktion der Familie, die die Spannung nicht verschärfte. Auf dieser Grundlage konnten Hanns-Eberhard Schleyer und ich in der Folgezeit, in der wir uns in unseren Funktionen immer wieder begegneten, sachlich miteinander umgehen.

Und Vergebung für die Terroristen? Muss man dafür Christ sein?

Zur Versöhnung und zur Vergebung sollte jeder Mensch bereit sein. Ob Christ oder nicht. Als Christ bin ich dazu durch das Evangelium besonders verpflichtet. Aber es ist ein mühsamer Prozess, ein Prozess, der der Zeit bedarf. Es wäre nicht redlich zu sagen, mit der Verurteilung eines solchen Menschen wäre alles erledigt. Es kommt auch auf das Verhalten des Verurteilten an, ob er erkennen lässt, dass er über die Morde, die er begangen hat, heute anders denkt als damals. Ja, ob er sie bereut. Wie er sich den Angehörigen der Opfer gegenüber verhält. Für meine Einstellung ist das von wesentlicher Bedeutung – und da existieren in dem Kreis, über den wir reden, offenbar doch deutliche Unterschiede. Ich trat übrigens dafür ein, für die Begnadigung von Terroristen dieselben Maßstäbe gelten zu lassen wie für andere schwere Straftäter. Mein Bruder Bernhard war der Erste, der einen Terroristen begnadigte. Als damaliger Ministerpräsident von Rheinland-Pfalz hatte er 1988 Klaus Jünschke begnadigt. Der stammte aus der ersten Generation der RAF und war zu einer lebenslangen Haft verurteilt worden. Im Übrigen: Vergeben und Versöhnen – das ist in erster Linie eine Frage, die von den Opfern und den Hinterbliebenen beantwortet werden muss. Ich wünsche ihnen die Kraft dazu.

Bis heute gibt es unbeantwortete Fragen, man sieht das an dem Mord an Generalbundesanwalt Siegfried Buback, und bis heute gibt es eine Weigerung der Terroristen, bei der Aufklärung zumindest dieses Falles beizutragen.

Ja, das zeigt sich in dem Prozess gegen Verena Becker, die in dem Verdacht steht, an der Ermordung von Siegfried Buback mitgewirkt zu haben. Ich verstehe durchaus, dass der Sohn des Herrn Buback genau wissen will, wer seinen Vater ermordet hat. Und ich bedauere, dass diejenigen, die es sagen könnten, schweigen. Nicht vergessen werden sollte, dass zugleich zwei weitere Männer ermordet wurden. Nämlich der Fahrer Wolfgang Göbel und Georg Wurster, der Leiter der Fahrbereitschaft der Bundesanwaltschaft.

Haben Sie je mit Terroristen Gespräche geführt?

Der Einzige, der mir begegnet ist und mit dem ich auch geredet habe, war Peter-Jürgen Boock. Ohne dass ich es wusste, wurde ich von einem Kollegen von Ihnen in einer Gesprächsrunde neben ihn platziert. Erst dachte ich, ich sollte besser gehen. Aber Boock äußerte sich dann in einer Weise, die mir einigermaßen erträglich erschien. So ließ er eine gewisse Distanz zu seinen früheren Aktivitäten erkennen. Auch schilderte er einige Details, die jedenfalls mir bis dahin unbekannt waren. Deshalb blieb ich.

Über den Islam, Forderungen an Migranten und falschen Aktionismus

Herr Vogel, warum weckt gerade der Islam bei den Menschen hierzulande solche Ängste?

Weil es im Islam Vorstellungen gibt, die an den Zustand der christlichen Religion im 12. und im 13. Jahrhundert erinnern. Sie klingen nach Mission, auch unter Anwendung von Gewalt. Aber es ist verkehrt, solche Strömungen, die im Islam existent sind, mit dem Islam insgesamt gleichzusetzen. Hinzu kommen manche Lebensweisen von gläubigen Muslimen, die zunächst einmal überraschend bis fremd erscheinen. Etwa der weit verbreitete Brauch, dass islamische Frauen ein Kopftuch oder gar eine Burka tragen, sich also ganz verschleiern müssen. Auch die Art des Gebets ist für Menschen, die in Deutschland zu Hause und aufgewachsen sind, ungewohnt. Aber ich habe den Eindruck, dass sich die wechselseitige Fremdheit im Laufe der Zeit mildert.

Wären Sie denn für ein Burka-Verbot im öffentlichen Raum?

Die Frage stellt sich schon deswegen nicht, weil es hierzulande kaum Frauen gibt, die eine Burka tragen. In München habe ich ein-, zweimal welche gesehen. Aber die bummelten auf der Münchner Maximilianstraße als Begleitungen wohlhabender Scheichs. Die wollten sich hier operieren lassen oder irgendwelche Einkäufe tätigen. Aber an eine hier in Deutschland wohnhafte Muslima, die eine Burka getragen hätte, kann ich mich nicht erinnern.

Wobei die Burka jetzt nur als Sinnbild für eine Verschleierung steht, die auch die Augen freilassen kann. Die Franzosen haben daraus die Konsequenz gezogen, dass diese Bekleidungsform künftig nicht mehr erlaubt sein soll. Finden Sie das richtig?

Das ist deren Entscheidung. Ich sehe bei uns dazu gegenwärtig keine Notwendigkeit. Natürlich gibt es Situationen, in denen man das Gesicht der Betreffenden wahrnehmen muss. Zum Beispiel dann, wenn eine Frau als Angeklagte oder Zeugin vor Gericht steht. Weigert sie sich, den Kopfschleier abzulegen, so ist das nicht akzeptabel. Man muss erkennen können, ob die Frau, die da steht, wirklich diejenige ist, um die es geht. Der Richter muss auch ihre Miene verfolgen können, wenn sie ihre Aussage macht. Das sind Fälle, in denen der Vollschleier notfalls zwangsweise entfernt werden muss. Für ein allgemeines Verbot reicht das aber meines Erachtens nicht aus.

Die Religionsfreiheit ist ein garantiertes Grundrecht, und dennoch sollen islamische Lehrerinnen keine Kopftücher tragen. Wie passt das eine mit dem anderen zusammen?

Hier gibt es unterschiedliche Ansichten. Das Bundesverfassungsgericht hat in dieser Sache nämlich keine Entscheidung getroffen, sondern sie an den baden-württembergischen Landtag verwiesen. Der hat dann ein Verbot in Kraft gesetzt. Unter dem Aspekt der Religionsfreiheit kann ich das nicht akzeptieren, denn Klosterfrauen unterrichten auch in ihrer Ordenstracht und tragen um den Hals ein deutlich sichtbares Kreuz. Gibt es da wirklich einen fundamentalen Unterschied?

Anders mag es sein, wenn das Kopftuch im Einzelfall nicht nur ein religiöses Symbol, sondern ein Indiz für eine mit dem Grundgesetz unvereinbare Grundhaltung ist. So etwa für die Ablehnung der Gleichberechtigung oder gar der Menschenwürde der Frau. Dem muss nachgegangen werden. Und eine solche Person gehört nicht in den Lehrdienst – und das auch dann nicht, wenn sie kein Kopftuch trägt.

Sie haben in einem Atemzug die islamische Kopftuchträgerin und die christliche Nonne genannt – und das berührt einen grundsätzlichen Streit in Deutschland. Bundespräsident Christian Wulff äußerte die Sätze: »Das Christentum gehört zweifelsfrei zu Deutschland. Das Judentum gehört zweifelsfrei zu Deutschland. Aber der Islam gehört inzwischen auch zu Deutschland.« Und Bundesinnenminister Hans-Peter

Friedrich konterte: »Die Leitkultur in Deutschland ist die christlich-jüdisch-abendländische. Sie ist nicht die islamische ...« Wem stimmen Sie zu?

Das sind zwei verschiedene Aussagen. Die von Bundespräsident Wulff bezieht sich auf die gegenwärtige Situation. Und da hat er völlig recht: Natürlich ist der Islam heute in Deutschland präsent und gehört deshalb zu uns. Immerhin leben inzwischen – übrigens zum größten Teil legal – 3,8 bis 4,3 Millionen Muslime unter uns, so eine Studie, die die Islamkonferenz von Wolfgang Schäuble 2009 in Auftrag gegeben hatte. Ob Friedrich diesen unbestreitbaren Sachverhalt wirklich in Frage gestellt hat, ist mir bei seinen Formulierungen unklar. Vielleicht wollte er nur zum Ausdruck bringen, dass der Islam für die geschichtliche Entwicklung unseres Landes bis heute nicht die Bedeutung hat wie die christliche Religion. Und damit hätte er ja auch recht. Insofern kann ich zwischen den beiden Äußerungen eigentlich keinen fundamentalen Widerspruch erkennen, wie er jetzt von manchen Seiten behauptet wird.

Würden Sie sagen, der Islam gehört zu Deutschland?

Seit geraumer Zeit ja. Er gehört zu Deutschland. Wenn sich in diesem Land zwischen drei und vier Millionen Menschen zum Islam bekennen, dann gehört er eben dazu. Die Atheisten gehören ja auch dazu. Ebenso andere nicht-christliche Richtungen und Gemeinschaften.

Mit den gleichen Rechten?

Selbstverständlich. Die Religionsfreiheit ist nicht eine, die sich auf bestimmte Religionen beschränkt, sondern sie ist ein generelles Grundrecht.

Es gibt Menschen, die der Überzeugung sind, die Islamisierung ist eine der größten Gefahren, denen Deutschland ausgesetzt ist. Sie meinen das nicht unbedingt im terroristisch-kriegerischen Sinn, sondern in der schleichenden Übernahme unserer Grundwerte. Dabei nehmen sie auf den Koran Bezug, aber sie argumentieren auch demografisch. Es wird von ihnen die Schlussfolgerung gezogen, dass wir uns dieser Islamisierung erwehren müssen, weil wir den Muslimen Freiheiten geben, die diese Religionszugehörigen uns wiederum nicht zugestehen.

Zunächst einmal sind wir für unser eigenes Land zuständig und verantwortlich. Wir haben uns eine Verfassung gegeben, und die Verfassung enthält Grundwerte, die für alle, die hier leben, verbindlich sind. Dazu gehört auch der Grundwert der Religionsfreiheit. Nirgends steht aber in der Verfassung, dass die Religionsfreiheit davon abhängt, dass sie in den Herkunftsländern der jetzt bei uns lebenden Migranten und Andersgläubigen ebenfalls gewährt wird. Das sind politische Forderungen, die man erheben kann und auch sollte. Mit der Verfassung und der Rechtslage in unserer Republik hat das aber nichts zu tun. Für die Behauptung, dass wir uns islamisieren, dass der Islam in Deutschland missionarisch tätig ist, bräuchte ich zunächst einmal Fakten. Wie groß ist denn die Zahl derer, die zum Islam übertreten? Wenn man das hört, was die Islamisierungs-Befürchter sagen, könnte man meinen, Millionen von Deutschen treten zum Islam über. Davon kann doch aber überhaupt nicht die Rede sein. Es konvertieren auch umgekehrt Leute vom Islam zur christlichen Religion. In meinen Augen wird das alles zu sehr aufgebauscht.

Und wie gehen Sie mit dem demografischen Argument um, dass Muslime mehr Kinder bekommen?

Dass die Zahl der Kinder in islamischen Familien größer ist als in Familien deutscher Herkunft, das haben wir schon besprochen. Aber ist das dem Islam vorzuwerfen? Ist die Tatsache, dass man Kinder bekommt, ein Grund, um Vorwürfe zu erheben? Ich freue mich eigentlich über jedes Kind. Und somit klingt es äußerst merkwürdig, wenn man sagt, ein islamisches Kind wäre eine Gefahr.

Wir sind schwächer als der Islam, sagen viele.

Aha. Und weil wir schwächer sind, greifen wir jetzt die anderen an?

Haben Sie das Gefühl, dass gläubige Menschen untereinander toleranter sind also solche, die keinen Gottesbezug mehr haben? Mein Eindruck ist, dass praktizierende Christen mehr Verständnis für die Muslime in Deutschland haben als die, die vom Glauben abgefallen sind.

Im Ergebnis stimme ich Ihnen zu. Wer sein Christentum ernst nimmt, wird sich so verhalten, wie Sie es gerade geschildert haben.

Der hat zum Beispiel weniger Verständnis für die Mohammed-Karikaturen?

Ja, auch das. Diese Art von Karikaturen hat mir überhaupt nicht gefallen. Als ich sie sah, stellte ich mir vor, wie Christen reagieren würden, wäre Jesus Gegenstand derartiger Zeichnungen. Aber das liegt immer noch im Bereich der freien Meinungsäußerung. Es ist eher die Frage, ob man es tun soll, nicht die, ob man es tun darf. Und noch einmal zum Gottesbezug: Hierbei ist ebenso entscheidend, wie man sich Gott vorstellt. Wenn man sich Gott als einen strafenden, rächenden Gott denkt, der andere bekämpft, so wie es ja im Alten Testament durchaus Stellen gibt, die einen solchen Gott schildern, dann ist die Wirkung eine andere, als wenn man die heutige christliche Gottesvorstellung zugrunde legt, bei der Barmherzigkeit und die Liebe Gottes stärker in den Vordergrund rücken als sein strafender, sein drohender Charakter. Ein so verstandener Gott ist Ansatz zu einem besseren Verständnis der Menschen untereinander.

Aber kann sich eine Nation wie Deutschland erlauben, dass so viele Menschen sich so viel anders definieren, dass sie nicht nur anderen Glaubens-, sondern auch anderen Lebensregeln folgen? Sind nicht Parallelgesellschaften eine Bedrohung für die Gemeinschaft?

Wo ist denn die Handhabe, dies zu verbieten? Worauf will man sich stützen? Außerdem: Sind andere Glaubens- und Lebensregeln derzeit wirklich eine Gefahr für unsere Grundordnung?

Das ist die Frage. Halten Sie es für eine Gefahr, wenn es innerhalb der Republik Gesellschaften gibt, die nicht mehr erkennbar mit deutschen Lebensritualen, deutschen Glaubensritualen und deutschen kulturellen Hintergründen zu tun haben?

Gibt es denn diese Parallelgesellschaften? Es wird bei dieser Diskussion immer auf Berlin-Neukölln verwiesen. Und dort stimmt es wohl auch. Aber kann man wirklich sagen, dass sich quer durch die ganze Republik solche Parallelgesellschaften gebildet haben?

Ich habe nicht den Eindruck. In den USA existieren derartige Parallelgesellschaften, und ich halte das nicht für das Optimum. Für Deutschland würde ich mir wünschen, dass wir insgesamt eine Gemeinschaft bilden. Aber ich schließe dabei nicht aus, dass die Muslime in einer solchen Gemeinschaft unter den Regeln des Grundgesetzes ihren Platz finden.

Was sind die Mindestanforderungen für Menschen, die nach Deutschland kommen und hier leben wollen?

Erstens die Beherrschung der Sprache und zweitens eine gewisse Vertrautheit mit der Verfassung und den rechtlichen Regeln, die für das tägliche Leben maßgebend sind. Auch ein paar Kenntnisse der deutschen Geschichte.

Sie heißen also auch diese Prüfungen gut?

Ja, das tue ich. In der Unabhängigen Zuwanderungskommission, in der ich seinerzeit mitgearbeitet habe – das war 2000/2001 –, verlangten wir sogenannte Integrationskurse. Diese Forderungen und andere Anregungen sind inzwischen realisiert worden. Es hat allerdings in einigen Fällen ziemlich lange gedauert.

Ich lasse noch nicht locker: In vielen Großstädten haben wir Straßenzüge, deren Schriftzüge nur in Türkisch gehalten sind. Halten Sie das nicht für gefährlich?

Sicher darf man nicht alles sich selbst überlassen. Aber ich sehe nichts, was uns wirklich gefährdet. Und es wird noch der Zeitpunkt kommen, wo wir um die Zugewanderten froh sind.

Und dann sind wir islamisiert.

Aber was heißt denn islamisiert? Sind Sie schon islamisiert?

Ich bin ja nicht einmal verchristlicht, wenn Sie so wollen.

Aber dann sind Sie besonders gefährdet.

Keineswegs. Ich bin völlig immun gegen jegliche Art von Religion.

Empfehlen Sie, dass möglichst alle Menschen in diesem Sinn immunisiert werden?

Ich jedenfalls empfehle, will man Konflikte vermeiden, sich nicht unbedingt über den Glauben auseinanderzusetzen.

Das kommt doch auf die Art der Auseinandersetzung an. Es gibt viele Dinge, über die man sich lebhaft austauschen kann. Warum soll man sich nicht über Religion unterhalten?

Solange es bei Diskussionen bleibt, ist das in Ordnung. Nur wenn es aggressiv oder kriegerisch wird, würde es mir nicht mehr gefallen.

Gibt es in Deutschland Ansätze zu kriegerischen Religionsauseinandersetzungen?

Na ja, die al-Qaida-Krieger, die in Deutschland im April 2011 gefasst wurden und wohl einen Sprengstoffanschlag in Düsseldorf vorbereiteten, berufen sich auf eine Ideologie, die durchaus religiöse Bestandteile hat.

Und wie viele sind das?

Es war ein Trio.

Aha.

Es gab die sogenannte Sauerlandgruppe, eine radikal-islamistische Vereinigung mit dem Namen Islamische Dschihad-Union. Das waren vier Terroristen, zwei davon Deutsche, die zum Islam konvertiert waren. Und den Kofferbomber von Köln, der zu lebenslanger Haft verurteilt wurde. Und drei junge Männer aus Mainz und Bonn, die 2005 wegen Bombenherstellung verurteilt wurden. Insgesamt ein gutes Dutzend al-Qaida-Leute, die in Zusammenhang mit Anschlagsplänen festgenommen wurden.

Und das ist Anlass genug, um von Islamisierung zu reden? Bei zwölf Tätern? Wenn man das von Anschlägen islamistischer Terroristen herleitet, dann wäre Spanien völlig islamisiert, auch England, und Amerika wäre überhaupt dreimal islamisiert. War Deutschland denn in den siebziger Jahren »RAFisiert«? Da gehörten ja viel mehr Aktivisten dazu. Damit wir uns recht verstehen: Ich will nichts bagatellisieren. Und Aufmerksamkeit ist immer nötig. Aber Übertreibungen helfen erst recht nicht.

Was bedeutet in Zukunft deutsch sein? Dieser Frage muss man sich stellen, wenn man sagt, wie Sie es tun, dass wir Einwanderer brauchen.

Da sind wir ziemlich dicht bei dem Begriff der Nation. Für mich ist die Nation eine Geschichtsgemeinschaft, eine Sprachgemeinschaft, eine Kultur- und eine Gefühlsgemeinschaft. An diesen vier Kriterien und Voraussetzungen sollten wir festhalten. Ich kenne auch niemanden, der sie für überholt oder für abwegig erklärt hätte. Geschichtsgemeinschaft bedeutet insbesondere, dass wir uns der dunklen und auch heute noch bedrückenden Phasen unserer Geschichte erinnern – wir haben darüber gesprochen. Es gehört aber ebenso dazu, dass wir uns der guten Phasen der deutschen Geschichte bewusst sind. Daran, dass ein Kant, ein Lessing, ein Goethe, ein Schiller zu Deutschland gehört haben. Und im politischen Bereich könnte ich weiß Gott genügend Männer und Frauen aufzählen, die ebenfalls ein Teil unserer Geschichte sind und auf die wir stolz sein können. Zu unserer Gemeinschaft gehört weiterhin das Ja zum Grundgesetz und zu seiner Wertordnung. Für die Kulturgemeinschaft ist die Sprache von zentraler Bedeutung. Aber genauso die Art des Umgangs miteinander. Und eine gewisse Übereinstimmung über die Kriterien für ein gelungenes Leben. Die Gefühlsgemeinschaft hat schließlich etwas mit dem Heimatgefühl und dem Gefühl der Zusammengehörigkeit zu tun.

Geschichte, Goethe, Grundgesetz.

Das sind wesentliche Punkte, ja.

Und diese sollte man immer wieder im Sinne einer Leitkultur neu fassen?

Da bitte ich um eine Definition des Begriffs »Leitkultur«. Ich habe die Debatte darüber verfolgt, aber bislang konnte mir keiner eine schlüssige Definition liefern. Darf ich sie von Ihnen erbitten?

Da das Wort nicht meine Erfindung ist, kann ich nur das wiedergeben, was ich darunter verstanden habe. Demnach beinhaltet eine Leitkultur bestimmte Grundsätze, auf die man sich anhand der Dinge, die Sie eben genannt haben, gemeinsam geeinigt hat. Ein kultureller, ein christlicher Bezug ist darin enthalten, auch ein Geschichts-, ein Nationenbewusstsein. Der christliche Verweis wird dabei besonders betont. Wenn das Leitkultur ist und Sie dieser anhängen, können Sie eigentlich keine starke muslimische Gemeinschaft tolerieren.

Aber wir haben doch Minderheiten auch in unserer früheren Geschichte gehabt und sogar zu uns geholt. In bestimmter Weise waren wir immer ein Einwanderungs- und – ich füge hinzu – auch ein Auswanderungsland.

Verzeihen Sie die Polemik: Aber wer sagt uns, dass die Deutschen schon gelernt haben, Minderheiten anderen Glaubens zu ertragen?

Dann nehmen Sie sich mal drei Tage Zeit und gehen Sie mit mir und Christian Ude, dem Oberbürgermeister von München, durch die Stadt und bilden sich dort eine Meinung anhand von Tatsachen. Sehen Sie sich an, wie hier die Minderheit der Türken, die Minderheit der Muslime, friedlich mit anderen zusammenlebt.

Dann müssen Sie wiederum mit mir an manche Berliner Schulen gehen, dort können Sie sich eine andere Meinung bilden. Wichtiger ist die Frage, wie die Politik reagieren soll, wenn es mit dem Zusammenleben und der Integration nicht klappt.

Die Politik muss dem Thema auf jeden Fall weiter große Aufmerksamkeit widmen und gegebenenfalls auch tätig werden, so wie sie es in der Vergangenheit aufgrund der Vorschläge der Unabhängigen Zuwanderungskommission getan hat. Aber die Fähigkeit, schwierige Dinge zu bewältigen und sich mit ihnen auseinanderzusetzen, wird durch Übertreibungen der Gefahren nicht erhöht.

Ich nehme das jetzt so hin und verstehe Sie dahingehend, dass Sie es als eine Gefahr wahrnehmen, bei diesem Thema in Aktionismus zu verfallen.

Aktionismus ist immer falsch.

War es denn in Ordnung, als der türkische Ministerpräsident Recep Tayyip Erdoğan bei seinem Deutschlandbesuch 2008 in der Kölnarena die Migranten vor Anpassung warnte: »Niemand kann erwarten, dass ihr euch assimiliert«, rief er. Assimilierung sei »ein Verbrechen gegen die Menschlichkeit«.

Das war keine sehr glückliche Äußerung. Doch müsste man auch wissen, was er wirklich gesagt hat, denn er sprach Türkisch. Und den Türkischkenntnissen derjenigen, die von deutscher Seite aus zugehört hatten, ist nicht unbedingt zu trauen. Seine Worte konnten ebenso bedeuten, dass sich die Zugewanderten an ihre alte Heimat erinnern sollten. Wäre das so, dann könnte dies auch ein deutscher Ministerpräsident deutschen Auswanderern in Amerika sagen: »Erinnert euch an eure alte Heimat.« Wenn es aber stimmt, dass Erdoğan gemeint hat, die hier lebenden Türken sollten sich nicht integrieren, dann wäre das nicht akzeptabel.

Er soll geäußert haben: »Ich sage Ja zur Integration.« Allerdings lehnte er eine völlig Anpassung, eine »Assimilation« ab. »Niemand wird in der Lage sein, uns von unserer Kultur loszureißen«, so Erdoğan weiter. »Unsere Kinder müssen Deutsch lernen, aber sie müssen erst Türkisch lernen.«

Assimilation ist noch einmal etwas anderes als Integration. Um sich zu integrieren, müssen die Zuwanderer ja nicht ihre Religion ablegen oder ihre Herkunftssprache einfach an der Grenze abgeben und nur noch Deutsch sprechen.

Aber grundsätzlich finden Sie den Handlungsbedarf bei der Integration nicht so groß, wie er gemeinhin dargestellt wird?

Die Situation ist nicht so alarmierend, wie sie gelegentlich dargestellt wird. Und es besteht auch nicht die Notwendigkeit zu Aktionismus. Es sind ja Fortschritte erzielt worden. Man hat gelernt, dass die Sprache bei der Integration eine große Rolle spielt und sie nach Möglichkeit früh gelernt werden sollte, am besten schon im Kindergarten. Natürlich gibt es nach wie vor Familien, die sich abschotten, weil die Frauen, die mit ihren Männern nach Deutschland gekommen sind, nicht Deutsch gelernt haben. Aber das sind keine unlösbaren Probleme. Sind denn die anderen Völker, die mit ähnlichen Schwierigkeiten zu tun haben, alle dem Untergang nahe? Wissen Sie, da sind Erregungshöhen, denen ich nicht folgen kann.

Über die Sexuallehre der katholischen Kirche, Eheversprechen und Patchworkfamilien

Ihr Parteifreund Helmut Schmidt hat ein Buch geschrieben, das *Religion in der Verantwortung* heißt. Eine Quintessenz daraus ist, dass er den persönlichen Bezug zur Religion durchaus für hilfreich und nützlich hält, aber katastrophal in der Auswirkung, wenn sie zur politischen Kategorie wird. Haben Sie das Buch gelesen?

Das habe ich, aber die Stelle müssten Sie mir nennen, wo er sagt, dass Religion generell katastrophale Auswirkungen hat.

Der Ausdruck »katastrophal« ist vielleicht übertrieben, aber er warnt vor einer politischen Instrumentalisierung von Religion.

Davor war lange Zeit sehr zu warnen, und das muss man auch im Auge behalten. Ich denke da an die Zeit, in der vor Wahlen von katholischen Kirchenkanzeln Wahl-Hirtenbriefe mit konkreten Empfehlungen verlesen wurden. Das würde zu dem passen, was Sie gerade wiedergegeben haben. In diesem Zusammenhang möchte ich aber auch den anerkannten Verfassungsrechtler Ernst-Wolfgang Böckenförde zitieren: »Der freiheitliche, säkularisierte Staat lebt von Voraussetzungen, die er selbst nicht garantieren kann.« Das heißt, man braucht Ableitungen, Begründungen für die Wertordnung unseres Grundgesetzes. Und natürlich ergibt sich aus den kirchlichen Lehren und Aktivitäten Wesentliches für solche Begründungen, etwa für die Solidarität mit den Schwächeren, für die Menschenwürde oder inzwischen auch für die Religionsfreiheit. Es gibt eigentlich kaum ein Feld, wo nicht aus der christlichen Religion etwas für die Begründung dieser Werte hergeleitet werden kann. Außerdem: Wenn Sie sich das christliche Menschenbild anschauen und sich ein bisschen im Neuen Testament auskennen, dann wissen Sie, dass christliche Religionen immer wieder ihren Blick auf die Schwachen richten. Man soll die

Hungrigen sättigen, den Durstigen zu trinken geben, die Kranken und Gefangenen besuchen und die Fremden aufnehmen, heißt es da im Matthäusevangelium an der Stelle, die ich schon nannte. Auch liest man, dass der Kranke des Arztes bedarf und nicht der Gesunde. Das sind doch Gedanken und Erinnerungen, die nicht schädlich sind für die Politik, sondern genau das Gegenteil – hilfreich.

Schmidt kritisierte auch mehrfach die Sexuallehre der Katholiken, ihre Vorstellungen von der Empfängnisverhütung, gerade in Bezug auf die Entwicklung der Weltbevölkerung.

Gemeint ist jene Enzyklika »Humanae vitae« aus dem Jahr 1968, die alle Verhütungsmittel verbietet. Darüber, dass viele Katholiken dem nicht folgen, haben wir schon gesprochen. Auch über die anschließende Königsteiner Erklärung der Deutschen Bischofskonferenz, in der es heißt, es bleibe letzten Endes der Gewissensentscheidung des Einzelnen überlassen, ob und in welchen Situationen Verhütungsmittel angewendet werden. Selbst für sehr gläubige Katholiken ist das Spannungsverhältnis dadurch erträglicher geworden.

Empfinden Sie es tatsächlich als ein Spannungsverhältnis?

Sicher besteht da ein solches zwischen der Enzyklika, die ein absolutes Nein vorgibt und nur die Nutzung der natürlichen Fruchtbarkeitspausen als Möglichkeit zu einer gewissen Geburtenlenkung bejaht, aber alle anderen Verhütungsmittel wie die Pille oder Kondome ablehnt, und dem Papier der Bischofskonferenz, das die Gewissensentscheidung des Einzelnen gelten lässt.

Wie sind Sie persönlich damit umgegangen?

Meine Kinder stammen aus der Zeit vor der Enzyklika.

Wenn man sich dem nähert, was die Kirche zur Empfängnisverhütung sagt – das haben Sie einmal anklingen lassen –, gäbe es dann vielleicht mehr Kinder in Deutschland?

Sicher.

Sie würden es in dieser Hinsicht befürworten, mehr dem christlichen Bild zu folgen?

Entschuldigung, ich habe mich eindeutig für die Königsteiner Erklärung ausgesprochen. Und damit meine ich, dass Empfängnisverhütung nach Gewissensentscheidung des Einzelnen und also auch die Pille möglich sind. Ich meine nicht, dass man die Erklärung aufheben und die strenge Lehre durchsetzen muss, damit mehr Kinder auf die Welt kommen. Das ist eine Verbindung, die ich nicht herstelle. Zudem sollte man den quantitativen Einfluss dieser Enzyklika realistisch beurteilen. Schließlich weise ich noch auf einen Unterschied hin: In Deutschland und einigen vergleichbaren Ländern sinkt die Kinderzahl, weltweit steigt sie. Zahlen nannte ich schon.

Es wird über kaum etwas so gern öffentlich gestritten wie über die Sexualmoral der katholischen Kirche. Viele meinen, die Kirche müsse sich modernisieren und in diesem Punkt bestimmte Positionen aufgeben. Wo sehen Sie die Berechtigung?

Dabei geht es aber nicht so sehr um das Thema, das wir jetzt besprochen haben.

Doch! Etwa um Empfängnisverhütung, um Verhütung von sexuell übertragbaren Krankheiten …

Darüber redeten wir ja gerade. Es geht aber wohl auch um den außerehelichen Geschlechtsverkehr.

Um den sowieso.

Das ist ein Hauptpunkt. Und es geht um die Homosexualität. Zur Homosexualität finden sich jetzt gelegentlich kirchliche Meinungen, die zwar nach wie vor das Nein betonen, aber doch ein stärkeres Verständnis für diesen Personenkreis erkennen lassen. Verglichen mit den scharfen Verurteilungen der Vergangenheit, ist das ein gewisser Fortschritt.

Begrüßen Sie die Entwicklung? Der *Spiegel*-Journalist Matthias Matussek und Autor des Buches *Das katholische Abenteuer* meint, gerade die

Kirche hätte die Pflicht, Positionen zu formulieren, die nicht den Normen des Alltags entsprechen, um so eine Orientierung geben zu können. Wie sehen Sie das?

Ich sehe den Fortschritt der Kirche darin, dass sie es nicht mehr beim absoluten Nein ohne jede weiteren Erläuterungen und Erklärungen bewenden lässt, sondern auf die Situation der jeweiligen Menschen eingeht. Ja, dass sogar darüber eine innerkirchliche Auseinandersetzung möglich geworden ist. So war ich zum Beispiel schon früh gegen ein strafrechtliches Verbot der Homosexualität. Als Abgeordneter habe ich selbst an dem allmählichen Abbau und der Beseitigung des Paragrafen 175 mitgewirkt. Dies vor allem deshalb, weil es eben Menschen mit einer anderen sexuellen Identität gibt. Was den außerehelichen Geschlechtsverkehr angeht, herrscht wohl tatsächlich ein sehr starker Widerspruch zwischen den Lehren der katholischen Kirche und der Realität vor. Bis zum Tag des Hochzeitssakraments zu warten und dann zum ersten Mal mit dem Partner zu schlafen, das deckt sich schwerlich mit meinen Beobachtungen und Lebenserfahrungen. Ob die Kirche gut beraten ist, ein solches Spannungsverhältnis weiter aufrechtzuerhalten, und ob nicht Abwendungen von der Kirche auch damit zusammenhängen, das ist eine durchaus berechtigte Frage.

Aber wenn nicht die katholische Kirche, wer soll denn sonst einen absoluten Anspruch einer moralischen Position verfechten?

Es ist ja gut, wenn scharf formulierte Grenzen aufgezeigt werden, doch muss man sich immer die Felder ansehen, auf denen man sie aufrichtet. Und man muss sich mit der Spannung zwischen diesem scharfen Nein und der Wirklichkeit auseinandersetzen. Bei den Gläubigen wächst meiner Ansicht nach die Erkenntnis, dass ein Thema auch dann nicht erledigt ist, wenn die Kirche ein absolutes Nein verhängt hat. Sie fordern die Diskussion, damit man zu neuen Perspektiven und Einsichten gelangen kann. Besonders nach dem Aufdecken der Missbrauchsfälle hat diese Entwicklung an Fahrt gewonnen. Über hundert katholische Theologen äußerten sich bekanntlich vor einiger Zeit in einer gemeinsamen Erklärung in diesem Sinn.

Und Sie begrüßen das nachhaltig?

Einfach zu sagen: »*Roma locuta, causa finita* – Rom hat gesprochen, die Sache ist beendet«, das reicht eben nicht mehr. Es bedarf eines neuen »Aggiornamento«, wie es Johannes XXIII. forderte, als er 1962 das Zweite Vatikanische Konzil einberief. Und das brachte ja große Fortschritte.

Würden Sie denn gern darüber einmal mit Ihrem bayerischen Papst ins Gespräch treten? Wäre das eine verlockende Aussicht?

Mit Kardinal Joseph Ratzinger führte ich im Jahr 1979, also noch vor seinem Pontifikat, im bayerischen Fernsehen eine sehr lebhafte Debatte über den Schwangerschaftsabbruch. Erst neulich habe ich mir die Aufzeichnung dieser Sendung wieder angesehen. Und solche Diskussionen, bei denen man sich zuhört und auf die Argumente des anderen im Detail eingeht, könnte man durchaus auch auf anderen Gebieten führen.

Sehr beeindruckt war ich von dem Disput zwischen Habermas und Ratzinger in der Katholischen Akademie in München. Die beiden hatten sich 2004 getroffen, um über Religion und Aufklärung zu reden. Habermas und Ratzinger kamen dabei in einem wichtigen Punkt zu einem Einverständnis. Der Satz, dem beide zustimmten und dabei mit dem Kopf nickten, lautete: »Die Religion bedarf der Vernunft, um sich immer wieder von menschlichem Beiwerk zu reinigen. Und die Vernunft bedarf der Religion, um ihre Grenzen zu erkennen.« Das hat sich mir sehr eingeprägt.

Sicher wäre es reizvoll, jetzt mit Papst Benedikt XVI. zu diskutieren. Er ist ein kluger Mann. Ich würde ihm dann allerdings auch kritische Fragen stellen.

Zum Beispiel?

Zum Beispiel sagte er, die Gespräche mit den traditionalistischen Piusbrüdern, die bisher wesentliche Punkte des Zweiten Vatikanischen Konzils abgelehnt haben, und die Aufhebung der Exkommunikation ihrer Bischöfe, das sei ein Zeichen des besseren Verständnisses und der Versöhnung. Da würde ich fragen, ob ein solches Zeichen nicht auch oder sogar eher gegenüber den wiederverheirateten Geschiedenen am Platze wäre? Auch zum Stand der Ökumene hätte ich Fragen. Da scheint es manchmal, als ob er die Griechisch-Orthodoxen stärker im Blick hätte als die Evangelischen. Aber bei seiner bevorstehenden Reise nach Erfurt, wo er dem Augustinerkloster, das eng mit Luther verbunden ist, die Ehre erweisen will, kann sich dieser Eindruck ja ändern.

Haben Sie schon einmal nach einem Termin gefragt?

Da würde ich mich übernehmen.

Sie beide mögen Südtirol, Sie könnten sich ja auf einem Berg begegnen …

Gelegentlich besuchte er dort dasselbe Gasthaus in Dreikirchen bei Villanders wie ich, wohl des Ausblicks wegen. Aber als Papst kam er nicht mehr dorthin.

Wie schwer war Ihr Konflikt als Katholik, als Sie sich scheiden ließen und anschließend wieder heirateten?

Das war ein Konflikt, den ich ernst genommen habe, denn eine solche Entscheidung bedeutet den Ausschluss vom Abendmahl, von der Kommunion. In dieser Zeit vertiefte ich mich ein bisschen in die Materie. Dabei bin ich auf ein interessantes Papier der Bischöfe der Oberrheinischen Kirchenprovinz gestoßen. Verfasst wurde es von dem noch heute als Bischof von Mainz amtierenden Karl Kardinal Lehmann, dem Bischof von Rottenburg-Stuttgart, Walter Kasper, der später als Kardinal in Rom tätig war, sowie dem Erzbischof von Freiburg, Eugen Seiterich. In diesem Papier legten sie dar, dass nach ihrer Meinung auch in diesen Fällen eine Gewissensentscheidung zu respektieren sei. Sie haben das Papier nach Rom geschickt. Aber die Reaktion war negativ. Mir gab es aber eine Orientierung.

Eine Scheidung und eine Wiederheirat sind doch relativ schwere Verstöße – hat man dadurch nicht die Zugehörigkeit zur katholischen Kirche verwirkt?

Man wird, wie gesagt, exkommuniziert, aber man ist nach wie vor Mitglied der Kirche.

Aber ist das nicht eine Anmaßung – gerade bei Menschen wie Ihnen, die nicht vom Glauben, sondern nur von einer der möglichen Richtlinien abgefallen sind?

Es ist ja keine Maßnahme, die auf mich alleine bezogen ist, es ist eine generelle. Zudem: Rom hat nicht völlig geschwiegen. Es heißt nämlich in dem einschlägigen Text, die Kirche müsse sich diesen Menschen in liebender Fürsorge zuwenden.

Das sieht man an Benedikt XVI. jeden Tag.

Ich weiß nicht, ob er wiederverheirateten Geschiedenen in konkreten Situationen begegnet ist.

Es fehlt ein Signal der Kirche.

Ich komme zurück auf das, was ich zuvor sagte: Wenn schon Versöhnungszeichen gegeben werden, dann wäre es vielleicht am Ende gerade hier am Platze. Immerhin weist mir – und sicher auch anderen – der Gedanke einer Gewissensentscheidung einen gangbaren Weg.

Den Sie offensichtlich für sich gehen konnten. War es für Sie eine Überlegung, sich aus Gründen der Exkommunikation vielleicht nicht scheiden zu lassen?

Nein, das war keine ernsthafte Überlegung.

Meine Güte, »… bis dass der Tod euch scheidet« – dieses Eheversprechen ist doch faktisch überholt, das belegt jede Scheidungsstatistik der letzten Jahre. Mag es sein, dass man dieses Ideal zu einer Zeit erdacht hat, in der das Leben des Menschen einfach zu kurz war, um sich vorzustellen, dass die Ehe kürzer sein könnte als das Leben – aber heute?

Das mag durchaus eine Rolle spielen. Ich gebe aber zu: Die Idealvorstellung von einer Ehe, die ein Leben lang hält, diese Idealvorstellung sollte man nicht einfach beiseite legen. Und es gibt doch gute Beispiele dafür, etwa Helmut und Loki Schmidt. Sie waren achtundsechzig Jahre verheiratet. Ich bin dafür, dass den Menschen solche Beispiele bewusst werden. Sie geben Anlass zum Nachdenken. Auch über das, was die Kirche zur Ehe sagt, sollte nachgedacht werden. Doch scheitert eine Ehe, gelingt sie nicht, dann erhebt sich eben die Frage, ob die kirchliche Reaktion darauf wirklich gottgewollt ist und den Menschen gerecht wird.

Mögen Sie die Idee eines Ehevertrags? Die Vorstellung, dass Menschen sich nur dann verheiraten, wenn sie vorher vertraglich festgelegt haben, unter welchen Bedingungen sie sich wieder trennen? Als Jurist könnte Ihnen das doch gefallen?

Von solchen Verträgen höre ich jetzt zum ersten Mal. Mir wäre das auch fremd. Denn schon meine erste Ehe war auf Dauer angelegt. Und die zweite, die nun schon achtunddreißig Jahre währt, nicht minder.

Aber zeigt es nicht, dass viele Menschen der Institution Ehe nicht mehr in einem Maße vertrauen, wie sie es früher getan haben?

Das mag so sein. Aber rechnen Sie es meinem Alter zugute, dass mir der Gedanke, vor der Heirat auf dem Standesamt und vor der kirchlichen Trauung Trennungsbedingungen festzulegen, befremdlich vorkommt.

Macht es Sie traurig, wenn Sie hören, dass besonders in Großstädten jede zweite Ehe geschieden wird? Oder muss man das einfach akzeptieren?

Man sollte darüber nachdenken. Freuen kann ich mich darüber nicht. Sicher gibt es dafür eine Reihe von Sachargumenten. Eines haben Sie eben genannt, es gibt aber noch andere. Ich habe aber den Zustand der Gleichgültigkeit gegen diese Entwicklung noch nicht erreicht – und will das auch nicht.

Familie ist da, wo Kinder sind. Würden Sie diesen Satz so unterschreiben? Oder macht dann das Eheprivileg im Grundgesetz keinen Sinn mehr?

Selbst wenn es keine Kinder gibt, aus welchen Gründen auch immer, ist deswegen nicht der besondere Charakter einer Ehe in Zweifel zu ziehen. Kinder sind aber wünschenswert, und wer sein

Leben in sinnvoller Weise reicher machen will, der wird Kinder bejahen. Die Bestimmung im Artikel 6 des Grundgesetzes, auf die Sie Bezug nehmen – »Ehe und Familie stehen unter dem besonderen Schutze der staatlichen Ordnung« –, hat nach wie vor Bedeutung. Das Bundesverfassungsgericht hat entschieden, dass zwar andere Gemeinschaften in einer ganzen Reihe von Punkten in ähnlicher Weise rechtlich geregelt werden können wie die Ehe, diese aber jedenfalls als ein fester Bestandteil unserer Rechtsordnung geschützt bleibt.

Man darf also niemanden dafür bestrafen, dass er einen gleichgeschlechtlichen Menschen liebt?

Er wird nicht nur nicht mehr bestraft, sondern er hat seit längerer Zeit die Möglichkeit, eine Lebensgemeinschaft zu vereinbaren. Für diese sind rechtliche Regeln normiert worden, die in mancher Hinsicht Regeln entsprechen, die für die Ehe gelten.

Stück für Stück ist das erkämpft worden.

Was ist denn nicht erkämpft worden?

Aber warum stellt man gleichgeschlechtliche Beziehungen nicht vollkommen gleich?

Zum einen hat das historische Gründe. Zum anderen sehe ich in Verbindungen, in denen die gemeinsam gezeugten Kinder eine zentrale Rolle spielen, einen Unterschied gegenüber Gemeinschaften, bei denen dieser Gesichtspunkt entfällt.

Es gibt viele schwule und lesbische Paare, die Kinder adoptieren, was aber nur in einer rechtlichen Grauzone möglich ist. Wenn in diesen Partnerschaften in gleicher Weise elterliche Liebe weitergegeben werden kann – wo ist dann das Problem, ihnen auch in gleicher Weise Rechte zu geben?

Die Annäherung der Rechte ist weit fortgeschritten. Aber noch einmal: Für mich gibt es schon einen Unterschied zwischen einem auf natürlichem Wege in der Ehe gezeugten Kind und einem adoptierten Kind. Das sollte für die elterliche Fürsorge keine Rolle spielen. Aber das in der Ehe gezeugte Kind scheint mir ein Teil der Wesensbestimmung jener Verbindung zu sein, die da zwischen Mann und Frau besteht. Außerdem: Ist es nicht ein gewisser Unterschied, ob ein Kind Vater und Mutter oder ob es stattdessen zwei Väter oder zwei Mütter hat?

Aber Sie sagten selbst, in manchen Ehen entscheidet man sich bewusst gegen Kinder. Zugleich legt man zwei Männern, die ein Kind wollen, erhebliche rechtliche Schwierigkeiten in den Weg.

Ob das heutige Adoptionsrecht in diesen Fällen besondere Schwierigkeiten aufwirft, kann ich nicht beurteilen. Aber ich bleibe dabei: Für mein eigenes Urteil ist es von Relevanz, ob die Verbindung auf die natürliche Zeugung eines Kindes hin orientiert ist oder ob ein Kind nur durch Adoption hinzukommen kann.

Haben Sie ein Unwohlsein bei dem Gedanken, wenn zwei Männer ein Kind adoptieren wollen?

Es verursacht bei mir kein Unwohlsein. Aber die Sorge, dass dem Kind dann eine Mutter fehlt.

Das Familienbild hat sich in den letzten Jahrzehnten völlig verändert. Mutter, Vater, Kind – diese Vorstellung ist mittlerweile durch neuer Vater, neue Mutter, mehrere Kinder ersetzt worden, durch das, was man Patchworkfamilie nennt. Stellt uns diese Entwicklung nicht vor sehr große Herausforderungen?

Wir, das heißt die Beteiligten, schaffen diese Herausforderung selbst und sind deswegen nicht nur gebeten, sondern auch aufgefordert, aus dieser Situation – gerade mit Blick auf die Kinder – das Beste zu machen.

Noch einmal allgemein gefragt: Im Grundgesetz ist bisher nur diese besondere Ehe erwähnt worden. Reicht das noch aus?

Ja. Wollen Sie das Grundgesetz ändern?

Ich frage nur.

Und ich frage nur umgekehrt.

Kann man nicht die Begriffe von Ehe und Familie so verändern, dass alles darunter fällt?

Wir haben das Thema bereits erörtert. Dabei habe ich festgestellt, dass wir durch die Entscheidungen des Bundesverfassungsgerichts einen Rechtszustand haben, bei dem die Lebensgemeinschaften inzwischen einen der Ehe durchaus angenäherten Status genießen. Aber die Ehe als Institution abzuschaffen und in einem allgemeinen Begriff aufgehen zu lassen – dafür kann ich mich nicht erwärmen. Dem widerspreche ich.

Gibt es richtige und falsche Formen des Zusammenlebens?

Es gibt innerhalb der Ehe miserable Partnerschaften, und es gibt Lebensgemeinschaften, bei denen die Partnerschaft gut funktioniert. Und umgekehrt. Das wird auch so bleiben. Wichtig ist mir dabei vor allem, welche Rolle im Zusammenleben die Kinder spielen.

Über vorausschauende Politik, das Leben in einem Altersheim und eine Ode an die Freude

Die Wirtschaftsweisen haben der Kanzlerin empfohlen, schrittweise die Rente mit achtundsechzig einzuführen, ab 2060 sogar die Rente mit neunundsechzig. Ist es Ihrer Meinung nach unvermeidlich, dass man diese Schritte immer weiter vollzieht?

Meine Neigung, mir über solche Fragen für das Jahr 2060 den Kopf zu zerbrechen, ist nicht sehr ausgeprägt. Jetzt haben wir zunächst einmal die Rente mit siebenundsechzig, die ab 2012 bis zum Jahr 2029 in vielen kleinen Schritten realisiert wird. Es ist in Ordnung, wenn die Sachverständigen der Ansicht sind, dass man sich aufgrund der demografischen Probleme rechtzeitig Gedanken machen sollte. Aber lassen sich die hier maßgebenden Fakten wirklich schon für das Jahr 2060 zuverlässig prognostizieren? Wie viele gegenwärtige Entwicklungen haben wir denn schon 1960 konkret vorausgesehen?

Warum sind Sie so ungehalten? Das ist doch eine Frage der politischen Planung.

Ich bin doch nicht ungehalten. Ich bin nur der Meinung, dass man nicht jede Kommissionsempfehlung mit einer Zeitspanne von fast fünfzig Jahren sofort zum Gegenstand von konkreten rechtlichen Überlegungen machen muss. Es ist gut, wenn wieder einmal darauf hingewiesen wird: »Ihr werdet älter, ihr habt weniger Arbeitskräfte, ihr habt einen Mangel an Facharbeitern, ihr habt ein Finanzierungsproblem, wenn Rentner, die früher durchschnittlich neun Jahre in der Rente lebten, nun rund achtzehn Jahre Rente beziehen, und die jungen Generationen zahlenmäßig schwächer werden.« Aber was kann sich bis dahin nicht noch alles ändern? Ist das einigermaßen kalkulierbar?

Und ich hätte gedacht, das wäre vorausschauende Politik und es wäre richtig, darüber zu reden.

Ja, das ist auch richtig. Man soll darüber reden. Aber jetzt schon zu sagen: 2060 muss das Renteneintrittsalter exakt bei neunundsechzig Jahren liegen – das geht mir zu weit.

Aber die Rente mit siebenundsechzig haben Sie doch mit großer Vehemenz vertreten, auch gegenüber der eigenen Partei, die eine Weile anderer Meinung war ...

Ich halte das für richtig, weil es dem Alterungsprozess entspricht. Allerdings immer mit der Maßgabe, dass die Betroffenen in ihrem Beruf körperlich so lange arbeiten können und dass die Älteren insgesamt auch wirklich Arbeit finden. Da muss noch einiges geschehen.

Wann haben Sie das erste Mal gedacht: Ich werde alt?

Da denke ich jetzt mal einen Moment nach. Wahrscheinlich bei einer Bergwanderung, als mir plötzlich Dinge Schwierigkeiten machten, die früher selbstverständlich waren. Vielleicht sogar in Südtirol, bei einer Tour auf den Schlern hinauf. Das kann das erste Mal gewesen sein.

Wie alt waren Sie da?

Ende sechzig, Anfang siebzig. Na ja, und dann macht man natürlich neue medizinische Erfahrungen, die einem deutlich zu verstehen geben, dass man älter wird. Die will ich hier aber nicht aufzählen ...

Aber Anfang siebzig bei einer Bergtour die erste Feststellung zu machen, dass man älter geworden ist, ist doch ein großes Glück, oder?

Ja – ich gehöre nicht zu den Menschen, die gern jammern oder sich gar beschweren.

Als sie 1994 aus dem Bundestag ausschieden, waren Sie achtundsechzig. Wenn Sie sich in diese Zeit zurückversetzen, sagen Sie, das war höchste Zeit gewesen?

Nein. Meine Absicht war, selbst über meinen beruflichen Schlusspunkt zu entscheiden. Ich wollte gehen, solange meine Kollegen und die Menschen, die mich kennen, das noch bedauern. Nie wollte ich in eine Situation kommen, in der man das Stöhnen der anderen – »Jetzt ist der Kerl immer noch da« – nicht mehr überhören kann. Und das ist mir in all meinen Funktionen gelungen – auch mit dem Ausscheiden aus der Politik, aus dem Bundestag. Achtundsechzig, das ist doch eine ganz diskutable Jahreszahl!

Zumal Sie gerade in den letzten vier Jahren davor sowohl den Fraktions- als auch den Parteivorsitz innehatten. Diese Ämter kann man nicht gerade als Schongang bezeichnen, sie bedeuten ein Maximum an Arbeitsbelastung. Hatten Sie damals das Gefühl, Körperkraft und Lebensalter waren in etwa in einer Linie?

Schongänge waren in meinem Leben überhaupt verhältnismäßig selten. Wenn man die Aufgaben betrachtet, die ich nacheinander wahrgenommen habe, dann waren da eigentlich nie ruhige Momente dazwischen. Und das gilt ebenso für die letzten Jahre. 1991 habe ich zuerst den Parteivorsitz an Björn Engholm weitergegeben und anschließend, ein halbes Jahr später, den Fraktionsvorsitz an Hans-Ulrich Klose. Körperlich wäre ich schon noch in der Lage gewesen, weiterzumachen. Aber ich wollte eben den Schlusspunkt selbst setzen und eine vernünftige Nachfolge ermöglichen.

Unterschätzt man die Arbeitskraft der über Sechzigjährigen?

Ich glaube, dass sich in dieser Beziehung inzwischen einiges geändert hat. Wenn ich an die sechziger, siebziger Jahre denke, da meinte man vielleicht noch, dass die Arbeitskraft ab sechzig abnehmen würde. Aber ist das heute noch so? Ich habe den Eindruck, dass viele Sechzig- bis Siebzigjährige noch zum aktiven Lebensabschnitt, jedenfalls zu den jüngeren Alten gehören.

Auch deshalb wünschte ich mir, dass die über Sechzigjährigen, die momentan schon rund 25 Prozent der Wahlberechtigten und einen noch höheren Prozentsatz derer, die tatsächlich zur Wahl gehen, ausmachen, stärker im Parlament vertreten wären. Und zwar nicht in der Form, dass einer, der schon Abgeordneter ist, dort einfach noch weiter bleibt. Sondern dass Leute, die ihr Berufsleben abgeschlossen haben, für zwei oder auch drei Legislaturperioden kandidieren und auf diese Weise ihre umfassende Lebenserfahrung und ein höheres Maß an Unabhängigkeit in die Parlamente einbringen. Das könnte der Politik guttun.

Ich höre aus der Ferne die jungen Leute à la Junge-Union-Vorsitzender Philipp Mißfelder rufen: »Die sind doch jetzt schon alle so alt im Parlament und entscheiden auch noch über unsere junge Generation.«

Schauen Sie sich die Prozentsätze der einzelnen Jahrgänge an – Sie werden feststellen, dass die Siebzigjährigen höchstens zwei Prozent ausmachen.

Sie haben sich vor ein paar Jahren entschieden, in das Augustinum zu ziehen. Ist das Leben in diesem Haus so, wie Sie es sich vorgestellt haben?

Unsere Erwartungen sind völlig erfüllt worden. Weil meine Frau zwei längere Klinikaufenthalte absolvieren musste, war es beispielsweise für mich und meine Versorgung sehr vorteilhaft, dass ich im Augustinum wohnte. Zwei Dinge waren für unsere Entscheidung besonders wichtig. Einmal, dass man als Pflegefall in seiner eigenen Wohnung gepflegt und nicht irgendwohin verlegt wird. Und zum anderen gibt es viele Angebote, die man in Anspruch nehmen kann, aber nicht nehmen muss. Das Mittagessen im Restaurant zum Beispiel. Manche denken, ein Altenwohnheim ist noch immer eine Art Unterbringung mit gemeinsamen Aufenthaltsräumen und gemeinsamen Schlafsälen. Das ist ganz falsch. Tatsächlich hat man seine eigene Wohnung und macht hinter sich die Tür zu wie in früheren Wohnungen auch. In unserem Fall konnten wir alle unsere sozialen Kontakte mitnehmen. Zudem herrscht eine angenehme Atmosphäre. Wir sind sehr zufrieden.

Was, wenn Sie es überhaupt öffentlich äußern würden, entspricht im Augustinum nicht dem, was Sie sich für Ihr Leben vorstellen?

Da müsste ich jetzt wirklich erst länger nachdenken.

Hat man vielleicht weniger Privatsphäre?

Warum?

Na ja, in dem Moment, in dem man den Aufzug verlässt, muss man auch durch Gemeinschaftsräume gehen, bis man draußen ist. Es gibt einen Empfang, Sie können nicht mehr nachts unbeobachtet die Wohnung verlassen.

Das ist ohne Weiteres möglich, weil es mehrere Ausgänge gibt. Außerdem, wenn Sie in einem großen Mietshaus leben …

Da interessiert sich doch keiner für den anderen.

Kommt drauf an. Da ist das Interesse manchmal größer, als man es gern hätte.

Gibt es einen Verlust von Privatsphäre, weil man als prominentes Paar in einem solchen Haus wohnt?

Ich wüsste nicht. Wir können jederzeit die Tür hinter uns zumachen und sind dann völlig für uns. Wir brauchen nicht zum Mittagessen zu gehen, wenn wir nicht wollen. Meine Frau kann, wenn sie mag, auch selbst etwas kochen. Wir sind auch nicht in dem Sinne unter Aufsicht, dass dauernd nachgeschaut wird, ob wir noch da sind. Es gibt ein reiches Angebot an kulturellen Veranstaltungen, zu denen man hingehen kann, man muss es aber nicht. Und es lassen sich im Haus Dinge ganz einfach erledigen, die sonst mit einigen Anstrengungen verbunden wären. Ist etwa ein Handwerker notwendig, ruft man beim Empfang an, und schon kommt der. Und wenn das Mineralwasser ausgegangen ist, kann man in einem kleinen Laden, der vormittags offen ist, Nachschub holen. Mir fällt nichts Negatives ein.

Nehmen Sie die Abwesenheit von jüngeren Menschen wahr?

Ja, das schon. Immerhin hat sich durch zwei neue Häuser, die vor kurzem bezogen wurden, das Durchschnittsalter etwas gesenkt – es wohnen hier mehr frühe Siebziger. Aber weil die Besucher sie mitbringen, begegnet man auch Kindern in größerer Zahl. Auch sind die Pflegerinnen und Pfleger und die Mitarbeiterinnen und Mitarbeiter insgesamt meist jüngere Menschen. Außerdem liegt direkt daneben ein Studentenwohnheim mit etwa zweihundert Bewohnern aus allen Teilen der Welt, darunter viele Japaner und Chinesen.

Wahrscheinlich ist es eine psychologische Hürde, die viele davon abhält, einen solchen Schritt zu tun: Man denkt, es könnte der letzte Umzug im Leben sein. War das ein Gedanke, an den Sie sich gewöhnen mussten?

Meine Frau und ich haben darüber gesprochen. Aber da wir vierzehn oder fünfzehn Umzüge hinter uns hatten, war die Vorstellung, dass dies der letzte ist, eher tröstlich als aufregend.

Die Wohnung wird kleiner – mussten Sie viel zurücklassen?

Tatsächlich reduzierten wir uns annähernd auf die Hälfte unserer vorherigen Wohnfläche. Wir mussten Möbel aufgeben, das war aber kein wirkliches Problem. Probleme machte mir nur die Reduzierung meines Buchbestands auf etwa ein Drittel. Das war schwierig, denn ich habe zu Büchern ein persönliches Verhältnis. Die ich nicht mitnehmen konnte, stellte ich der Stadtbibliothek zur Verfügung. Ich bringe es nicht fertig, Bücher wegzuwerfen.

Hat die Stadtbibliothek jetzt eine Vogel-Abteilung?

Nein, das nicht. Die verwenden diese Bücher ganz normal.

Es ist ohnehin eine Lehre, die man im Leben lernen muss, sich von etwas zu trennen, sei es die Gesundheit, die Jugend, die Lieben?

Manchmal wächst einem auch etwas zu. Aber die Fälle, bei denen man sich von etwas oder von jemandem trennen muss, wiegen schwerer.

Was hilft Ihnen, Abschiede zu überwinden?

Das Wissen, dass das zur menschlichen Natur gehört. Wenn wir Roboter wären, wäre das vielleicht anders.

Das Wissen ist das eine, etwas anderes, sich mit dem Gedanken anzufreunden.

Man muss sich nicht unbedingt mit diesem Gedanken anfreunden. Aber es ist wichtig, die Endlichkeit als Realität anzusehen. Man sollte sich dadurch auch nicht in eine Abwehrhaltung drängen lassen und sagen: »Darüber rede ich nicht!« Und natürlich hilft mir hierbei wieder der christliche Glaube. Ob man mit dem Tod wirklich ein für alle Mal ein Ende findet oder ob es eine Fortexistenz der Seele, vielleicht sogar eine körperliche Fortexistenz gibt, das ist etwas, worüber man dann nachdenken kann. Man muss sich aber mit dem Tod in einer sinnvollen Weise auseinandersetzen.

Was wäre eine sinnvolle Weise?

Eine, bei der man die Augen nicht vor der Realität verschließt. Dazu gehört auch, Vorsorge zu treffen. Ein Testament zu machen. Eine Patientenverfügung zu treffen. Gerade diese letzten Entscheidungen sollte man nicht von sich wegschieben, sondern selbst treffen, eben selbstbestimmt leben – und das gerade auch im Alter. Aber jetzt mache ich ungewollt Werbung für ein Buch meiner Frau, das diesen Titel trägt.

Eine Nichtgläubige, wie ich es bin, findet es schwierig, eine naturwissenschaftliche Annahme unseres Daseins mit der religiösen Vorstellung, der Tod sei nicht das definitive Ende, zusammenzubringen. Ist ein Leben nach dem Tod für Sie eine realistische Vorstellung?

Ja. In dieser Beziehung stelle ich aber keine gesicherten Behauptungen auf. Aber ich nehme darauf Bezug, dass diese Vorstellung ein Kernelement meiner Religion ist, dass sie über Jahrtausende Geltung beansprucht hat. Wobei auch in anderen Religionen das Weiterleben nach dem Tode in der einen oder anderen Form ein Bestandteil ist. Und darum sage ich: Ein Weiterleben nach dem Tode ist nicht Bestandteil dessen, was ich beweisen kann, sondern dessen, was ich glaube. Und da setzt eben die Religion meinem Verstand Grenzen. Ich weiß eben, dass ich das mit Verstandesargumenten nicht beweisen kann. Nur die Religion kann Antwort geben.

Nicht der Verstand setzt der Religion Grenzen, sondern umgekehrt?

Ja. Aufgabe des Verstandes ist es, die Religion von menschlichem Beiwerk zu reinigen. Und damit hat er eine Menge zu tun.

Haben Sie eine konkrete Vorstellung vom Weiterleben nach dem Tod?

Nein. Diese Vorstellungen sind vielfältig und unbestimmt.

Ist es einfach nur Hoffnung?

Es geht um Glauben.

Wie gut ist ein Heim wie das Augustinum im Umgang mit dem Tod?

Sehr gut. In den Wohnungen von Verstorbenen wird noch am selben Tag oder am nächsten Morgen eine Andacht abgehalten, zu der die Familienangehörigen, die Nachbarn und die nächsten Bekannten kommen. Dann ist der weitere Umgang insofern rücksichtsvoll, als die Särge zu nächtlicher Stunde aus dem Hause gebracht werden. Einmal im Jahr ist ein Gottesdienst, bei dem aller Verstorbenen gedacht wird. Man stellt für sie Kerzen auf und verliest die Namen. Das ist ein von christlichen Vorstellungen geprägter Umgang mit den Toten. Außerdem liegt im »Raum der Stille« ein Buch aus, in das jeweils die aktuellen Todesfälle eingetragen werden. Manche von ihnen kennt man. Es sterben ja auch Menschen, mit denen man lange am selben Tisch zu Mittag gegessen hat.

Die Wahrscheinlichkeit, dass jemand stirbt, erhöht sich in dem Moment, wenn viele ältere Menschen zusammenleben.

So ist es.

Ist das ein Gedanke, an den Sie sich gewöhnen mussten?

Meine Frau und ich wussten, dass dies so sein würde. Es leben dort über sechshundert Menschen, und bei den erwähnten Gedenkgottesdiensten wurde in letzter Zeit immer an rund sechzig Verstorbene gedacht.

Bezieht man die Namen auf sich? Überlegt man, irgendwann wird einmal mein eigener Name verlesen?

Ja, sicher. Es ist nicht so, dass wir stündlich darüber nachdenken. Bewusst ist uns das aber schon.

Man kann im Augustinum nur in eine Wohnung ziehen, wenn der Vormieter gestorben ist. Das ist eine Besonderheit …

Es gibt exzeptionelle Fälle, in denen ein Bewohner tatsächlich wieder ausgezogen ist, aus welchen Gründen auch immer. Aber der Normalfall ist, dass die Wohnung nach dem Tode des Vormieters neu hergerichtet wird und dann der Nächste einzieht.

Die Scheu, in ein solches Haus zu gehen, hat sicher etwas mit Verdrängung zu tun. Viele sagen sich: »Das genau ist der Schritt, der mich zum Letzten führt, und das möchte ich möglichst lange von mir fernhalten.«

Es stimmt. Für viele Menschen ist eine solche Konfrontation nicht einfach und bedarf wiederholter Anstöße zum Nachdenken und Überlegen. Aber ich kann nur sagen: Alle Menschen sind gut beraten, wenn sie diese Entscheidung rechtzeitig und für sich selbst treffen. Es ist Flucht, wenn man es anderen oder dem Zufall überlässt. Man hat auch eine Verantwortung sich selbst gegenüber.

Zwei Namen möchte ich in diesem Zusammenhang zur Sprache bringen, weil sie vielleicht etwas darüber sagen, wie gesellschaftlich mit diesem Thema umgegangen wird. Der eine Name ist Gunter Sachs, er verübte im Mai 2011 Selbstmord – aus Angst, eine Krankheit wie Alzheimer zu bekommen, obwohl er offensichtlich noch keine offizielle Diagnose hatte. Viele haben dieser Tat gegenüber Respekt bekundet, meinten, Sachs hätte sich diesen Schritt wohl überlegt und damit seine Würde behalten. Was ist Ihnen durch den Kopf gegangen, als Sie davon hörten?

Ich will eine kühne Frage aufwerfen: Zerstören denn alle Menschen, die unter Alzheimer leiden und sich nicht selbst umbringen, ihre eigene Würde? Es mag im Sterben Situationen geben, bei denen die Palliativmedizin nicht mehr hilft und es deshalb sinnvoll erscheint, diesen Prozess zu verkürzen. Das würde ich aber nicht Selbstmord nennen – eine solche Verkürzung des Sterbeprozesses sieht ja auch die Patientenverfügung als Möglichkeit vor. Bestimmungen können ebenso für unheilbare Zustände, etwa für bestimmte Koma-Fälle, getroffen werden. Ob der Mensch allerdings über sein eigenes Leben frei verfügen sollte, nach seiner Einschätzung und nach seiner Willkür, da mache ich ein Fragezeichen. Keineswegs will ich mich über Menschen erheben, die in ihrer Verzweiflung so handeln – ich selbst habe Fälle dieser Art erlebt. Aber ich habe Probleme damit, generell zu sagen, dass man jederzeit über das eigene Leben nach Gutdünken verfügen kann.

Worüber denn sonst? Das ist letztlich die einzige Macht, die man dann noch hätte, nämlich das eigene Leben so zu beenden, wie man es sich vorstellt: Das ist doch etwas, was man eigentlich niemandem absprechen kann, oder?

Ich habe von einer generellen Meinung gesprochen. Natürlich kann jeder sein Leben beenden, wann immer er will, selbst wenn er kerngesund ist oder gerade Ärger gehabt hat. Das ist ja nicht strafbar. Aber nach meiner Einschätzung ist der Mensch auch in dieser Beziehung nicht die allerletzte Instanz. Weiterhin bitte ich zu bedenken, dass ein Selbstmord nicht nur den Betreffenden angeht, sondern ebenso seine Umgebung, seine Familie sehr berühren kann. Deshalb habe ich Bedenken dagegen, die Selbsttötung als etwas Alltägliches, ja als etwas Normales zu betrachten.

Neben Gunter Sachs möchte ich das Ehepaar von Brauchitsch erwähnen. Der frühere Flick-Manager Eberhard von Brauchitsch und seine Frau Helga sind 2010 nach Zürich gegangen, weil es dort eine Sterbehilfeorganisation gab – mit Namen Exit –, die ihnen in einer Situation helfen konnte, die ihnen ausweglos erschienen war. In der Todesanzeige stand, sie hätten mit großer Geduld und Disziplin ihre schweren Krankheiten ertragen. Als sie nach achtundfünfzig Ehejahren gemeinsam den Freitod wählten, waren beide dreiundachtzig. Dazu mussten sie in die Schweiz fahren, weil es in Deutschland keine solche Organisation gibt. Finden Sie das richtig?

Ja. Das entspricht unserem rechtlichen Zustand. Und das Ganze auch noch zum Gegenstand von Kommerz zu machen – die Betreiber dieser Schweizer Sterbehilfeunternehmung tun das ja nicht unentgeltlich –, entspricht erst recht nicht meinen Vorstellungen. Aus diesem Grund möchte ich nicht, dass es in der Bundesrepublik Geschäftsunternehmen gibt, die Leute auf deren Wunsch töten.

Das verstehe ich. Aber wenn ein schwerkrankes und verzweifeltes Paar keine andere Möglichkeit sieht und alle beide nicht ihrer Familie zur Last fallen wollen, dann macht man doch erst die Tür auf für kommerzielle Anbieter …

Was heißt denn zur Last fallen wollen? Ist das Paar Brauchitsch von seinen Angehörigen gepflegt worden?

Frau von Brauchitsch litt an stark fortgeschrittenem Parkinson, Herr von Brauchitsch an einem Emphysem, einer Überblähung der Lunge durch Luft. Beide haben, so beschrieb es die Familie, ihr Leiden über Jahre ertragen, dann konnten sie nicht mehr.

Dennoch: Ich bin gegen Sterbehilfeorganisationen. Insbesondere der kommerzielle Gesichtspunkt ist für mich inakzeptabel. Dass Leute Geld verdienen, indem sie anderen bei der Tötung behilflich sind … Nochmals: Das akzeptiere ich nicht.

Ärzte darum zu bitten, ist auch keine Möglichkeit, sie würden sich strafbar machen. Es gibt keinen Ausweg für jemanden, der in Deutschland einen sucht. Was würden Sie empfehlen?

Wenn der Arzt den Kranken entsprechende Medikamente zur Verfügung stellt und der Betreffende sie aus eigenem Entschluss zu sich nimmt und dadurch stirbt, so handelt der Mediziner nicht strafbar. Aber unabhängig davon geht es um die berufsethische Frage: Ist es die Aufgabe des Arztes zu heilen oder soll er auch bei Tötungen mitwirken?

Sie haben ein Unwohlsein dabei?

Ich stimme der Entschließung der Mitgliederversammlung der Bundesärztekammer zu. Im April 2011 sagte Kammerpräsident Dr. Theodor Windhorst: »Die Mitwirkung des Arztes bei der Selbsttötung widerspricht den ethischen Grundsätzen unseres ärztlichen Selbstverständnisses.«

Das Ehepaar von Brauchitsch hätte im Prinzip sein Leid weiter ertragen sollen?

Ich kenne die genauen Umstände nicht und will mir deshalb in diesem Fall kein Urteil anmaßen. Aber unterschied sich ihre Lebenssituation wirklich von der, in der sich Tausende, ja Zehntausende von Menschen ihrer Generation befinden?

Ich wollte von Ihnen wissen, was Menschen machen können, wenn sie an einer nicht heilbaren Krankheit leiden, mit der Aussicht auf lange, möglicherweise nicht mehr bewusst erlebte Pflege?

Hier ist wieder eine Einladung fällig: Besuchen Sie mit mir das Sanatorium Schwindegg. Das ist eine Einrichtung des Augustinums, in der Menschen leben, die schwer an Demenz und Alzheimer erkrankt sind. Ich war selbst überrascht, welche Lebensfreude sie noch erkennen ließen. Es hilft, wenn man sich das mal selbst ansieht. Aber dass es durchaus Fälle gibt, die problematisch sind, das will ich nicht bestreiten. Und ich will auch meine Meinung nicht anderen einfach auferlegen.

Auch das kann ich verstehen. Die OECD, die Organisation für wirtschaftliche Zusammenarbeit und Entwicklung, befürchtete im Mai 2011 einen Pflegenotstand für Deutschland. Man meinte, eine Warnung sei angebracht, denn hierzulande würden wir im Vergleich zu anderen OECD-Ländern – betrachtet man die Ausgaben, die wir für die Pflege von Menschen aufwenden – im unteren Drittel liegen. Auch die Zahl der Pflegekräfte sei bedauernswert gering, sie befinde sich ebenfalls im unteren Drittel. Ganz vorne rangieren demnach die skandinavischen Länder. Was muss denn passieren, damit wir ein menschenwürdiges Altern garantieren können? Gerade angesichts der Tatsache, dass wir immer älter werden? Wie können wir eine vorbildliche und bezahlbare Pflege für alle garantieren, die unter Demenz leiden?

Zunächst einmal muss das gesellschaftliche Ansehen des Pflegeberufs deutlich steigen, etwa auf das skandinavische Niveau. Das betrifft zum einen die Vergütung, zum anderen aber das öffentliche Ansehen. Es muss deutlich werden, dass es bei der Pflege nicht nur um körperliche Aktivitäten wie Waschen und Füttern geht, sondern auch um menschliche Zuwendung. Und natürlich muss die Zahl derer, die sich hier an Ort und Stelle diesem Beruf zuwenden, zunehmen. Ohne die bei anderen Gelegenheiten immer wieder verteufelten Zuwanderer wäre die Situation übrigens noch kritischer. Das Ganze erfordert natürlich einen höheren finanziellen Aufwand. An dieser Stelle ist für mich wieder der Gedanke der Bürgerversicherung wichtig. Ebenfalls sollten wir uns vor Augen halten, dass der Anteil der Sozialausgaben am Gesamtbruttosozialprodukt trotz der Alterung unserer Gesellschaft nach einer Erhebung der OECD nicht gewachsen, sondern gleich geblieben ist. Also könnte man steuerliche Mittel in höherem Umfang als bisher in diesen Bereich lenken. Weiterhin muss man die Menschen an ihre Eigenverantwortung für ihre Altersvorsorge erinnern. Und der Staat fördert diese Vorsorge ja schon jetzt. Stichworte »Riester-Rente« und »Rürup-Verträge«.

Wie wollen wir in Zukunft leben? Was wären da Ihre Kriterien?

Das sind zunächst einmal die Kriterien, die sich aus der Wertordnung und dem Menschenbild unseres Grundgesetzes ergeben und über die wir ja schon gesprochen haben. Also beispielsweise die Freiheit und die Gerechtigkeit. Wir wollen und sollen in Freiheit leben. Dabei geht es nicht nur um die Freiheit »wovon«, sondern auch um die Freiheit »wozu«. Und wir wollen, dass wir gerecht behandelt werden.

Ich füge aber noch einige ganz konkrete Elemente hinzu. Sie lauten: in Frieden leben, eine sinnvolle Arbeit haben, von der man existieren kann und die einem Selbstbewusstsein gibt, vor Kriminalität und Gewalt sicher sein, gesund sein und bis ins Alter bleiben, in einer intakten Familie und seiner sozialen Umgebung Geborgenheit finden. Und sich selbst für seine Mitmenschen und das Gemeinwesen engagieren.

Wohlstand für alle habe ich jetzt nicht gehört.

Der ergibt sich, wenn alle arbeitsfähigen Menschen wirklich Arbeit haben und vom Ertrag ihrer Arbeit leben und sogar etwas zurücklegen können.

Sie sind ein Anhänger der Idee des Grundeinkommens?

Nein, das bin ich nicht. Ich bin ein Anhänger der Grundsicherung für diejenigen, die bestimmte Lebenslagen nicht aus eigener Kraft meistern können. Aber dass jeder Mann, jede Frau einfach einen Grundbetrag bekommt, der zum Leben ausreicht, und dann frei entscheiden kann, ob er arbeitet oder ob er nicht arbeitet – das ist mit meinen Vorstellungen von einem sinnvollen Leben und einer sinnvollen Sozialordnung nicht vereinbar. Außerdem: Wie soll ein derartiges Grundeinkommen eigentlich finanziert werden?

Sie haben in unseren Gesprächen auch die Grenzen des Wachstums angesprochen. Wenn man diese und die Klimakatastrophe zusammen sieht – glauben Sie, dass wir in Zukunft auf einen Teil unseres Wohlstands verzichten müssen? Bisher heißt es nur, wir müssen gar nicht verzichten, wir dürfen nur nicht weiter wachsen. Aber müssen wir vielleicht doch Verzicht üben? Wäre es an der Zeit, das einmal zu sagen?

Schon mit den Auswirkungen der Klimaentwicklung sind Grenzen erreicht worden, die Verzichte verlangen. Inwieweit wir in der Lage sein werden, durch technische Anstrengungen für diese Ausgleiche zu schaffen – Stichworte »Effizienzsteigerung«, »erneuerbare Energien« oder »Elektromobil« –, bleibt abzuwarten. Verzichte können auch dadurch notwendig werden, dass Schwellenländer ihren Lebensstandard an den unseren angleichen. Etwa die Zahl der Autos pro hunderttausend Einwohner auf unseren Stand erhöhen. Da wird es letzten Endes um einen globalen Ausgleich gehen, bei dem zugleich die Klimabelastung sinkt. Eine Herkulesaufgabe!

Sie haben die Hitlerdiktatur erlebt, den Krieg und das Nachkriegsdeutschland, dennoch habe ich das Gefühl, Sie können auf ein erfülltes und ein sinnvoll geführtes Leben zurückblicken. Wird ein junger Mensch heute, mit einer ähnlich langen Lebensspanne, es schwerer haben als Sie?

Er wird es mit anderen Voraussetzungen und anderen Herausforderungen zu tun haben als ich. Unsere waren nach 1945 zunächst ganz elementar. Ich würde ihm sagen: »Schau, die zwei Generationen vor dir sind in einer Art und Weise mit ihrer Situation fertig geworden, wie sie es am Anfang selbst gar nicht für möglich gehalten haben. Schöpf daraus Zuversicht, dass ihr das auch schaffen werdet. Macht es ein bisschen wie wir. Steht nicht gleichgültig herum, sondern engagiert euch. Vieles wird anders sein, vieles wird auf der globalen Ebene gelöst werden müssen. Ihr werdet mit neuen Techniken zurechtkommen, und ihr werdet damit leben müssen, dass ihr Grenzen erreicht habt, die für uns noch in weiter Ferne lagen. Aber kämpft jetzt auf eure Weise. Wer nicht kämpft, hat schon verloren.«

Man kann sagen: Sie hatten nichts und konnten alles aufbauen, wir haben alles und werden abbauen müssen?

Das wäre eine Übertreibung. Gesprochen habe ich davon, dass sich die heutigen Herausforderungen von denen der damaligen Zeit sehr unterscheiden. Doch mit denen kann man fertig werden. Auch dadurch, dass man auf hohem Niveau gewisse Einschränkungen akzeptiert. Aber es gibt keinen Anlass zur Verzweiflung. Es ist zu schaffen.

Haben Deutsche eigentlich eine Unfähigkeit, sich über das zu freuen, was klappt?

Das muss man fast vermuten. Es gibt ja ein bekanntes Buch des Analytikerehepaars Mitscherlich. Es trägt den Titel *Die Unfähigkeit zu trauern* und beschäftigt sich mit der Frage, wie wir mit den Opfern des NS-Gewaltregimes umgehen. Wie wir ihrer gedenken. Diese Unfähigkeit hat es jedenfalls längere Zeit gegeben. Aber es gibt auch bei uns eine ausgesprochene Unfähigkeit, uns zu freuen. Zu oft ist nur von Gefahren, von Angst, von Verschlechterungen die Rede. Und viel zu selten von dem, was gelungen ist.

Woran liegt das? Woher kommt diese Unfähigkeit?

Das ist eine Frage, die ich gern weitergebe. In den Medien zum Beispiel ist die Freude über etwas Gelungenes im Vergleich zu der Empörung über Misslungenes in aller Regel geringer. Und den Einfluss der Medien darf man nicht unterschätzen. Aber ansonsten weiß ich auch keine rechte Antwort. Wenn ich die Menschen auf diesen Mangel an Freude anspreche, dann sagen sie: »Eigentlich hast du recht.« Aber bis wir eine dauernde Fähigkeit entwickeln, uns über Gelungenes zu freuen – da muss noch eine Menge geschehen.

Vielleicht nennen wir das Buch doch *Eine Ode an die Freude*. Vielen Dank, Herr Vogel.

Der Dank gilt Ihnen, Frau Maischberger.

Lebenslauf von Dr. Hans-Jochen Vogel

1926
Am 3. Februar geboren in Göttingen (Bruder Bernhard Vogel kommt am 19. Dezember 1932 in Göttingen zur Welt)
1932 – 1943
Schulbesuch in Göttingen bis 1935; dann Schulbesuch und Abitur in Gießen
1943 – 1945
Als Soldat der Wehrmacht in Frankreich und Italien, Verwundung, Kriegsgefangenschaft im Lager von Coltano (in der Nähe von Pisa)
1946 – 1948
Studium der Rechtswissenschaften in Marburg
1948
Erste Juristische Staatsprüfung
1950
Promotion zum Dr. jur. an der juristischen Fakultät der Ludwig-Maximilians-Universität München mit einer Arbeit über ein strafrechtliches Problem des Widerstands gegen Staatsgewalt
Eintritt in die SPD
1951
Große Juristische Staatsprüfung
1952 – 1954
Assessor und Regierungsrat im Bayerischen Staatsministerium der Justiz
1954
Amtsgerichtsrat in Traunstein
1955
Berufung in die Bayerische Staatskanzlei durch den damaligen SPD-Ministerpräsidenten Dr. Wilhelm Hoegner
1958 – 1960
Berufsmäßiger Stadtrat der Landeshauptstadt München und Leiter des Rechtsreferats
1960 – 1972
Oberbürgermeister der Landeshauptstadt München

1966 – 1972
Vizepräsident des Organisationskomitees für die Olympischen Spiele 1972 in München und stellvertretender Vorsitzender des Aufsichtsrats der Olympia-Baugesellschaft
1970 – 1991
Mitglied des SPD-Bundesvorstands; ab 1972 auch Mitglied des Parteipräsidiums
1972 – 1977
Landesvorsitzender der bayerischen SPD
1972 – 1981 und 1983 – 1994
Abgeordneter des Deutschen Bundestags
1972 – 1974
Bundesminister für Raumordnung, Bauwesen und Städtebau
1974 – 1981
Bundesminister der Justiz
1981
Von Januar bis Juni Regierender Bürgermeister von Berlin
1981 – 1983
Mitglied im Abgeordnetenhaus von Berlin und Vorsitzender der dortigen SPD-Fraktion
1983
Kanzlerkandidat der SPD
1983 – 1991
Vorsitzender der SPD-Fraktion im Deutschen Bundestag
1987 – 1991
Vorsitzender der SPD
1992 – 1994
Obmann der SPD in der Gemeinsamen Verfassungskommission von Bundestag und Bundesrat
1993 – 2000
Mitbegründer und Vorsitzender der Vereinigung »Gegen Vergessen – Für Demokratie«
2000 – 2001
Mitglied und Stellvertretender Vorsitzender der Unabhängigen Zuwanderungskommission
2001 – 2005
Mitglied des Nationalen Ethikrats
Seit 2005
Mitglied und Stellvertretender Vorsitzender des Kuratoriums für ein NS-Dokumentationszentrum München

Ausgewählte Veröffentlichungen

Städte im Wandel (1971)

Die Amtskette. Meine zwölf Münchner Jahre (1972)

Reale Reformen. Beiträge zu einer Gesellschaftspolitik der neuen Mitte (1973)

Handbuch des Verfassungsrechts der Bundesrepublik Deutschland (Mitherausgeber und Verfasser des Beitrags »Die bundesstaatliche Ordnung des Grundgesetzes«), 2. Aufl. (1994)

Nachsichten. Meine Bonner und Berliner Jahre (1996)

Frühe Warnungen vor dem Nationalsozialismus (Mitherausgeber) (1998)

Von tief gesunkener Moral. Königlich-Bayerische Rechtsvorschriften (1998)

Demokratie lebt auch vom Widerspruch (2001)

Politik und Anstand. Warum wir ohne Werte nicht leben können (im Gespräch mit Heribert Prantl, 2005)

Deutschland aus der Vogel Perspektive (gemeinsam mit Bernhard Vogel) (2007)

Maß und Mitte bewahren. Reden des Münchner Oberbürgermeisters (2010)

Personen- und Sachregister